KB129304

자영업,
플랫폼 노동
SELF - EMPLOYMENT, PLATFORM LABOR
AND WELFARE STATE
그리고 복지국가

안상훈 · 유길상 · 허재준 · 김수완 공저

학 지사

이 연구는 서울대학교 미래기초학문 분야 기반 조성사업으로 지원되는 연구비에 의하여 수행되었음

머리말

코로나19 사태로 자영업의 위기가 이어지는 가운데, 4차 산업혁명발 디지털 대전환은 플랫폼 노동을 필두로 한 새로운 고용의 출현을 앞당기고 있다. 표준적 노동인구를 전제로 설계되었던 20세기형 복지국가가 저출산·고령화에 더해 당면하고 있는 대표적인 도전이다. 한국의 상황은 다른 나라보다 심각해 보인다는 우려가 설상가상으로 더해진다. 이제 막 복지국가로의 웅비를 준비하는 한국에서 이런 문제들을 어떻게 다뤄야 할 것인가? 사회정책학자와 경제학자로 구성된 네 사람이 이런 고민을 함께 나누던 끝에 책을 내기로 의기투합한 지도 벌써 2년. 간단한 자료를 토대로 말로만 의견을 나누던 것과는 또 다른 작업의 시작이었다. 끝이 보이지 않던 공동작업의 결실을 드디어 마무리 중이라 봄날의 들뜬 마음이 이런 건가 싶다. 이 책에서 우리가 다룬 내용을 먼저 간단히 풀어내 보면 다음과 같다.

자영업과 플랫폼 노동
먼저, 자영업 비중이 다양한 경로를 통해 복지국가의 악조건들과 결부되는 양상을 살펴본다. 첫째, 자영업자를 활성화하는 요인들은 주로 개인 차원에서는 임금노동을 선택하기 어렵게 하는 상황, 예컨대 높은 실업률, 낮은 공공부문 일자리 비중, 일·생활 균형의 어려움 등과 관련되어 있거나, 전반적으로 시장경제의 질서가 제대로 확립되지 못한 경우와 관련된다. 둘째, 자영업자의 비율이 높은 국가는 조세회피와 지하경제 규모가 클 뿐만 아니라, 조세와 사회보장기여금의 전반적인 수준도 다른 나라에 비해 상당히 떨어지는 것으로 나타난다. 조세정의가 확립되지 못한다면 자영업자의 확대는 복지국가의 재정에 긍정적인 영향을 미치기 어렵다. 셋째, 자영업 비중이 큰 국가는 전체적으로 사회보장의 수준이 상당히 낮은 편에 속한다. 즉, 조세정의가 구현되지 못하여 국민부담 수준을 높이는 데 여러 가지 한계를 노정하기 때문에 복지를 확대할 여지가 별로 없다는 해석이 가능할 것이다.

자영업으로 인한 복지국가의 명암과 관련해서는 자영업자 활성화 정책이 실제로는 자영업에 진입한 이들을 보호하기 위한 사회정책적 맥락, 실업률을 낮추기 위한 실업자 대책의 맥락, 혹은 새롭고 혁신적인 일자리 창출을 위한 경제정책의 일환 등 다차원적으로 논의되는 경향이 있음을 살펴본다. 그동안 자영업은 조세회피 및 지하경제와 밀접한 관련을 가져 온 것도 사실이다. 지하경제 혹은 소득파악의 사각지대는 복지국가의 곳간을 비게 하고, 조세형평성에 대한 불신을 초래하며, 복지 사각지대에 필요한 지원을 어렵게 하여 효과성을 낮추는 등 복지국가에 전반적으로 불리하게 작용한다. 자영업자에 대한 소득파악이 향후 복지국가 발전의 중요한 과제가 되는 이유다.

자영업자는 자신의 책임 아래 사업을 경영한다는 특성과 고용불안정성을 동시에 갖고 있고 내적 이질성이 매우 큰 집단으로 볼 수 있다. 프티 부르주아와 프레카리아트가 공존하는 특성을 지닌 집단인 것이다. 최근 코로나19 팬데믹과 같은 글로벌 위험은 영세자영업자를 증가시킬 뿐만 아니라 자영업자의 불안정성도 초래하고 있다. 한편, 저학력층, 장애인, 청년, 여성 등의 노동시장 취약계층이 자영업을 선호하는 경향이 있다. 또한 최근 변화하는 노동시장 상황에서 자영업자는 자영업자의 규모뿐만 아니라 구성과 구조가 변화하면서 새로운 주목을 받고 있다. 특히 자영업자 내부의 이질성이 심화되고, 취약근로자와의 경계가 모호해지고 있다. 더구나 플랫폼 노동에서 독립계약자와 종속적 노동자의 경계는 더욱 모호해지고, 임금노동자와 자영업자의 어딘가에 놓이는 중간 지대가 늘어나고 있다. 플랫폼 노동에서 사용종속관계의 요소들이 어떻게 변화하고 희석되는지를 살펴보고, 이들의 법적 지위와 근로자성에 대한 논란과 쟁점을 살펴본다.

자영업자의 복지지위에 관한 부분에서는 자영업자의 납세자로서의 지위와 수급자로서의 지위를 톺아본다. 전통적으로 자영업자는 피용자에 비해 위험 발생도가 낮고 위험대처능력이 상대적으로 높은 것으로 논의되지만, 실상은 자영업자 내부의 이질성에 따라 달라질 수 있는 문제다. 자영업자의 수급자로서의 이해관계는 집단마다 다르게 나타날 수 있는 것이다. 대신 자영업자는 조세회피와 사회보험료에 대한 이중부담이라는 차원에서 납세자 지위가 강화될 가능성이 매우 높아, 결과적으로 자영업자의 복지국가에 대한 정치적 지지가 낮아질 것이라고 예측할 수 있다.

코로나19 시대, 고용보험의 빈구석

코로나19 팬데믹을 계기로 고용보험 사각지대 문제가 주요 이슈로 떠올랐다. 코로나19 고용 충격이 특수형태근로종사자, 플랫폼 종사자, 영세자영업자 등 취약계층에게 더 가혹한 충격을 주었지만 이들 대부분은 고용보험의 적용대상에 제외되어 있다는 문제에서 비롯되었다. 2021년 12월 기준 취업자의 약 47%, 임금근로자의 약 30%는 고용보험의 사각지대에 놓여 있다. 이러한 고용보험의 사각지대를 해소하여 일하는 모든 사람이 고용보험의 보호를 받게 하자는 취지로 '전 국민 고용보험제도'가 추진되고 있다.

그러나 전 국민 고용보험제도를 실현하기 위해서는 해결해야 할 과제들이 만만치 않다. 첫째, 자영업자 등의 소득을 매월 정확하게 파악하여 고용보험료를 징수하고 이를 토대로 실업급여 금액을 정확히 산정할 수 있어야 한다. 정부는 이 문제의 해결을 위해 현행 사업장 기반 고용보험체계를 소득 기반으로 전환하고 있으나 일하는 모든 사람의 소득을 국세청이 정확하게 파악하는 데는 한계가 있을 것이다. 둘째, 이직 사유 등 실업급여 수급자격을 심사하기가 투명하고 쉬워야 한다. 그러나 자영업자의 폐업과 실업이 자발적인지 비자발적인지, 소득이 감소한 정도가 어느 정도인지를 판별하기는 결코 쉬운 일이 아니다. 셋째, 고용보험제도 운용을 담당하는 공공고용서비스기관의 인력 부족과 담당자의 전문성 부족의 문제를 해결하여야 한다. 이는 정부의 의지가 있으면 해결될 수 있으나 현재까지 고용서비스 인프라에 대한 투자는 매우 미흡하다. 넷째, 고용보험재정이 양호하여야 하는데, 고용보험재정 상황은 공공자금관리기금으로부터 약 8조 원을 차입하여 연명하고 있을 정도로 기금 고갈 위기에 처해 있다.

전 국민 고용보험제도의 핵심은 자영업자에 대한 고용보험 적용이다. 2021년 현재 OECD 38개 회원국 중에서 자영업자에 대해 실업보험이나 고용보험의 적용을 완전히 제외하고 있는 국가는 11개국뿐이고, 나머지 27개국은 어떤 형태든지 자영업자도 실업자 사회안전망에 포괄하기 위한 최소한의 장치를 두고 있다. 강제적 실업보험을 시행하면서 자영업자에게는 그 적용을 제외하고 있는 국가는 미국, 일본 등 10개국이다. 강제적 실업보험제도를 시행하면서 자영업자에 대한 임의가입제도를 두고 있는 국가는 한국, 독일, 영국 3개국이다. 우리나라를 포함한 8개국은 일반재정에 의한 실업부조제도를 시행하고 있다. 그러나 OECD 회원국 중에서 어느 국가도 고용보험의 사각지대를 완전히 해소하고 있는 국가는 없으며, 해외사례를 거울삼아 우리나라에 적합한 제도를 창조해야 한다.

당사자인 자영업자는 고용보험 의무 가입을 원할까? 이에 대한 자영업자의 대답은 부정적이다. 그 주된 이유는 자영업자들은 고용보험에 가입하더라도 실업급여 수급 가능성이 높지 않아 의무 가입의 실익이 크지 않다는 것이다. 따라서 고용보험에 가입을 원하는 자영업자에게는 고용보험에 가입할 수 있도록 전 국민 고용보험제도를 추진하되, 고용보험에 가입을 기피하는 자영업자를 위해 자영업자의 특성에 적합한 별도의 사회안전망을 구축하는 방안도 동시에 고려할 필요가 있다.

고용보험 사각지대 문제를 해소하려고 할 때 더 많은 실업자에게 더 오래 실업급여를 지급하는 것을 우선할 것인가, 실업자의 재취업 지원을 우선할 것인가? 고용·복지정책의 세계적인 추세와 교훈은 실업급여의 확대에만 치중하지 말고, 실업급여 수급자 스스로 적극적으로 재취업을 위해 노력하도록 유도하고 지원하여 수급자가 일을 통해 자립하도록 지원하는 데 역점을 두라는 것이다. 우리나라는 실업자 중 실업급여 수급자 비율이 2017년 37%에서 2020년에는 58.4%까지 급증하여 이미 주요 선진국의 30~40%보다 높아졌다. 실업급여 수급자 비율이 증가한 것은 고용보험 사각지대 해소를 위한 노력의 결과로 고용보험 피보험자가 증가한 긍정적인 측면도 있다. 그러나 구직급여의 소정급여일수를 다 채우지 않고 구직급여 수급 중에 재취업한 사람의 비율이 2008년의 38.8%를 정점으로 감소하여 2019년에는 25.8%까지 하락하였다. 실업급여에만 의존하여 구직활동 노력을 소홀히 하는 사람이 많아지고 있다는 일선 실업급여 담당자들의 지적에 귀를 기울여 실업급여 운용을 정상화하는 데 소홀함이 없어야 한다.

4차 산업혁명과 코로나19가 촉발한 대변혁의 시대에 대응하기 위해서는 다음과 같은 노력이 필요하다. 전 국민 고용보험제도를 추진함에 있어서도 물고기를 나눠 주는 현금복지 중심이 아니라 국민의 역량을 생애 단계별로 키워 주는 학습복지(learn-fare), 일자리복지를 지향하여 '물고기 잡는 법'을 가르쳐 주는 '지속가능한 복지국가 전략'을 지향할 필요가 있다.

4차 산업혁명과 새로운 노동

공장 안에서도 점점 사람이 드문드문 배치되고 사람 보기가 힘든 공장도 늘어나며, 상점의 크기에 비례해 배치하던 대형슈퍼 내의 카운터도 줄어들고 있다. 급기야는 아예 사람이 없는 무인상점이 늘어나고 있다. 이런 변화 속에서 4차 산업혁명이 자신의 일자리를 이미 차지했거나 결국 빼앗아 갈 것이라고 보는 사람이 개도국과 선진국을 막론하고 모두 60%를 상회한다. 한국에서도 75%가 일자리 위협을 느끼고 있다고 응답했다. 반면에 4차 산업혁명을 대비해 다소간 준비하고 있다는 한국인은 14%에 불과하다. 그런가 하면 빈부격차가 날로 심해지고 있다는 뉴스가 끊이지 않고 있다.

산업혁명이 잉태되던 시기의 영국에서는 영세농뿐만 아니라 농민 상층부를 형성했던 독립자영농(Yeoman)도 몰락했다. 디지털 혁명으로 인해 전통산업에서 일하던 사람들도 그들처럼 일터에서 쫓겨나고 몰락하게 되는 것일까? 영국에서는 16세기부터 18세기까지 200년에 걸쳐 농민의 몰락이 진행되었다. 현재 세계적으로 진행되는 변화 속도를 보면 디지털 혁명 시대에는 훨씬 짧은 기간 안에 파괴적인 일이 진행되는 건 아닐까?

그렇게 일자리는 없어지고 세상은 불평등해질 것 같은 묵시록적 우려가 끊이지 않지만 우리 주변에서는 역동성 또한 발견할 수 있다. 스티브 잡스가 스마트폰을 출시한 후 10년 만에 1,200만 개의 앱 개발자 일자리가 생겨났고, 인공지능 알고리즘 활용이 늘어나면서 다양한 온라인 상점과 인터넷 기업이 생기고 데이터를 수집·분류·저장·분석하는 다수의 일자리가 생겨났다. 세상이 불평등해지고 있다고 하지만 거액의 부를 축적한 디지털 기업들은 전통적 굴뚝 기업에 비해 기부에도 적극적이며 사회적 가치를 공유하는 데에도 적극적이다.

전통적 기업에서 일하던 평범한 사무직 혹은 생산직 노동자의 일자리가 줄어들 때, 일자리를 잃은 사람들이 앱 개발자가 되기는 어렵고, 새로 부상하는 일자리에 취업하는 것도 쉽지 않다. 또한 신기술을 이용해서 사람들이 원하는 서비스를 제공하는 기업들과 그런 기업들이 필요로 하는 필수 기술을 가진 사람들은 엄청난 기회와 함께 상상하기 어려운 부를 축적하는 반면, 대부분의 평범한 노동시장 참여자, 특히 저임금근로자들은 소득이 늘어나지 않거나 오히려 줄어들기도 한다. 하지만 그것이 고착된 부익부 빈익빈이 아니라 상당한 역동성 속에서 부의 이동을 수반하며 일어나고 있다는 점도 간과해서는 안 되는 사실이다.

디지털 기술을 응용하는 사업모델로 활동하려는 기업이 많아짐에 따라 노동시장 참여자들도 점점 디지털 기술에 친숙해지며 데이터 장인이 되어 가고 있다. 소득불평등이나 일자리 양극화는 어떤 나라, 어느 기간을 관찰하느냐에 따라 각기 다른 경향을 확인할 수 있다. 4차 산업혁명 기술의 발달로 새로운 독점기업이 출현하면 그것을 막으려는 노력이 개별 국가별로는 물론 국제공조도 이루어지고 있다. 불평등을 확대시킬 우려가 있는 기존의 규범을 교정하려는 노력도 행해지고 있다. 마이크로소프트가 운영체제와 함께 다른 소프트웨어를 끼워팔지 못하게 하거나, 구글이 인앱(in-app) 결제를 강제하지 못하게 한다든가, 사람의 이동 없이 고수익을 얻는 국경 간 거래가 늘어남에 따라 디지털세를 도입하는 국제공조가 이루어지고 있다. 더불어 전통적인 사회보장제도를 보완하며 빈곤을 퇴치하고 소득분배를 개선하려는 노력도 행해지고 있다.

이는 우리가 지금 느끼고 있는 불안한 상황이 영원히 지속될 현상이라기보다는 지속가능한 사회구조로 조율해 가는 과정에서 나타난 현상이라는 희망적 생각을 갖게 한다. 역사적 경험에 비추어 보면, 범용기술 발달의 초기 단계에서 기술적 실업이나 소득분배 악화 현상이 나타났지만 종래에는 변화된 환경에 맞는 사회구조를 확립하며 산업사회가 발전해 왔다. 내연기관과 전기를 활용하는 기술이 급속히 확산되며 산업지형을 변모시키던 19세기 후반과 20세기 초에도 최근과 유사한 현상이 나타났다. 하지만 독점을 금지하는 경쟁규범, 사회보장제도 확충, 경기변동에 적극적으로 개입하는 정부와 중앙은행의 역할과 같은 제도를 통해 새로운 사회구조를 만들어 내며 산업사회로 진화하였다.

4차 산업혁명 기술을 활용하는 것과 마찬가지로 그 부작용을 방지하는 것도 미리 대비책을 마련하기 쉽지 않은 일이다. 그 또한 제반 영역에서 시행착오를 거듭하면서 진행될 것이다. 전능한 통찰력으로 미래에 대비하는 것이 아니라 끊임없이 현실의 부정합과 기존 규범의 부작용을 교정하면서 미래 규범, 즉 미래 노동시장정책의 틀과 정책항목을 만들어 가는 것이 디지털 전환에 부합하는 사회구조와 제도를 확립하는 과정이다. 교육, 사회보장, 공정한 경쟁을 위한 규범을 만들어 낼 수 있느냐가 4차 산업혁명 시대가 주는 도전을 헤쳐 나갈 수 있는지의 여부를 규정할 것이다. 거대한 흐름을 개인이 어찌할 수 없는 것처럼 생각하기 쉽지만 달라지고 있는 일을 개인이 자율적으로 수용하며 변화하는지, 아니면 강요된 힘에 의해 변화하는지에 의해서도 이행과정은 크게 달라질 것이다.

그렇다면 한국의 복지국가는 어디로 가야 하는가? 자영업자와 플랫폼 노동자를 필두로 한 일하는 모든 사람을 위한 길은 어디인가? 후기산업사회의 새로운 사회적 위험에 대응하기 위한 사회서비스 전략과 사회투자 논의를 보면 가야 할 길은 비교적 명료한 상태다. 노동과 괴리된 채 진행되는 작금의 기본소득 논의는 20세기형 복지국가의 아킬레스건이었던 현금복지의 재판에 불과하다. 4차 산업혁명발 노동의 종말을 이유라 하더라도 아직까지는 성급한 정치상품에 불과해 보인다. 복지국가의 확대가 선거를 통해 재촉받고 있는 한국에서 성장과 함께 지속가능한 복지국가 전략은 일과 복지가 하나로 다뤄지는 서비스복지 전략에서 찾아야 한다. 서둘러 앞서갔던 나라들도 가 보고 싶어 할 그 길에 이제 우리가 나서야 한다.

2022년 10월

저자 일동

차례

Part 2: 자영업과 고용보험 사각지대 • 97

유길상

Part 3: 4차 산업혁명의 전개와 '노동'의 종말 • 187

허재준

Part 4: 사회서비스 전략 vs. 기본소득 전략 • 301

안상훈 · 김수완

PART
1

자영업과
복지국가

안상훈(서울대학교 사회복지학과 교수)

김수완(강남대학교 사회복지학부 교수)

자영업 비중이 큰 나라, 작은 나라

자영업 규모에 대한 국가 비교

복지국가의 제반 사회경제적 조건과 자영업 비중은 그 영향관계가 복잡다단하게 얽히는 양상일 가능성이 높다. 분절적으로 이루어져 온 기존 연구들이 시사하는 바를 종합하면 그러한 예상이 가능하다. 복잡한 그림을 조각 맞추기 할 때에는 잘 알려진 그림부터 채워 가는 것이 최선의 방책이다. 기존 연구들에서 나타난 자영업자와 관련된 주요 변수들부터 살펴보면, 쉽게 눈에 들어오는 변수들이 있다. GDP 수준이나 실업률 등의 경제 관련 변수, 조세수준이나 조세정의 등 세제 관련 변수, 소득대체율이나 급여포괄성 등 사회보장 수준과 관련된 복지제도 변수 등이 그것이다.

기존 연구들은 대부분 자영업자를 하나의 동일한 범주인 것처럼 취급하고 변수들 간의 관계를 규정하였다. 이른바 변수 중심의 일반화 접근법을 채택한 것이다. 하지만 이 장에서는 자영업자가 하나의 집단이 아닌 서로 다른 이질적인 집단들로 이루어져 있다는 최근의 논의에서 출발하려 한다(안종순, 2015; Carrasco & Ejrnaes, 2012). 예컨대, 경제행태의 변화나 산업구조조정에 따라 피고용 부문의 실업률이 증가하면 특정한 종류의 근로자들부터 고용기회를 박탈당하게 되며, 소극적 대안으로서 자영업을 선택하게 된다고 한다(Carrasco & Ejrnæs, 2012; Livanos, 2009).

반면, 미시경제적 연구들에서는 끌어당기기(pull) 효과, 즉 자율성 등 자영업의 상대적 매력 증가, 직업가치관 변화 등으로 인한 근로자의 적극적 선택을 강조하는 경향을 보인다(Livanos, 2009). 특히 운수나 유통 등의 전통적인 서비스 부문을 교육, 건강, 금융 및 기업 서비스 부문이 대체해 나가면서, 지식과 기술을 갖춘 고학력·고숙련 전문직 자영업자들이 증가하는 이유로 끌어당기기 효과가 언급되곤 한다(Buschoff & Schmidt, 2010).

물론 끌어당기기 효과냐 밀어내기 효과냐의 문제보다 더 중요한 것은 그러한 상이한 방향의 효과가 어떤 종류의 자영업자 집단과 관계되느냐일 것이다. 자영업자 내부의 이질성은 한 나라 안에서도 관찰되는 현상이지만, 나라마다 자영업자들의 특성이 상이함을 설명하는 데에도 유용하다. 예컨대, 스페인에서는 고용불안정층과 저숙련층이 자영업을 선택하는 가능성이 높은 반면, 덴마크에서 자영업자는 숙련층인 경우가 더 많다(Carrasco & Ejrnæs, 2012). 즉, 국가비교 관점에서 볼 때, 자영업 비중 그 자체보다는 국가마다 다른 자영업자의 내용 구성이 자영업자들의 행위를 규정할 수 있을 것이라 여겨진다.

　이처럼 자영업자 구성의 이질성 문제가 내용 구성과 같은 질적인 문제인 것은 분명하다. 하지만 적어도 거시적인 국가비교의 국면에서는 규모의 문제로 치환할 수 있는 여지가 다분해 보인다. 대다수 자영업자의 사회경제적 지위가 낮은 스페인의 경우 자영업 비중이 높고, 숙련층이 자영업자의 주를 이루는 덴마크는 그만큼 자영업 비중이 낮기 때문이다. 덴마크에서 대부분의 사람들은 일반 피용자가 되고 자영업 부문에는 혁신형 자영업으로 성공할 가능성이 높은 사람들만 남아 소수의 안정층을 구성하게 된다. 반면, 노동시장 상황도 좋지 않고 경제상황도 좋지 않아 '고용의 불유쾌한 대안'으로서 어쩔 수 없이 자영업을 선택하는 사람이 많은 스페인에서는 자영업 비중도 커지고 그 구성도 열악해지는 것이다. 요컨대, 자영업 비중이 큰 나라에서는 자영업자의 부정적인 측면들과 더 큰 관련성을 맺을 공산이 커진다고 하겠다. 이제, 이러한 점들을 염두에 두고 국가비교적 관점에서 자영업 비중의 결정요인으로 많이 얘기되어 온 변수들을 하나씩 살펴보기로 하자.

경제 수준과 자영업자 규모

　경제 수준이 높은 국가와 낮은 국가, 어느 쪽에서 자영업자 규모가 더 클까? 통념적으로 선진국일수록 자영업자 비중은 줄어드는 것으로 논의된다. 역사적으로도 각국의 자영업자 비중은 점차 줄어들어 왔던 것이다.

그리하여 기존의 많은 연구들이 한 국가의 자영업 비중을 결정 짓는 요인으로 경제 수준, 즉 GDP 수준에 주목해 왔다(Acs et al., 1994; Parker & Robson, 2004; Torrini, 2005). 이들 연구에서는 가장 부유한 국가에서 자영업자 비중이 가장 낮은 현상에 주목한다. 이 는 경제가 점점 자본집약적인 성격을 가질수록 자영업에 돌아오는 비중이 줄어들기 때문이라고 설명된다.

그러나 이러한 설명은 국가 간 자영업자 비중이 상당한 차이를 보이고 있는 현상, 즉 국가 간 자영업자 비중의 편차를 설명하는 데 에는 한계를 가진다고 비판받고 있다. 특히 비(非) 농업 부문에서 의 자영업자 비율은 시간이 경과하더라도 OECD 국가들 간에 수렴 현상을 관찰할 수 없다는 것이다(Torrini, 2005). 또한 유사한 경제 발전 수준에서도 국가 간 이질성이 존재하며, 이는 각국의 노동시 장, 조세나 사회보장 등을 포함한 제도적 조합의 성격의 상이함으 로 비로소 설명될 수 있다.

경제와 자영업자와의 관계에 대한 또 다른 통념으로는 '경제적 상황이 나빠질 때 자영업자가 늘어난다'는 것이다. 경제적 상황 이 어려워지면 실업률이 높아지게 되는데, 이때 임금근로 일자리 를 구하기 어려워진 실직자가 자영업으로 진입하는 경우가 증가하 기 때문이다. 이를 '밀어내기(recession push) 가설'이라고 한다. 그 러나 이론적으로는 상이한 메커니즘이 작동할 수 있다. '끌어들이 기(prosperity pull) 가설'에서는 오히려 실업률이 낮은 호경기인 상 황일 때 자영업에 대한 위험부담이 감소하기 때문에 자영업으로의 진입이 촉진될 수 있다고 주장한다(Blanchflower, 2000; Parker & Robson, 2004).

예컨대, Hughes(2003)의 연구는 캐나다에서 여성의 자영업 선택이 증가하는 추세의 원인으로 밀어내기 효과가 클 수 있다고 주장한다. Bonet 등(2013)도 임시계약직 여성의 경우에는 출산기에 자영업으로 전환할 가능성이 더 높다고 설명하면서 밀어내기 효과를 암시하고 있다. 그러나 Carrasco와 Ejrnæs(2012)는 국가 간 보육 및 육아휴직 등의 일가족양립정책에 따라 여성의 자영업 비율이 달라질 수 있음을 보여 준다. 실제로, 보육정책이 덜 발달한 스페인에서 어린 자녀를 둔 여성은 고용직보다는 자영업을 선택할 가능성이 덴마크보다 높게 나타났다. 이 역시 자영업자 구성의 상대적인 이질성이 개별 국가의 제도적 상황과 관련됨을 시사한다.

우리나라는 경제침체기에 자영업자 규모가 어떻게 달라질까? 한국은행의 발표에 따르면, 외환위기와 코로나19 위기 시에는 고용원이 없는 자영업자가 증가한 것으로 나타났다. 이는 경기침체기에 실직자의 자영업 진입이 늘어나는 밀어내기 가설을 지지하는 것이다. 반면, 금융위기 시에는 고용충격이 상대적으로 작아 이러한 패턴이 나타나지 않고 고용원이 없는 자영업자가 감소하는 것으로 나타났다(오상일 외, 2021).

한편, 호황기와 불황기에 따라 증가하는 자영업자의 특성이 다르다는 지적(김우영, 박동규, 2012)에 주목할 필요가 있다. 경기가 좋을 때에는 혁신형 자영업자가 증가하는 반면, 경기가 나쁠 때에는 특정한 기술 없이 사업에 뛰어드는 필요형 자영업자가 증가한다.

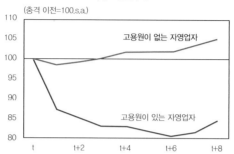

(a) 외환위기

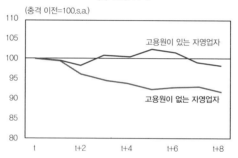

(b) 금융위기

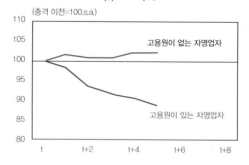

(c) 코로나19

[그림 1-1] 자영업 규모

주: 1) 충격 이전 시점은 외환위기 1997. 4/4분기, 금융위기 2008. 3/4분기, 코로나19 2019.
4/4분기
출처: 오상일 외(2021).

세금 수준과 자영업자 비중

　세금 수준과 자영업자 비중의 관계에 관해서는 상반된 견해가 존재한다. 하나는 과세 확대로 인해 자영업자 비중이 증가한다는 논리다. 조세부담율이나 사회보장 부담이 높으면 조세회피 유인이 더 커지기 때문에 자영업자 비중이 높아진다는 설명이다(Buehn & Schneider, 2012). 또한 소득세가 오르면 자영업자 입장에서는 근로참여와 관련된 세금 비용이 늘어나는 것이기에 세금회피에 용이한 자영업을 유지하는 것이 도움이 된다는 것이다(Parker & Robson, 2004; Robson, 1998; Robson & Wren, 1999; Torrini, 2005).

　반면, 과세 확대로 인해 자영업자 비중이 감소한다는 견해도 있다. 높은 개인소득세율이 이를 온전히 부담하기 힘든 영세 사업가들 및 자영업자들의 폐업을 야기할 수 있다는 것이다(Davis & Henrekson, 1999). 세율 증가는 임금근로자보다는 자영업자의 근로동기를 더 약화시킬 것이라는 주장도 마찬가지의 논리다(Robson & Wren, 1999; Torrini, 2005).

　그러나 세금 수준과 자영업자 비중 간의 관계도 그리 단순하지 않으며, 한 나라의 조세정의 수준이나 징세의 강제성 정도 등의 '제도'에 따라 달라진다고 보아야 할 것이다. 조세회피가 허용되지 않는 국가에서는 자영업자들이 유급고용으로 이동하게 될 것이며, 탈세에 대한 제재 가능성이 낮고 특히 자영업자에 대해서 더 낮다면 조세부담 증가는 자영업을 증가시킬 것이다. 대표적으로

Torrini(2005)의 연구에서는 세금 기피에 대한 용인 수준이 각기 다른 경제에서 조세부담과 조세집행 강제력이 자영업 비율에 어떻게 영향을 미치는지를 분석하였다. OECD 25개국의 1998~2000년 자료를 결합하여 회귀분석한 결과, 두 가지의 결과가 도출되었다. 첫째, 조세부담 수준의 대리변수로서 조세격차(tax wedge)를 투입하였는데, 실질 세부담이 클수록 자영업 비율은 낮아지는 것으로 나타났다. 자영업자의 소득이 개인의 조세회피 노력에 더 많이 영향을 받기 때문에 과세 증가는 자영업에 더 타격을 준 것이라 해석할 수 있다. 둘째, 조세법 강제성을 반영하는 대리변수로서 부패지수(corruption index)를 투입한 결과, 부패지수가 자영업자 비율 증가와 정적 관계를 가지는 것으로 나타났다.

그렇다면 실제로 세금 수준과 자영업자 비중 간에는 어떤 관계성을 보일까? 다음 [그림 1-2]에서 확인할 수 있는 것처럼, 이들 간에는 부적인 관계가 확인된다. 자영업자 비중이 커질수록 총조세수입이나 개인소득세 수입이 줄어드는 것이다. 조세부담율과 자영업자 규모의 부정적 관계에 대한 기존의 경험적 연구결과들도 이를 뒷받침한다(Davis & Henrekson, 1999; Fölster, 2002: Torrini, 2005).

이처럼 자영업자 비중의 확대는 조세회피를 통해 복지국가의 조세수입을 축소시킨다. 또한 조세탈루 규모가 클수록 복지지출이 감소하는 부적 상관관계도 나타나는데, 이러한 관계의 메커니즘은 복지정치의 맥락에서 설명이 가능하다. 일반 납세자는 조세탈루가 커질수록 '납세자로서의 지위'를 상대적으로 강하게 인식하게 되며, 조세부담 의지와 복지국가에 대한 지지가 약화될 수 있다.

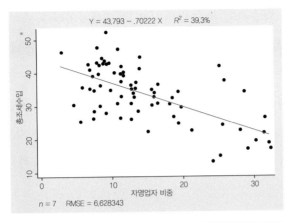

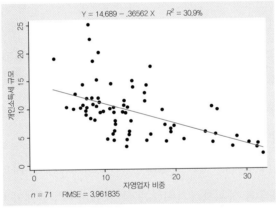

[그림 1-2] **자영업자 비중과 총조세수입 및 개인소득세 규모**

주: OECD 34개국[1] 대상. 가로축은 비농업 부문 자영업자 비중(총고용대비 %)[2](2009년 기준), 세로축은 총조세수입(위) 개인소득세 규모(아래)(OECD Tax Database)

---

1) 여기에는 오스트레일리아, 오스트리아, 벨기에, 캐나다, 칠레, 체코, 덴마크, 에스토니아, 핀란드, 프랑스, 독일, 그리스, 헝가리, 아이슬란드, 아일랜드, 이스라엘, 이탈리아, 일본, 한국, 룩셈부르크, 멕시코, 뉴질랜드, 네덜란드, 노르웨이, 폴란드, 포르투갈, 슬로바키아, 슬로베니아, 스페인, 스웨덴, 스위스, 터키, 영국, 미국이 포함된다.
2) 자영업자 비율 변수는 OECD가 2009년에 발간한 『Overview: Data on Informal Employment and Self-Employment』에 제시된 '비농업 자영업자 비율'을 사용하였다. 농업 인구를 제외하는 이유는 농업인구자체는 해당 국가 및 사회의 역사·문화적 전통, 가족의 소유구조에 따라 결정되는 측면이 강하기 때문이다(Parker & Robson, 2004).

이러한 악순환을 끊는 방법이 바로 조세정의의 확립이다. 엄정한 조세제도가 있는 나라의 경우에 조세수입이 더 커진다. 정부효율성과 총조세수입과의 상관관계는 .471로 비교적 높은 정적 관계를 보인다. 이는 한편으로는 조세형평성을 높여 일반 국민들의 조세저항을 낮출 수 있을 뿐만 아니라 다른 한편으로는 자영업자의 유인을 감소시켜 자영업자 비중이 줄어드는 순환적 효과를 가지게 될 것이다.

자영업자 비중과 사회보험기여금 혹은 사회보장세(payroll tax)의 규모 간의 관계도 살펴보자. 선행연구들에서는 사회보험기여금의 수준이 높아지면 자영업 비중을 높이게 될 것이라 설명하고 있다. 대체로 높은 사회보장세는 기업들이 근로자들을 자영업자 계약으로 위장하여 고용하는 유인으로 작용하여 자영업자 비율을 높이는 데에 영향을 줄 수 있다는 논리이다.

여기서의 결과는 이런 설명과는 반대로 나타난다. 자영업자 비중이 높을수록 사회보장기여금은 낮아지는 부적 관계가 나타나는 것이다. 자영업자는 사회보험료를 본인이 모두 부담해야 하기 때문에 고용주가 일정 부분을 분담해 주는 근로자에 비해 숨김효과가 존재하지 않는다. 따라서 동일한 사회보험체계에 속해 있더라도 자영업자는 더 강한 납세자로서의 지위를 가지게 되어 근로자에 비해 사회보험료(인상)에 대해 더 부정적인 입장을 가지며, 이는 사회보험료의 인상을 저해하는 결과를 가져올 것이다. 이 두 변수 간의 부적인 관계는 높은 자영업자 비중이 복지국가에 미치는 장기적이고 제도적인 영향일 수 있음을 시사한다. 한편, 이 관계에 대

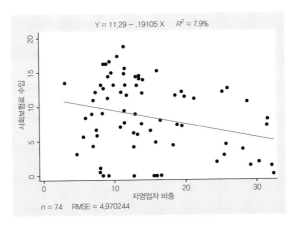

[그림 1-3] **자영업자 비중과 사회보험료 수입**

주: OECD 34개국 대상. 가로축은 비농업 부문 자영업자 비중(총고용대비 %)(2009년 기준),
세로축은 사회보험료 수입(OECD Tax Database)

해서는 자영업자의 비율이 높으면 사회보험에 가입하는 비율이 낮
아져 사회보험금 규모가 줄어드는 현상으로도 해석이 가능하다.

실업급여제도의 관대성과 자영업

실업급여제도의 관대성과 자영업 간에는 어떤 관계가 있을까?
실업보장 같은 사회보장 수준이 높아지면 자영업자 비중에 어떤
영향을 미칠까? 역으로, 한 사회의 자영업자 규모가 크거나 작은
것이 복지국가에 어떤 영향을 줄 것인가?

기존의 선행연구에서는 실업보험이 자영업자 비중에 미치는 영
향을 중심으로 설명해 왔다. 대부분의 연구가 관대한 수준의 실업
급여는 자영업자 비율을 낮춘다고 보았다(Parker & Robson, 2000;

Robson, 2003; Staber & Bögenhold, 1993). 그 이유는 다음과 같다.

첫째, 실업보장 혜택이 관대하면 수급자들이 사업을 시작하려는 유인이 더 적어질 수 있다. 즉, 많은 근로자가 실업보험 혜택에 실질적으로 포섭되어 있는 상황이라면 급여 수준이 높을 경우에 굳이 힘들여 자영업을 따로 운영할 상대적 유인이 줄어들 수밖에 없기 때문에 자영업자가 늘어나지 않을 수 있다는 것이다.

둘째, 대체로 공공 사회보장의 틀 내에서 자영업자보다는 피용자들이 우선적으로 제도의 틀에서 보호되는 경우가 일반적이다. 자영업자는 실업급여의 적용에서 제외되는 경우가 많기 때문에, 실업급여에 대한 접근권을 제한받는 것에 대한 자영업의 위험요인이 증가하게 된다. 그렇기 때문에, 복지국가의 사회보장 수준이 높아질수록 수혜가능성을 높인다는 면에서 자영업자보다는 피용자로서의 지위를 선택할 공산이 커진다. 즉, 실업보장 혜택을 받기 위해 피고용자가 되어 실업보장 수급자격 요건을 가지려고 하는 유인이 발생할 수 있다는 것이다.

그렇다면 역의 인과관계는 어떨까? 자영업자 비중이 높을수록 한 사회의 실업급여의 적용대상범위는 줄어들 수밖에 없다. 실업급여의 적용대상범위가 작은 상황에서 실업급여의 보장성을 높이는 것은 정치적으로 지지받기 어려운 정책이 된다. 즉, 높은 자영업자 비중은 국가 전체 차원에서 실업급여 수급자로서의 이해관계를 약화시켜 결과적으로 실업보험에 대한 정치적 지지가 낮아지게 되고, 이는 실업급여 관대성을 높게 유지하지 못하는 원인이 될 수 있다.

　실제로 이 둘 간의 상관관계는 어떻게 나타날까? 앞 절과 동일한
자료를 분석한 결과를 보자. [그림 1-4]에서 볼 수 있는 것처럼 국
가비교 차원에서 볼 때 실업보험의 적용대상범위와 급여 관대성은
각각 자영업자 비중과 부적인 상관성을 보인다.

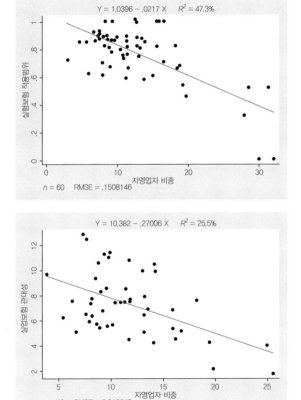

[그림 1-4] 자영업자 비중과 실업보험 적용범위 및 실업보험 관대성

주: 가로축은 비농업 부문 자영업자 비중(총고용대비 %)(2009년 기준), 세로축은 실업보험 적
용범위(위) 및 관대성(아래)(Comparative Welfare Entitlement Dataset)

실업급여 외에 전체 사회보험제도의 관대성과 복지지출 수준과 자영업 비중의 관계도 자영업자 비중의 '결과'의 논리를 확장하여 설명할 수 있다. [그림 1-5]에서 보듯 이들의 관계도 부적으로 나타난다. 자영업자 비중이 높을수록 사회 전체의 복지에 대한 이해

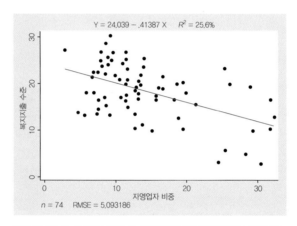

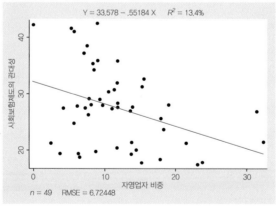

[그림 1-5] **자영업자 비중과 복지지출 수준, 사회보험제도의 관대성**

주: 가로축은 비농업 부문 자영업자 비중(총고용 대비 %)(2009년 기준), 세로축은 복지국가 지출 수준(위)(OECD SOCX Database)과 실업보험의 관대성(아래)(Comparative Welfare Entitlement Dataset)

관계가 낮아지기 때문에 복지지출 수준이 낮고, 전체 사회보험제
도의 관대성도 높지 않게 형성된다는 복지정치적 맥락이 작동하는
것이다.

다시 보는 복지국가 유형

앞에서 소개했듯이 기존 연구들은 자영업자 비중의 결정요인을
밝히는 데 집중되어 왔다. 그런데 이들은 복지국가의 제도적 요인
이 자영업자 비중에 미치는 영향을 분석하는 데 있어서 내생성, 특
히 역인과성 혹은 쌍방인과성 문제를 해결하지 못하는 듯 보인다.
복지국가의 제도적 요인은 자영업자 비중에 영향을 미치지만, 동
시에 자영업자 비중도 복지국가의 제도적 요인의 변화에 중요한
조건이 될 수 있는 것이다. 여기서는 자영업자 비율의 원인을 밝히
는 데 치중했던 기존 연구의 경향에서 벗어나, 자영업자와 복지국
가의 복합적인 상호관계에 대한 큰 그림을 가설적 수준에서 제시
하고자 한다.

자본주의 다양성론이나 복지국가 체제론 등 제도주의 관점의
거시비교연구 분야에서는 상이한 생산레짐, 노사관계, 사회적 보
호 체계 사이에 존재하는 '제도적 상보성(制度的 相補性, institutional
complementaries)'에 주목한다. 이들에 의하면 제도적 동형화
(institutional isomorphism)의 작용에 따라 나중에 만들어진 제도들
이 먼저 존재했던 제도에 맞춰서 발달하게 되고, 결국 일국적 차

원에서는 복지국가의 측면들과 생산레짐의 측면들이 상호 '조화 (fit)'되는 제도적 친화성(institutional affinity)을 지니게 된다고 한다 (Ebbinghaus & Manow, 2001; Huber & Stephens, 2001). 한 나라의 정치, 경제, 복지, 사법, 문화 등등 각 부문의 제도는 그러한 제도들의 통제형식에서 동조된 조합을 가지며 다른 나라 혹은 나라들과의 상이성을 발현시킨다. 그 이유는 개별 국민국가들이 제도적 조정에 관한 법적 통제를 독점함과 동시에 그러한 조정을 뒷받침하는 제도를 제각각 발전시켜 왔기 때문이다(Hall, 1999; Hall & Soskice, 2001).

　자영업자 비중의 국가 간 상이성이 복지국가의 제반 상황조건과 관계되는 변수들과 상당한 상관성을 지니면서 국가 집락 간에 차이를 보인다면, 이러한 현상에 대한 설명틀로서 제도주의적 해석은 그 유효성이 상당하다고 여겨진다. 각국에서 자영업이나 그를 둘러싼 제도들이 서로 강고하게 연결되어 있다는 것이다.

　그런데 각국의 정책적 상황이 제도적 경로의존에 의해 대부분 결정된다면 정책의 역할은 기존 제도와 조응되는 것을 골라내는 것에 국한될 수밖에 다른 도리가 없는 것 아닌가? 특정 시점, 특정 국가의 제도나 정책적 구성은 과거의 유산으로서의 정책적 제도에 종속적이라는 것이 제도주의적 관점의 핵심명제인 것은 사실이다. 하지만 모든 것이 이전 제도의 유산으로서만 설명된다면 창의적인 정책 노력은 의미가 없어져 버린다. 이에, 역사적 변곡점(historical turning point)은 늘 있을 수 있고, 예컨대 새로운 종류의 바람직한 복지국가 전략에 의해서 자영업과 관련된 매우 부정적 제도 상황이 개선될 여지가 있다는 사실도 잊어서는 안 될 것이다(안상훈, 2005; Nee & Ingram, 1998; Rothstein & Steinmo, 2002). 비록 그럴 공산이 그리 크지는 않다고 하더라도 말이다.

　이 장에서 지금까지 살펴본 내용을 보면 자영업자 비중은 다양한 경로를 통해 복지국가의 악조건들과 결부되는 것으로 드러났다. 첫째, 자영업자를 활성화시키는 원인적 요인들은 주로 개인 차원에서는 고용을 선택하기 어렵게 하는 상황, 예컨대 높은 실업률, 낮은 공공부문 일자리 비중, 일가족 양립의 어려움 등과 관련되어 있거나, 전반적으로 시장경제의 질서가 제대로 확립되지 못한 경우와 관련된다. 둘째, 자영업자의 비율이 높은 국가는 조세회피와 지하경제 규모가 클 뿐만 아니라, 조세와 사회보장기여금의 전반적인 수준도 다른 나라에 비해 상당히 떨어지는 것으로 나타난다. 조세정의가 확립되지 못한다면 자영업자의 확대는 복지국가의 재

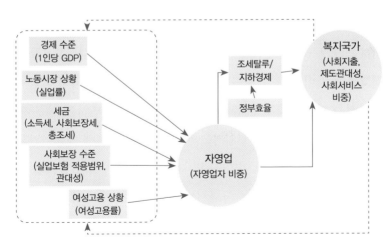

[그림 1-6] **자영업 비중과 복지국가의 복합적 인과구조**

정에 긍정적인 영향을 미치기 어려워 보인다. 셋째, 자영업 비중이 큰 국가는 전체적으로 사회보장의 수준이 상당히 낮은 편에 속한다. 즉, 조세정의가 구현되지 못하여 국민부담 수준을 높이는 데 여러 가지 한계를 노정하기 때문에 복지를 확대할 여지가 별로 없게 되는 것이다.

그렇게 볼 때, 복지국가를 제대로 만들어 내기 위해서는 자영업 부문, 특히 특정한 기술을 기반으로 하지 않는 필요형 자영업자의 규모를 합리적인 수준으로 견지하는 전략이 필요하다. 결국 가장 중요한 것은 자영업이 아니라 다른 방식으로 노동시장에 참여할 방안을 우선적으로 마련하는 것이다. 또한 실업 극복대책으로서 논의되는 자영업 활성화 전략에 대해서는 신중함이 필요하다. 혁신형 자영업이 아닌 경우, 기술 수준이 높지 않고 이미 경쟁이 과열되어 있는 부문에서 자영업을 선택하기보다는 공공부문이나 시간제 일자리에 고용될 수 있도록 할 필요가 있다.

또한 일가족 양립을 위한 돌봄, 고용지원 등의 사회서비스에 주력하는 고용 · 복지 연계전략을 통해서 고용률, 특히 여성고용률을 제고하는 것이 중요할 것이다. 돌봄 공백과 같은 신사회적 위험에 대해서는 자영업자도 근로자와 유사한 위험에 직면하기 때문에, 이러한 사회서비스는 자영업자들의 욕구가 클 수 있는 영역이기도 하다. 더 나아가, 복지국가가 사회서비스 방식을 주로 발달시킬 경우 공공 혹은 민간 분야의 사회서비스 일자리를 증가시키게 되며 (안상훈, 2011; Ahn, 2000), 이 경우 고학력 경력단절 여성이나 중고령 퇴직자들이 어쩔 수 없이 선택했었던 자영업으로의 '마지못한 진출'은 상당 부분 차단될 여지가 있을 것이라 여겨진다.

또한 자영업으로 인해 지하경제가 커지거나 탈세가 쉽게 이루어지지 않도록 소득파악과 조세정의 확보를 위한 제도 정비와 납세의식 고취 등이 수반되어야 한다(Buehn & Schneider, 2012). 제도의 전반적인 관대성을 높이는 방향으로 복지국가를 확대하기 위해서는 엄정한 조세정의 확립이 요청된다. 재정적으로 지속가능한 복지국가의 필수조건이 국민부담을 충분한 수준으로 유지하는 것이기 때문이다. 세금이나 사회보험료를 소득에 따라 제대로 걷어 내기 위해서는 엄정한 세정이 요구된다. 조세정의가 확보되면 자영업을 통한 조세회피가 힘들어지고 지하경제 규모 또한 작아질 것이다. 이는 다시 자영업의 상대적 유인을 감소시켜 자영업 비중을 합리적인 수준으로 낮추는 자연스러운 선순환으로 작용할 수 있으리라 기대한다.

02

자영업으로 인한
복지국가의 명암

자영업 활성화, 실업의 대안이 될 수 있는가

　복지국가들은 이미 실업문제에 대한 해결책으로 '자영업 활성화'를 정책방향으로 하여 자영업자 지원정책을 펼쳐 온 지 오래다. 실업자가 일로 복귀하는 대안적 루트로서 창업을 바라보는 것이다. 최근 코로나19 위기가 닥치자, 이러한 경향은 더욱 강화되고 있다. 많은 나라들에서 이를 타개하기 위해 자영업자에 대한 사회안전망을 강화하여 자영업의 사회적 위험을 줄이는 한편, 적극적으로 창업을 지원하는 정책을 확대하고 있는 것이다.

　흥미로운 것은 정부와 실업자들의 온도 차이다. 자영업을 통해 일로 복귀하기를 희망하는 실업자들이 막상 많지 않다는 것이다. OECD(2021)에 따르면, EU 국가들의 실업자 14.9백만 명 중에서 3%에도 못 미치는 35만 8,000명만이 자영업자를 희망한다고 나타나 있다.

대신, 청년층의 40~45%가 피용자로 일하는 것보다 창업을 더 선호한다고 밝히고 있어 세대별로 차이가 클 수 있음을 보여 주고 있다. 그러면 청년층은 적극적으로 창업을 시도하고 있을까? 그것도 아니다. 물론 국가 간 편차는 크지만, EU 청년층 선체를 놓고 보면 20대 청년층 중에서 자영업자 비중은 지난 20년간 큰 변화 없이 7% 수준을 유지해 오고 있다(OECD, 2021).

또한 EU 국가들 중에서 청년 실업률과 청년 자영업자 비중 간에 유의미한 상관관계가 나타나고 있는 국가는 7개에 불과하다고 보고된다(OECD, 2021). 더구나 그중에서 독일, 스웨덴, 체코, 말타 4개 국가에서는 청년 자영업자 비중이 높을수록 청년 실업률이 높아지는 정적인 관계를 보이고 있어 유인/끌어들이기(pull) 가설이 작동하는 것으로 설명되는 반면, 그리스, 이탈리아, 사이프러스 등 3개 국가에서는 실업이 감소할 때 자영업이 증가하는 배출/밀어내

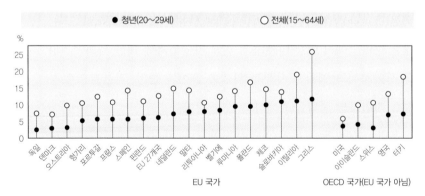

[그림 2-1] 국가별 전체 자영업자 비중 및 청년 자영업자 비중

출처: OECD (2021).

기(push) 가설이 나타나고 있다.

이는 국가별로 자영업자 활성화 정책의 실업문제 해소 효과가 다르게 나타날 수 있음을 시사한다. 즉, 그리스나 이탈리아의 경우, 청년들을 대상으로 자영업 활성화 정책을 펼치면 실업이 감소할 수 있겠지만, 독일이나 스웨덴에서는 적어도 청년실업률 감소 효과를 보지 못할 수 있다는 것이다.

따라서 자영업자 활성화 정책을 고려할 때에는 우선 자영업에 진입한 이들을 보호하기 위한 사회정책적 차원인지, 실업률을 낮추기 위한 실업자 대책의 차원인지, 혹은 새롭고 혁신적인 일자리 창출을 위한 경제정책의 일환인지 정책의 대상과 목표를 명확히 할 필요가 있어 보인다.

지하경제, 소득파악과 자영업

IMF에서 2018년 발간한 보고서(Medina & Schneider, 2018)에서 Schneider 교수 연구팀은 전 세계 158개국 대상으로 1991년부터 2015년까지 25년간의 지하경제(shawdow economy) 규모를 추정한 바 있다. 여기에서 지하경제는 강도, 마약거래 등의 불법 생산을 포함한 경제활동(black economy)은 제외하고, 세금이나 최저임금, 안전기준 등과 같은 규제나 행정절차를 피하기 위해 정부 당국으로부터 숨겨진 경제행위를 포괄한 것으로, 복지국가의 제반 제도와 밀접한 관련이 있다고 할 수 있다.

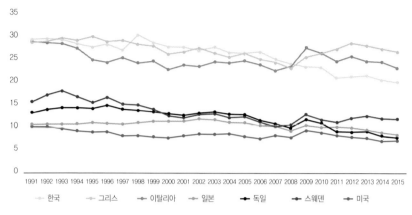

[그림 2-2] 국가별 지하경제 규모 추이: 1991~2015년(단위 %)

주: Medina & Schneider (2018) 자료를 토대로 국가별 재구성.

이 보고서에서 우리나라와 주요국들의 분석 결과를 추려 보면 다음과 같다. 1991년 당시 한국은 이탈리아, 그리스와 함께 국내총생산(GDP) 대비 지하경제가 30%에 달했다. 반면, 일본과 미국은 지하경제 규모가 10% 수준으로 매우 낮았으며, 독일과 스웨덴은 각각 13.3%, 15.5% 수준이었다.

그런데 지난 25년간의 추이를 보면, 대부분의 국가에서 지하경제 규모는 서서히 감소해 오는 추세를 보이고 있다. 독일은 일본과 미국 수준으로 낮아진 반면, 스웨덴은 지하경제 규모가 점차 감소하다가 최근 다시 높아지는 경향을 보인다. 지하경제 규모가 큰 국가군 중에서 그리스와 이탈리아는 2000년대 후반 이후 다시 증가했다가 감소하여 크게 낮아지지 않은 것과는 달리, 우리나라는 지난 25년간 지하경제 규모가 가장 빠르게 감소하여 1991년 29.1%이던 것에서 2015년에는 19.8%로 10% 포인트가량 감소하였다. 그동안 신용카드 소득공제, 현금영수증 사용, 전자세금계산서 발행 등을 통해 거래의 투명성을 확보하려는 정책적 노력의 결과로 해석할 수 있을 것이다. 요컨대, 우리나라는 현시점에서 지하경제 규모가 적은 국가군들에 비하면 여전히 두 배 이상 큰 규모이지만, 지하경제가 감소하는 속도와 폭은 상당히 크기 때문에 향후의 귀추에 주목할 필요가 있다. 물론 아시아 국가 중에서도 우리나라는 여전히 지하경제 규모가 큰 국가로, 싱가포르나 일본보다 두 배가 넘는 수준일 뿐만 아니라, 베트남, 중국 등보다도 높은 수준이라는 점을 짚지 않을 수 없을 것이다.

그렇다면 이와 같은 지하경제는 왜 발생하는 것일까? 불법 경제행위가 아닌, 과세당국의 눈을 피하는 지하경제가 발생하는 주요 원인은 과세당국의 차원에서는 소득파악 능력의 문제이고, 경제주체 입장에서는 조세회피의 문제라고 할 수 있다. 선진국일수록 경제 시스템이 치밀하게 갖춰져 있어 소득파악 능력이 높고 자연히 지하경제의 규모가 작게 된다. 반면, 사업자등록을 하지 않은 노점상이나, 영수증을 발급하지 않는 현금거래가 많아질수록 지하경제의 규모는 커지게 되는데, 이런 여지가 가장 많은 것이 자영업 부문이다.

[그림 2-3]에서 보는 바와 같이, 자영업자 비중이 증가할수록 조세회피 정도와 지하경제 규모도 비례하여 증가하는 것으로 나타나고 있다. 조세회피와 지하경제의 원인으로서 자영업자 비중이 지목되고 있는 것과 맥을 같이한다.

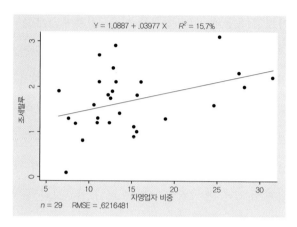

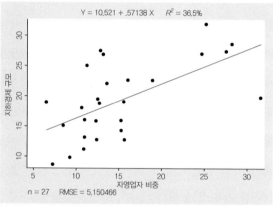

[그림 2-3] **자영업자 비중과 조세탈루 및 지하경제 규모**

주: 가로축은 비농업 부문 자영업자 비중(총고용-대비 %)(2009년 기준), 세로축은 조세탈루(%
of GDP)(위) 및 지하경제 규모(% of GDP)(아래)(Buehn & Schneider, 2012)

복지국가와 자영업자의 소득파악

그렇다면 소득파악이 되지 않는 지하경제는 복지국가에 어떤 영
향을 미치게 될까? 앞서 언급했듯이 지하경제에서 불법행위를 제

외하고 행정절차를 피하기 위한 숨겨진 경제활동으로 정의하게 되면, 지하경제는 '소득파악'의 사각지대 문제로 등치할 수 있게 된다.

지하경제, 즉 소득파악의 사각지대 문제는 복지국가의 중요한 세 가지 이슈와 연결된다.

첫째, 세수 확보의 문제다. 지하경제 규모가 크다는 것은 세수 누수 현상이 크다는 것을 의미하고, 이는 곧 복지국가 재정의 문제와 직결된다.

둘째, 조세형평성의 문제다. 소득세 탈루 등의 탈세 행위가 일상화되면, 조세제도에 대한 국민의 신뢰가 떨어져 증세에 대한 강한 반발심이 생기게 된다. 우리나라에서 근로자는 소득이 투명한 유리지갑으로 자영업자에 비해 손해를 본다는 인식이 강하며, 사회보험료 인상을 강하게 반대하는 등의 현상이 나타나는 기저에는 이처럼 깨어진 조세형평성으로 인한 국민적 불신의 문제가 자리하고 있다.

셋째, 복지 사각지대의 문제이다. 복지제도는 소득파악이 용이한 일정 규모 이상의 기업 근로자 대상으로 우선 도입, 확대되어 온 경향이 있다. 그러다 보니 정작 국가의 지원이 필요한 영세자영업자와 비임금근로자들이 혜택에서 누락되는 문제가 발생해 왔다. 예컨대, 광범위한 국민연금 사각지대의 핵심은 영세사업장의 비공식 근로를 공식화하는 문제와 자영업자의 실질 가입율을 높이는 문제였다. 즉, 고소득층의 소득파악이 세수를 확보하기 위한 과제라면, 저소득층의 소득파악은 복지 사각지대를 줄이기 위한 중요한 과제였던 것이다.

요컨대, 자영업자 비중이 크면 클수록 복지국가를 유지하는 데 필요한 증세가 힘들고, 그 결과 복지국가가 확대되지 못할 공산이 커진다. 뿐만 아니라 자영업자 비중이 크게 되면 실질적으로 복지의 혜택을 받아야 할 대상들이 사각지대에 놓이거나 잘 파악되지 못해 복지의 효율성과 효과성이 낮아지는 문제도 발생하여 복지국가에 전반적으로 불리하다고 할 수 있다.

물론 자영업자 비중이 한 사회의 조세회피나 지하경제의 규모를 결정하는 정도는 조세집행의 실효성, 소득파악력 등의 제도적 변수에 의해 달라질 수 있다. 그 나라에서 탈세를 어느 정도 용인하고 있는가, 즉 과세법의 강제 정도나 정부의 소득파악 능력에 따라서 자영업자 비중이 조세회피에 미치는 영향이 상이해질 수 있는 것이다. 사회시스템의 질이 고양된 상황에서는 조세탈루와 지하경제의 규모가 줄어들 수 있다. 이는 장기적으로는 자영업에 대한 유인을 줄이는 선순환효과도 가져올 것이다.

여기서 사회시스템이란 경제의 규칙이 제대로 지켜지는가를 말한다. 예컨대, 자영업을 통해서 조세회피가 쉬워지고 이를 통해 부가적인 이익 창출이 가능한가의 문제와 관련되는 것이다. 사회시스템의 확립 중 대표적인 것이 법적 제재(tax law enforcement)가 제대로 이루어지는가의 여부이다. 사회시스템의 질이 고양될수록, 규칙을 관장하는 정부가 효율적으로 작동하고 있을수록, 확실한 생산성이 담보되지 않는 영세한 자영업을 유지할 유인은 거의 없을 것이다. 다음 [그림 2-4]에서 보이는 것처럼 정부 효율성은 자영업자 규모와 부적 상관성을 보인다.

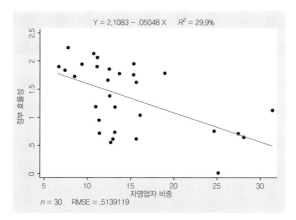

[그림 2-4] 정부 효율성과 자영업자 비중

주: 가로축은 비농업 부문 자영업자 비중(총고용대비 %)(2009년 기준), 세로축은 정부 효율성
(Government effectiveness)(World Bank)

    그렇다면 우리나라에서는 소득파악 능력 등 정부 효율성을 높이기 위해 어떤 노력을 해 오고 있는가? 우리나라에서 저소득층을 위한 복지제도 그 자체를 소득파악을 위한 주요한 유인 수단으로 활용해 왔다는 점은 흥미로운 대목이다. 대표적으로 근로장려세제(EITC: Earned Income Tax Credit)는 차상위계층의 근로소득에 따라 근로장려금을 지급하여 근로유인을 제공하고 실질소득을 지원하는 근로연계형 소득지원제도이다. 이러한 제도는 소득 수준에 따라 급여를 차등지급하기 때문에 소득파악이 중요한 전제조건이 되는데, 우리나라에서는 역으로 급여를 받기 위해 소득을 자발적으로 공식화함으로써 저소득층의 정확한 소득파악에 기여할 수 있다는 조세·복지행정의 효율성 및 형평성 제고가 주요한 기대효과로 인식되었다.

    코로나19로 인해 재난지원금을 제공하는 과정에서도 지하경제

부문에 대한 유사한 정책적 고민과 대응을 찾아볼 수 있다. 사업자 등록을 하지 않은 자영업자에게도 소득안정지원자금을 지원해야 할 것인가? 이에 대해 정부는 지원은 하되, 대신 사업자 등록을 요건으로 함으로써 비공식 부문을 공식 부문으로 편입하도록 유도하고자 한 것이다.

향후 자영업자에 대한 소득파악은 얼마나 가능해질까? 최근 우리나라에서 실시간 소득파악시스템의 구축은 사회보험의 사각지대 해소와 실질적인 전 국민 사회보험 적용, 제반 복지제도 운영을 위해 필수적인 전제조건으로 논의된다. 그중에서도 자영업자는 소득파악이 가장 힘든 집단으로 전 국민 고용보험 확대의 가장 장기적 과제 대상으로 제시된 바 있다. 그러나 매출 감소 폭이나 인건비·임차료 등 필수 경비가 파악되면 자영업자에 대해 보다 적극적으로 보상제도를 마련할 수 있다는 점 때문에 자영업자에 대한 소득파악의 필요성은 더욱 높아지고 있다. 이에 정부는 자영업자의 소득파악력을 높이는 방안으로 신용카드 정보와 국세 데이터를 결합하고, 소득파악 주기를 월 단위로 축소하는 방안을 추진하고 있다. 소득 공개를 꺼리던 자영업자도 심각한 코로나19 피해에 맞는 지원을 받을 수 있다는 점에서 소득파악에 긍정적인 입장으로 선회할 것으로 보인다.

03

자영업자는
누구인가[1]

자영업자와 계층: 프티 부르주아인가 프레카리아트인가

　노동계급과 자본계급의 대립 속에서 발전해 온 서구 복지국가의 확장기에 전통적인 자영업자 집단은 복지국가의 핵심 세력이나 주요 정책 대상은 아니었으며, 오히려 노동계급과는 상이한 이해관계를 가지는 것으로 논의되어 왔다. 계급적으로 자영업자는 전통적으로 소규모 생산수단을 소유한 '구중간계급'으로 분류되었다(김영순, 1996). 자본계급, 프티 부르주아, 중간계급, 노동계급으로 구분되는 전통적인 계급 구분에서, 주로 자영농과 기술자들로 구성된 전통적인 자영업자 집단은 토지나 기술 등을 소유하고 있어 상

---

1) 이 장의 일부 내용은 김수완, 김상진(2012) 중에서 저자가 작성한 내용을 발췌하였다.

대적으로 부유한 계층, 즉 프티 부르주아로 인식되었던 것이다.

또한 자영업자는 임금근로자와 비교할 때 상대적으로 사회적 위험에 덜 노출되는 것으로 논의되어 왔다. 자영업자는 퇴직 시기와 근로시간을 자율적으로 조정할 수 있고 고연령층까지도 계속 일할 수 있으므로 실업이나 노령 등의 사회적 위험에 민감하지 않다는 것이다. 무엇보다 서구 복지국가에서 자영업자의 규모는 산업화의 진전에 따라 크게 축소되어 자영업자가 전체 노동력에서 차지하는 비중이 크지 않았기 때문에 복지국가 황금기를 거치며 이들에 대한 사회보장의 필요성과 중요성은 크게 부각되지 않았다. 그리하여 서구 복지국가의 역사에서 사회보험은 일차적으로 근로자를 중심으로 이루어져 왔고, 자영업자에 대한 사회보장은 뒤로 미뤄지거나 별도의 제도가 마련되곤 했다. 요컨대, 자영업자는 여러 속성에 있어서 근로자와는 근원적으로 다른 것으로 인식되었던 것이다.

그러나 사실 이미 오래전부터 자영업자 집단 내부의 다양성과 사회경제적 지위의 격차는 근로자에 비해 훨씬 큰 폭으로 존재해 왔다. 그동안 자영업자의 계급적 지위나 정치사회적 이념에 대해 혼란스러운 이론과 결과가 제시되어 왔던 만큼, 자영업자들은 사회경제적 위치와 정치이념적 태도에서 동질적이거나 결속력이 높은 집단이라기보다는 매우 이질적이고 다양한 성격을 갖는 하위집단들의 집합적인 범주로서 이해되는 것이 타당하다(이병훈, 신재열, 2011).

한편, 변화하는 노동시장에 대해 전통적인 계급 분류의 한계를 지적하면서, 서비스 경제의 특징을 반영한 새로운 계급 구분 논의도 진행 중이다. 예컨대, Oesch(2006)는 작업 방식과 숙련도를 중심으로 자본 축적가, 혼합서비스 기능직, 사회문화 전문가, 생산직 노동자, 저숙련 서비스 기능직으로 구분하고 있다. 여기에서 피용자가 없는 고용주에 해당하는 자영업자의 경우 작업방식은 독립적(independent)이고, 숙련도는 일반적 수준에 해당하는 혼합서비스 기능직(mixed service funcionaries)에 속하게 된다. Häusermann과 Schwander(2012)는 이 분류에 더하여 성과 연령을 추가적으로 결합시켜 노동시장 내부자와 외부자를 구분한다. 이에 따르면 자영업자는 내부자일 수도, 외부자에 속할 수도 있다.

우리나라에서 특히 영세자영업자는 비정규직이나 실업자 계층과 마찬가지로 불안정한(precarious) 무산계급(proletariat), 즉 '프레카리아트(precariat)'로 보는 것이 적절하다는 관점이 제기된다. 프레카리아트란 신자유주의 경제체제에서 저임금·저숙련 노동에 놓인 신노동자 계층을 의미한다. 이 개념을 널리 알린 영국 런던대 경제학과 교수인 Guy Standing은 프레카리아트를 '아직 형성 중인 계급(a class in the making)'이자 신자유주의 시대에 수적으로 성장하고 있는 '새로운 위험한 계급'으로 설명한다. 이들은 전통적인 계급분류의 가장 하위에 놓인 무산계급인 프롤레타리아보다도 더 아래에 놓인 최하위 계층으로 분류된다. 사실, 전통적인 무산계급인 프롤레타리아는 복지국가의 태동 이후 노동조합과 자신들을 대변하는 정치 정당을 통해 권력자원을 획득하고 종신에 가까운 고용보장과 사회보장을 누릴 수 있게 되었다. 반면, 신자유주의 시대에 확산되는 프레카리아트는 전통적인 무산계급보다도 불확실하고 불

안정한 상태에 놓이게 되며, 직업과 소속의 불안정성 때문에 자신
들을 조직화하여 이익을 대변하기도 어려운 계층이기 때문이다.

　우리나라의 영세자영업자들은 비정규직이나 저소득 임금근로
자 못지않게 소득이 낮거나 불안정하고, 언제 폐업할지 모르는 불
안이 있으며, 사회보험의 혜택으로부터 빗어나 있는 경우가 많기
때문에 광의의 프레카리아트로 분류되는 것이 적절해 보인다. 일
반적으로 고용원이 없는 자영업자는 고용원이 있는 자영업자보다
는 영세성이 높다. 통계청 자료에 따르면, 우리나라에서 취업자 대
비 자영업자 비중은 1996년 27.4%에서 코로나19 직전인 2019년에
20.7%로 꾸준히 감소해 왔다. 이 중에서 고용원이 없는 자영업자
의 비중은 1996년 7.7%에서 2019년 5.7%로 2% 포인트 감소하였

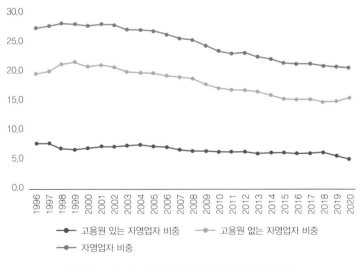

[그림 3-1] **한국 자영업자 비중 추이(1996~2020)**

주: 통계청(2021).

고, 고용원이 있는 자영업자는 동기간에 19.7%에서 15.0%로 4.7%
포인트 감소하였다. 그러다가 2020년 코로나19 팬데믹 시기에 고
용원이 없는 자영업자는 5.1%로 더 줄어들고, 고용원이 있는 자영
업자는 15.5%로 약간 증가하는 양상을 보인다.

매출액을 기준으로 구분한다면, 간이사업자와 면세사업자를 영
세자영업자로 포함할 수 있다(변민수, 박근숙, 2016). 2020년 국세통
계연보에서 업종별 폐업률을 보면 영세사업자들 중에 특히 서비스
업, 소매업, 음식업의 폐업률이 높음을 알 수 있다. 중장기적으로
는 생산성이 상대적으로 낮은 이들 전통적 자영업으로부터 생산성
이 높은 미래지향적 업종으로의 사업 및 고용 재조정을 유도하는
방안을 모색해야 한다는 주장이 제시되고 있다.

요컨대, 자영업자는 이질성이 매우 큰 집단으로서, 프티 부르주

〈표 3-1〉 업종별 폐업자 현황(2020년)

	법인 사업자	일반 사업자	간이 사업자[1]	면세 사업자[2]
서비스업	29.7	17.1	22.3	30.6
소매업	9.2	13.3	41.4	11.3
음식업	6.5	18.4	19.6	0.0
부동산임대업	4.8	17.1	9.3	39.9
도매업	16.9	7.9	0.1	7.6
제조업	15.2	5.8	0.9	1.7
기타	17.8	20.3	6.5	8.8
계	100.0	100.0	100.0	100.0

주: 1) 부가가치세 간이과세 대상자로 연 매출 4,800만 원 미만(2021년부터 8,000만 원 미만),
　　2) 부가세 납부면제자로 연 매출 3,000만 원 미만(2021년 이후는 4,800만 원)
출처: 국세청(2020).

아와 프레카리아트가 공존하는 집단이라고 할 수 있다. 향후에는 이러한 내부 이질성에 변화가 있을 것인가? 먼저, 디지털화 확산, 플랫폼 경제의 부상 등으로 고용원이 없는 영세자영업자와 플랫폼 노동자는 추세적으로 더 증가할 것으로 예상되고 있다(오상일 외, 2021). 그러나 코로나19 팬데믹과 같은 새로운 글로벌 위험은 고용원이 있는 자영업자와 같은 전통적인 프티 부르주아 계층의 자영업자에게도 지속적으로 불안정성을 높이는 위험요인으로 작용하고 있다.

노동시장 취약계층과 자영업

OECD(2021)는 여성, 청년, 이민자, 장애인, 고령층, 실업자 등이 자영업과 기업가정신에서 더 큰 어려움을 겪는다고 지적하고, 이들을 위한 포괄적인 정책적 지원을 제안한 바 있다. 우리나라에서 특히 노동시장 위험에 취약한 것으로 논의되는 집단으로는 저학력층과 노인, 장애인, 여성, 청년 등을 들 수 있다. 이들이 자영업을 고려하는 데에는 취업과 비교하여 상대적인 진입 용이성, 시간적 유연성과 독립성 등을 들 수 있을 것이다.

학력 수준은 노동시장의 지위를 결정하는 강력한 설명요인으로, 저학력층은 대표적인 노동시장 취약계층이다. 특히 우리나라에서는 고령층의 학력 수준이 상대적으로 낮아 중첩적인 문제로 다뤄지곤 한다. 기존 연구들은 학력 수준에 따라 자영업을 선택하는 비율과 이유가 달라진다는 점을 짚어 주고 있다. 일반적으로 자영업 종사자의 학력은 임금근로자에 비해 저학력자의 비중이 높은 경향이 있다. 그러나 최근에는 고학력 자영업자의 비중도 증가하고 있는데, 이는 전반적으로 중고령층으로 새로 유입되는 세대의 학력이 고령자층에 비해 높기 때문이기도 하고, 자영업의 선택이 소득기회를 극대화하기 위한 자발적 선택일 가능성이 있다(금재호, 2012). 즉, 저학력자들의 경우 경기상황이 나빠질수록 자영업 진출이 많아지는 반면, 대졸 이상의 고학력자들의 자영업 진출은 불황에 밀려난 형태보다는 기업가정신의 발현에 의한 '자발적' 형태를 띠는 경향이 있다는 것이다(김기승, 2006).

다음으로 장애인을 보자. 장애인 취업자 중에서 자영업 장애인이 차지하는 비율은 32.7%에 달하며, 자영업자의 일을 돕는 무급가족 종사자까지 포함하면 38%에 달하는 등, 전체 노동시장 통계와 비교할 때에도 장애인 취업자 중에 장애인 자영업자의 비율은 높은 편이며, 감소 추세도 뚜렷하게 나타나지 않고 있다(변민수, 박근숙, 2016). 그렇다면 장애인은 왜 자영업을 선호하는 것일까? 2015년 장애인고용패널에서 조사한 장애인 자영업 실업자가 자영업을 희망하는 이유를 보면, 28.6%는 회사에 취업하기 어렵기 때문이라는 비자발적인 자영업 선호를 보이고 있는 반면, 업무시간과 환경을 자유롭게 조절할 수 있기 때문이라는 자발적인 선호 의향을 밝힌 경우도 27.8%로 유사하게 나타나고 있다.

청년층의 경우는 어떠할까? 기존에 자영업은 퇴직한 중장년층의 선택지로 논의되는 경향이 있었다. 그러나 최근 청년들의 자영

업에 대한 관심이 증가하고 있다. 이는 위험을 감수하고 기업가정
신을 발휘하려는 창업 정신의 발현, 혹은 '끌어들이기' 효과일 수도
있지만, 높은 청년실업률과 맞물린 '밀어내기' 상황일 가능성이 높
다. 청년들이 경험하고 있는 노동시장의 상황이 다른 연령층과는
매우 다른 현실을 고려해야 하는 것이다.

EU 국가들의 청년층(20~29세)의 자영업 비율은 지난 20년간 7%
수준으로 안정적으로 유지되어 왔다. OECD(2021)는 40~45%의
청년들이 창업에 관심이 있어 하는 것으로 추정되지만, 막상 자영
업이나 스타트업을 시작하는 경우는 드물다는 점을 지적한다.

우리나라 창업기업동향 통계를 보면, 2021년 12월 기준으로 창
업한 30세 미만 청년은 15,762명으로, 전체 120,088명에서 13.1%
를 차지한다. 기술기반 업종을 혁신적 창업의 대리지표로 간주해
볼 때, 전체 창업 중에서 기술기반 업종 창업 비율은 17.7%인데, 30
세 미만 청년 창업 중에서 기술기반 업종 비율은 16.4%로 평균보
다 약간 낮게 나타난다. 그에 비해 도소매업의 경우 청년 창업은
42.6%로 전체 평균인 27.8%보다 훨씬 높게 나타나고 있다. 숙박
및 음식업의 경우에도 청년 창업은 14.1%로 전체 평균 10.9%보다
높다.

이와 같은 업종의 편중은 청년 개인사업자의 폐업률이 전체 평
균보다 60% 높은 이유를 설명해 준다. 앞서 본 바와 같이 숙련도나
기술 수준이 낮은 서비스업의 경우 폐업률이 높게 나타나고 있는
데, 청년 창업이 주로 이 분야에 밀집되어 있기 때문이다.

〈표 3-2〉 **연령별 업종별 창업 현황(2021. 12. 기준) (단위: 명, %)**

	전체 A	기술기반 업종		도소매업		숙박 및 음식업	
		B(명)	B/A(%)	C(명)	C/A(%)	D(명)	D/A(%)
소계	120,088 (100)	21,293 (100)	17.7	33,393 (100)	27.8	13,102 (100)	10.9
30세 미만 (청년 창업)	15,762 (13.1)	2,590 (12.2)	16.4	6,719 (20.1)	42.6	2,216 (16.9)	14.1
30~39세	28,110 (23.4)	5,567 (26.1)	19.8	9,826 (29.4)	35.0	3,177 (24.2)	11.3
40~49세	32,592 (27.1)	6,683 (31.4)	20.5	8,079 (24.2)	24.8	3,214 (24.5)	9.9
50~59세	27,489 (22.9)	4,488 (21.1)	16.3	5,713 (17.1)	20.8	2,896 (22.1)	10.5
60세 이상	15,950 (13.3)	1,942 (9.1)	12.2	2,969 (8.9)	18.6	1,597 (12.1)	10.0
기타	185 (0.2)	23 (0.1)	12.4	87 (0.3)	47.0	2 (0.0)	1.1

출처: 중소벤처기업부(2022), 창업기업동향 통계에서 재구성.

　한편, 여성의 자영업 선택을 다룬 연구들에서, 여성이 자영업을 선택하는 이유는 일반적인 고용에 비해 자영업이 일가족양립의 시간 유연성에 더 유리한 선택지이기 때문이라고 설명된다. Connelly(1992)와 Wellington(2006)은 자영업이 일가족양립을 가능케 함으로써 자녀양육의 비용을 낮추는 여성의 직업 전략으로 이용되고 있음을 보여 준다. 자녀 돌봄자로서 어린 자녀 여부가 자영업 선택의 주요한 요인이라는 점이 그 증거이다. Boden(1999)도 젠더 간 자영업 선택 동기를 비교분석하였는데, 남성의 자영업 선택에는 부모 지위에 대한 고려가 중요하지 않은 반면, 어린 자녀가 있는 여성에게는 가족을 돌보기 위한 시간 유연성을 더 중요하게 생각하여 자영업을 선택한다는 것이다. 다만, 고용안정성과 일가족양립이 보장되지 못하는 상황에서 어쩔 수 없이 자영업을 선택하는 떠밀기 효과인지, 혹은 자영업의 상대적인 장점인 시간 유연성, 독립성, 유급노동의 장벽 회피 등에 의해 유인되는 끌어당기기 효과인지에 대해서는 이론적으로 논란이 존재한다.

그러나 자영업의 독립성과 시간 유연성이 일가정양립을 고려하는 여성들에게 매력적인 선택지가 될 수 있다고 해서, 여성들이 자영업을 남성들보다 더 선호하는 것은 아니다. 오히려 반대로 일반적으로 여성은 남성에 비해 자영업을 덜 선택하는 것으로 나타나고 있다. OECD(2021)에 따르면, 2020년 기준으로 EU 국가들에서 남성 중에 자영업자는 17%이지만, 여성 중에 자영업을 선택한 경우는 10%에 불구하다. 또한 자영업을 하는 여성들은 남성과는 다른 분야를 선택하는 경향이 있으며, 스타트업과 창업에서도 젠더 격차가 존재한다.

이러한 현상은 우리나라에서도 마찬가지로 관찰된다. 우리나라 창업기업동향 통계를 보면, 2021년 12월 기준으로 창업한 남성은 56,321명으로 53.4%, 여성은 49,772명(44.2%)으로 창업자 중에서 여성의 비율이 낮음을 알 수 있다. 또한 남성 창업 중에서 기술기반 업종의 비율은 20.3%인 반면, 여성 창업 중에서 기술기반 업종 비율이 16.9%를 차지하고 있어, 창업하는 여성은 남성에 비해 혁신적 창업을 덜 선택하고, 대신 도소매업이나 숙박 및 음식업을 남성보다 더 선택하는 경향이 있음을 알 수 있다.

〈표 3–3〉 **성별 업종별 창업 현황 (2021. 12. 기준) (단위: 명, %)**

	전체 A	기술기반 업종		도소매업		숙박 및 음식업	
		B(명)	B/A (%)	C(명)	C/A (%)	D(명)	D/A (%)
소계	120,088 (100)	21,293 (100)	17.7	33,393 (100)	27.8	13,102 (100)	10.9
남성	64,070 (53.4)	12,983 (61.0)	20.3	16,233 (48.6)	25.3	5,925 (45.2)	9.2
여성	53,036 (44.2)	8,955 (42.1)	16.9	17,100 (51.2)	32.2	7,175 (54.8)	13.5
기타	106 (0.0)	23 (0.0)	21.7	60 (0.2)	56.6	2 (0.0)	1.9

출처: 중소벤처기업부(2022), 창업기업동향 통계에서 재구성.

노동시장의 변화와 신자영업자의 등장

최근 변화하는 노동시장 상황에서 자영업자가 새로운 관심을 받고 있다. 1970년대 이후 세계적인 경기침체가 지속되고 후기산업사회로 들어서면서 자영업자의 규모가 상대적으로 낮았던 서구 복지국가에서도 자영업자의 규모뿐만 아니라 구성과 구조가 변화하고 있다는 점이 지적되고 있는 것이다.

인력 차원에서 보면, 첫째, 실업률이 증가하고 만성실업이 만연하는 상황에서 장기실업자, 청년 및 여성 등 취업 취약계층이 자영업에 진출하는 경우가 늘어나게 되면서 전통적인 자영업자와는 다른 취약한 자영업자 계층이 증가하고 있다(김경아, 한정림, 2011). 이러한 자영업자는 앞서 언급한 프레카리아트에 가깝다. 둘째, 사람들이 자영업을 점차 선호하는 경향을 보이는데, 이는 노동시장에서의 선택지가 부족한 것에 기인하는 측면도 있지만, 이보다는 일에 있어서의 자율성에 대한 선호가 높아지고 있기 때문이기도 하다. 즉, '독립근로자(independent worker)'로서의 속성이 중요하게 부각된다.

일자리 차원을 보면, 첫째, 고용주의 입장에서는 고정비용을 줄일 수 있고, 사업 위험을 외부화시킬 수 있는 유연한 형태의 계약고용을 선호하는 경향이 강화되고 있다. 기존에는 피용자가 담당했던 일들은 이제 하청(subcontracting), 외부화(outsourcing)나 프랜차이징(franchising) 등의 형태로 이루어지면서 새로운 자영업자의 증가를 낳고 있다(Buschoff & Schmidt, 2010). 둘째, 운수나 유통 등의 전통적인 서비스 부문이 정체되고 대신 교육, 건강, 금융 및 기업 서비스 부문이 증대하는 산업구조의 변화 속에서, 새롭게 부상하는 서비스 산업 분야에서는 개인적 지식과 기술을 갖춘 새로운 자영업자들이 증가하고 있다(Buschoff & Schmidt, 2010).

이러한 변화들은 자영업자의 속성에 다음과 같은 특징을 더하게 된다.

첫째, 기존의 전통적인 자영업자 집단이 근로자와는 본질적으로 다른 속성을 지닌 집단으로 설명되었던 것과는 반대로, 이들 '신자영업자(new self-employed)'는 근로자와의 경계가 모호하다는 특징을 보인다. Buschoff와 Schmidt(2010)는 노동시장 유연화에 따른 근로자 형태의 변화와 새로운 형태의 고용관계에 의한 자영업자 형태가 점차 수렴되고 있다고 설명한다. 이는 한편으로는 자영업자가 하나의 주거래처에 의존함으로써 실질적으로는 경제적으로 종속되거나, 자영업자가 실질적으로는 고용관계에 부합함에도 불구하고 의도적으로 법적 고용 지위를 인정하고 있지 않는 등의 양상이 증가하기 때문이라는 것이다. Kautonen 등(2009)도 고용과 자영 간의 불분명한 영역에 위치한 불안정한 자영업이 새롭게 증가하는 현상에 주목하면서, 이처럼 노동시장의 부정적인 밀어내기 (push) 효과에 의해 어쩔 수 없이 자영업을 선택하고, 제도적으로 불안정한 유사 자영계약을 통해 자영업을 하게 되는 경우를 '비자발적 자영업(involuntary self-employment)'으로 명명한다.

둘째, 변화하는 노동시장에서 증가하는 자영업자 집단은 자영업자 내부의 이질성을 더욱 심화시키고 있다. 한편에서는 앞서 언급한 바와 같이 불가피하게 자영업을 선택하고 취약 근로자와 사실상 다르지 않은 열악한 지위에 놓인 '프레카리아트'적 자영업자층이 증가하는 동시에, 다른 한편에서는 새로운 기술을 갖추고 일의 자율성을 누릴 수 있는 새로운 자영업자층이 형성되는 등 양극화가 나타나고 있는 것이다.

요컨대, 변화하는 노동시장에서 증가하는 대다수의 자영업자는 취약 근로자와의 불명확한 경계로 특징 지워지며, 따라서 취약계층 근로자와 동일한 사회적 위험에 노출된다. 반면, 사회보장에 있어서는 근로자에 비해 제도적으로 덜 보호받게 됨으로써 상대적으로 더욱 열악한 상태에 놓일 수 있다. 또한 자영업자 내부의 이질성역시 더욱 심화되고 있는데, 이러한 양상은 자영업자의 사회보장에 있어서도 양극화를 초래할 수 있음을 시사한다.

플랫폼 노동과 근로자성

자영업자가 임금노동자와 근원적으로 다른 점은 특정 사용주와 종속적 관계에 놓이지 않고, 노동과정에 대한 통제가 없고 자율성과 독립성이 보장된다는 점이다. 그런데 플랫폼 노동에서 독립계약자와 종속적 노동자의 경계는 더욱 모호해지고, 논쟁은 한층 복잡해지고 있다. 플랫폼 노동은 외형상으로는 1인 사업자로 보이지만, 실질적으로는 임금노동자와 자영업자의 중간 지대가 늘어나고 있는 것이다.

플랫폼 노동의 정의부터 살펴보자. 플랫폼 노동은 일반적으로 플랫폼을 기반으로 혹은 매개로 수요와 공급을 매칭하는 노동 혹은 서비스로서의 새로운 고용형태를 말한다(한인상, 신동윤, 2020). 한편, 2020년 7월 일자리위원회에서 정의한 플랫폼 노동자 기준은 다소 포괄적이다. "디지털 플랫폼을 통해 서비스나 가상재화를 거래하거나 일감을 구하거나 디지털 플랫폼이 대가나 보수를 중개하거나 디지털 플랫폼으로 중개되는 일감이 다수에게 열려 있는 경우"다. 협의의 관점에서 플랫폼 노동은 일감 중개에 개입하는 경우, 즉 대가나 보수를 중개하거나, 일감을 중개하는 경우로 한정되기도 한다.[2] 고용노동부가 2021년 8월 실시한 플랫폼 종사자 실태

---

2) 한편, 한국고용정보원(2019)은 플랫폼 노동을 디지털 플랫폼의 중개를 통하여 일자리를 구하며, 단속적(1회성, 비상시적, 비정기적) 일거리 1건당 일정한 보수를 받으며, 고용계약을 체결하지 않고 일하면서 근로소득을 획득하는 근로 형태로 정의한다.

조사 결과에 따르면, 일자리위원회의 광의의 정의에 따른 플랫폼 노동자는 취업자(15~69세)의 8.5%인 220만 명이며, 협의의 정의에 따르는 플랫폼 노동자는 66만 명 수준이다.

플랫폼 노동자의 등장이 가져오는 가장 큰 쟁점은 이들의 종사상 지위 혹은 근로자성의 문제이다. 즉, 이들을 근로자의 개념에 포섭할 수 있는가, 동전의 양면으로 플랫폼 운영자가 사용자로서 인정되거나 사용자로 포섭될 수 있느냐의 문제도 동일하게 제기된다. 플랫폼 노동의 근로자성 문제가 특히 어렵게 다가오는 것은, 사용종속관계를 구성하는 여러 요소들이 다차원적으로 해체되거나 변모하고 있기 때문이다. 해체되는 사용종속관계의 차원 중에는 플랫폼 노동에 고유한 요소도 있지만, 오히려 상당 부분은 이미 노동관계의 변화 속에서 모호해지고 있던 요소들로서, 플랫폼 노동에서 복합적으로 결합되어 나타나는 것으로 볼 수 있다.

해체되고 변모하는 종속적 관계의 차원들을 하나씩 살펴보자. 먼저, 근로자는 단일 사용주에 전속되어 일한다는 전통적인 전제에 기반한 '전속성'의 문제다. 플랫폼 노동 이전에도 복수사업주와 근로자 간의 복잡한 노사관계, 즉 복수의 기업이 공동으로 한 명의 근로자에게 작업에 대해 통제하는 경우는 이미 만연화되어 왔다. 사용사업주는 근로자의 근로 제공만을 수령하고, 채용 및 근로조건 등의 노무관리는 고용사업주가 담당하는 간접고용의 형태가 대표적이다. 간접고용이 사용자성을 약화시켜 노동법상 책임을 회피하는 수단이 되어 왔다는 점은 이미 잘 알려져 있다. 사용사업주가 자신의 우월적 지위를 이용하여 외형상 자유롭고 대등한 계약이지만 실질적으로는 자신의 사용종속관계의 전부 또는 일부를 고용사업주에게 전가하거나 근로조건의 간접결정이라는 점을 악용하여 사실상 근로조건을 실질적으로 결정함에도 불구하고 노동법상의 책임과 의무를 회피할 수 있다(이상윤, 2021)는 지적이 그것이다. 플랫폼에서는 복수기업의 네트워크에 의해 공동으로 운영되는 모습이 더욱 일반적으로 나타난다.

다음으로 플랫폼 노동은 사용종속관계 판단의 중요한 기준인 '종속노동'의 속성을 근원적으로 변화 혹은 '희석'(권오성, 2021)시키고 있다. 일반적으로 노동의 종속성은 업무의 내용을 사용자가 정하고, 취업규칙, 복무규정, 인사규정 등의 적용을 받으며, 업무 수행 과정에서 사용자가 상당한 지휘 감독을 한다는 점, 사용자가 근무시간과 근무장소를 지정하고 근로자가 이에 구속을 받는다는 점이다.

그에 비해 디지털 플랫폼은 플랫폼 노동자에게 통제력을 직접 행사하지 않는다. 전통적인 기업이 인력을 채용하고 유지했다면, 디지털 플랫폼은 실시간으로 일거리를 제공하여 많은 이들에게 접근기회를 부여하고, 플랫폼 노동자에게 일을 할 것인지 여부를 선택하게 한다. 플랫폼은 일에 대한 지휘 감독을 수행하는 대신, 일감을 받은 근로자가 사전에 제공한 매뉴얼에 따라 일을 수행하도록 한다.

그러나 근로자 입장에서 보면 본질적으로 달라진 것은 없다. 구체적인 업무 수행 과정에서 플랫폼 노동자에게 허용되는 재량은 거의 없다. 근무 시간 및 장소에 대한 통제와 업무에 대한 지휘 감독을 직접적으로 받지 않을 뿐, 업무의 내용이나 업무가 이루어지는 시간과 공간에 대한 정보가 디지털 기술에 기반하여 실시간으로 투명하게 파악, 공유되므로 실질적으로는 통제받는 것과 다름 없다. 이렇게 보면 플랫폼 기업 입장에서 사용자성은 확연히 희석되었지만, 플랫폼에서 일하는 근로자 입장에서 근로자성에는 근원적인 변화가 없다고 할 수 있다.

그렇다면 플랫폼 노동은 노동자를 어떻게 독립계약자로 대하고 있는가? 먼저, 플랫폼을 비롯하여 업무를 아웃소싱하는 기업은 근로자와 독립계약을 맺어 일을 도급받는 자영업자로 내세운다. 그리고는 노동자에게 작업 시간이 아니라 완수 업무 기준으로 대가를 지불하는 것이다. 즉, 시간 단위로 노동자에게 비슷한 임금을 지불하던 방식(보수의 근로대가성)과 달리, 이제는 쪼개진 업무에 대해 노동자에게 줄 보상을 생산성과 직접 연계해서 지불하는 것이다. 경제적 독립성(독립사용자성)의 차원도 마찬가지다. 디지털 플랫폼 노동자는 자기 소유의 자동차나 오토바이, 자체 장비와 도구, 기술을 활용하여 업무를 수행하는 경우가 많다. 그러나 이러한 하청 형태만으로 이들이 정말로 독립되어 있다고 보기는 어렵다.

플랫폼 노동자들은 고용 지위의 모호함으로 인해 실제로 사회적 보호로부터 배제를 경험하고 있는가? 앞서 언급한 2021년 고용노동부의 플랫폼 노동자 실태조사에 따르면, 협의의 종사자 66만 명을 기준으로 종사자 중 고용보험 적용자는 29.1%, 산재보험 적용자는 30.1%에 불과한 것으로 나타났다. 또한 플랫폼 기업과의 관계에서 계약을 체결했다는 비율은 57.7%, 어떤 계약도 체결하지 않았다는 비율은 28.5%로 나타났다. 계약을 체결한 사람 중 계약 내용 변경 시 '플랫폼이 일방적으로 결정, 통보한다'는 응답이 47.2%이며, '사전 통보 또는 의견을 묻는다'는 응답은 39.7%에 불과했다.

물론 진정한 독립계약자들은 제3자를 고용하여 업무를 내행하게 하고, 자체적으로 사업을 통제하고 다수의 고객을 관리하되 고객의 요청에 자유롭게 응하거나 거부하기도 한다. 따라서 모든 플랫폼 노동자가 같은 속성을 지니는 것은 아니다. 플랫폼 입장에서도, 어떤 플랫폼은 고객과 작업자를 매칭시키는 도구적 기능만을 수행하기도 하는가 하면, 실질적으로는 위계적 성격을 지닌 기업처럼 일감의 분배를 통제하고 업무 수행방식을 지정하는 경우도 있다. 따라서 권오성(2021)은 온라인 플랫폼의 혼성적 성격을 고려할 때, 모든 온라인 플랫폼에 대해 획일적으로 「근로기준법」상 근로자성을 적용하는 것은 적절하지 못함을 지적한다. 온라인 플랫폼의 유형 중에서도 기업적 위계의 영역에 있는 경우, 즉 플랫폼 매칭 기업이 작업자를 선택하고, 작업자에게 일감을 할당하고, 업무의 방식을 통제하는 방식의 온라인 플랫폼 노동에 대해 특히 근로자성의 인정문제가 제고되어야 한다는 것이다. 따라서 전통적 노동자의 성격이 강한 플랫폼 종사자는 「근로기준법」 등 노동법의 보호를 받도록 하고, 개인사업자의 성격이 강한 플랫폼 종사자는 「독점규제 및 공정거래에 관한 법률」(이하 「공정거래법」) 등 경제법의 보호를 받아야 한다고 논의되고 있다.

법·제도적으로 플랫폼 노동의 근로자성의 쟁점은 본질적으로는 유사한 내용이지만 방향이 약간 다른 두 가지 차원으로 압축된다.

첫째, 플랫폼 노동자의 법적 지위를 어떻게 부여할 것인가라는 점이다. 영국은 최근 우버 기사를 근로자와 자영업자 사이에 있는 종사상 개념인 노무제공자(worker)로 인정했고, 플랫폼 종사자의 노무제공자 해당 여부에 대해서는 개별 사안별로 법원이 판단하도록 했다. 프랑스의 경우 2016년 노동법을 개정하여 플랫폼 종사자를 비임금근로자로 보고, 플랫폼 기업이 직업훈련, 산재보험 적용 등의 책임을 부담하도록 규정하고 있다. 이처럼 해외의 경우 개별 사안별로 법원에서 근로자성이 인정되기도 하고, 산업안전, 직업훈련 등의 차원에서 보호하기 위한 제도적 논의가 다양하게 진행 중이다(고용노동부, 2021. 11.).

둘째, 근로자성의 입증 책임을 누구에게 둘 것인가라는 점이다(권오성, 2021). 이는 플랫폼 노동자의 기본 지위를 근로자로 두고 기업의 입증에 의해 아님을 밝히느냐, 기본 지위를 비근로자로 두고 근로자의 입증에 의해 근로자임을 입증하느냐의 차이를 가져온다.

우리나라 고용노동부의 입장은 일단 고용형태와 무관하게 플랫폼을 매개로 일하는 모든 플랫폼 노동자를 보호할 수 있는 법적 근거를 마련하되, 종사상 지위에 대해서는 플랫폼 종사자를 특정한 고용형태로 획일적으로 정의하지 않고 대신 노동관계법상 근로자에 해당하는지 여부에 대해 개별 플랫폼 종사자의 일하는 형태 등에 따라 판단하도록 하는 안을 제안하고 있다. 또한 두 번째 쟁점과 관련해서는 입증책임을 우선 플랫폼 종사자에게 부여하고 있지만, 플랫폼 종사자가 근로관계를 입증할 수 있는 자료를 플랫폼 기업에 요청할 수 있도록 권리를 부여하는 방식으로 보완하고자 하고 있다. 이에 대한 논란은 당분간 지속될 예정이다.

한편, 플랫폼 노동에 대한 기존의 쟁점은 주로 '근로자성'을 중심으로만 이루어져 왔다는 한계를 지적할 필요가 있을 것이다. 이는 문제를 절반만 다루는 것이 될 수 있다. 앞서 살펴봤듯이 플랫폼 노동에서의 변화는 근로자성의 본질적 변화보다는 오히려 '사용자성'의 희석에서 더 두드러지고 있기 때문이다. 향후 사용자성의 차원을 확장적으로 정의하고 사용자의 책임을 다루는 논의가 더 활발하게 이루어질 필요가 있을 것이다. 특히 복수기업 네트워크가 일반적인 사업형태가 되고 있는 시대에, 사용자성과 근로자성의 판단기준에서 전속성 요소는 재검토되어야 한다. 단일 사업주와 일하는 근로자라는 전속성 요건은 근로자성의 충분조건은 될 수 있지만 필요조건은 될 수 없다. 복수사업주라는 조건이 사용자성을 희석시키고, 근로자성 인정을 약화시키며 근로자에 대한 합법적 보호를 제한하는 수단이 되어서는 안 된다. 대신 복수사업주를 '공동사용자'로 설정하고 이에 대한 노동법상 책임과 의무를 분담하도록 하는 방향으로 가야 할 것이다.

—————— 04 ——————

자영업자와
복지정치의 구조

자영업자와 복지정치

복지정치에서 자영업자는 근로자 집단과 어떻게 다른 특성을 보일 것인가? 자영업자는 복지국가에 대해 어떤 이해관계를 가질 것인가? 이 장에서는 자영업자가 복지국가와 연결되는 정치적 측면의 이해관계에 주목하고, 이를 설명하기 위해 복지지위론을 활용하도록 한다.[1]

시민권의 두 축인 권리와 의무를 함께 고려해 볼 때, 복지지위는 크게 복지납세자로서의 지위와 복지수급자로서의 지위로 구성된다(안상훈, 2000, 2002a; Ahn, 2000; Ahn & Kim, 2014). 복지지위모형

———————————

[1] 신정치론적 복지정치 논의의 하나인 복지지위모형은 계급대안적 균열들에 초점을 두고 복지국가에 대한 이해관계를 중심으로 복지정치를 설명한다(안상훈, 2000, 2002a; Ahn, 2000).

에서 복지납세자로서의 지위는 재정적 부담을 분배하는 방식과 관련된다. 복지납세자로서의 지위를 획득하고 그 부담의 정도가 높을수록 복지국가에 대한 지지가 낮아질 것이라 본다. 한편, 복지수급자로서의 지위는 복지국가라는 제도 속의 개인들이 국가로부터 복지를 제공받는지 혹은 그 복지 수준이 어떠한지를 반영하며, 이에 따라 복지국가 프로그램의 확장이나 축소에 대해 특유의 이해관계를 가지게 된다(안상훈, 2002a).

특히 여기서는 자영업자들의 이해관계 총합을 한 국가의 자영업자의 규모로 보고, 복지지위모형의 거시적 논리로 해석해 보도록 한다. 자영업자의 비중에 따라 복지국가의 재정적 상황과 복지제도의 형성이 달라질 수 있다는 사실은 앞서 확인되었는데, 자영업자들이 지니는 급여와 납세 차원의 이해관계가 어떠냐에 따라 복지정치가 달라짐으로써 복지국가 자체의 제도 변화를 잉태하기 때문이라 여겨진다.

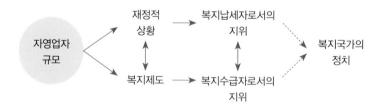

[그림 4-1] **자영업자 규모와 복지국가의 관계: 복지지위모형의 활용**

자영업자의 복지지위: 복지국가의 재정과 납세자 지위

먼저, 복지국가의 자영업 규모가 복지국가의 재정적 측면에 어떤 영향을 미칠 것인지 살펴보자. 앞에서 일부 살펴본 내용이지만 '조세탈루 및 지하경제' 그리고 '사회보험료에 대한 자영업자의 이중부담' 등이 이와 관련된다.

첫째, 자영업자 규모는 조세탈루와 지하경제(shadow economy)[2]에 영향을 미침으로써 복지국가의 재정적 조건을 변화시킨다. 자영업자 비중은 조세탈루와 지하경제에 영향을 미치는 가장 주요한 요인으로 밝혀져 왔다(Buehn & Schneider 2012; Schneider & Buehn, 2012).

자영업자 비중의 증가로 인해 조세탈루와 지하경제가 확장되면 세수가 줄어들고, 이에 따라 공공 영역의 축소와 질적 저하가 초래된다(Matsaganis, Leventi, & Flevotomou, 2012; Schneider, Buehn, & Montenegro, 2010). 또한 지하경제의 확대는 복지국가의 조세 및 사회보장 기반을 침식하게 되고, 국가권력을 약화시키고 형평성과 신뢰를 저하시키는 부정적 영향을 가지게 된다. 또한 정책 수립 시 지하경제는 다양한 경제지표를 왜곡하여 실재를 반영하는 정책 설

---

2) 지하경제란 시장에 기반한 합법적인 재화와 서비스 생산 중에 ① 소득세, 부가가치세 등 조세 부담 회피, ② 사회보장 기여금 납부 회피, ③ 최저임금제, 근로시간 제한, 안전 기준 등 노동시장규제 적용 회피, ④ 통계 설문 작성 및 행정적인 보고 기피 등을 이유로 정부의 치리로부터 벗어나 있는 영역을 의미한다(Schneider, Buehn, & Montenegro, 2010).

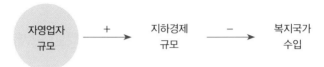

[그림 4-2] **자영업자 규모와 복지국가의 재정**

계를 어렵게 하기도 한다(Enste, 2003).

자영업자로 인해 확대되는 조세탈루와 지하경제의 파급효과는 이에 그치지 않는다. 저항이론(reactance theory)에 따르면 납세자는 납세를 정당하고 합리적인 행위로 받아들일 때 조세저항을 덜하는 경향이 있다(Enste, 2003). 그런데 조세탈루와 지하경제가 확대되면, 일반 국민들은 조세형평성에 대한 불신이 형성되어 조세저항이 커지게 되는 것이다. 이 경우 복지국가가 급여와 서비스 수준을 높이기 위해 보험료 인상이나 세율 인상 등에 대한 정치적 지지를 획득하기 어렵게 된다.

요컨대, 자영업이 조세회피를 통해 복지국가에 미치는 영향은 직접적으로 조세수입을 감소시켜 복지국가의 재정이 축소되는 것뿐만이 아니다. 자영업자의 조세탈루는 조세형평성의 문제를 야기하고, 유리지갑으로 불리는 근로자와 성실납부자로 하여금 '납세자로서의 지위'를 상대적으로 강하게 인식하게 하는 효과를 갖는다. 결과적으로 국민들의 조세부담 의지와 복지국가에 대한 지지를 약화시키는 악순환의 경로를 겪게 된다.

이러한 측면은 두 가지의 현상을 통해 확인할 수 있다.

첫째, 정태적(static) 국가비교를 통해서 가능하다. 자영업자 비중이 큰 국가에서 지하경제와 조세탈루가 크게 나타나고, 결과적으로 복지국가의 세입이 낮게 나타나는 현상을 보인다는 점이다.

둘째, 복지국가의 변화 과정에서 나타나는 복지정치의 동학 (dynamics)을 통해서도 확인이 가능하다. 예컨대, 한국의 경우 자영 업자 비중이 높고 자영업자의 조세부담이 불투명한 상황이다. 이 런 상황에서 자영업자와 근로자를 통합한 전 국민 단일사회보험체 계의 기여금을 올리는 것에 대한 저항이 크다. 2007년 국민연금 개 혁에서는 재정안정화 조치로서 약속된 소득대체율 60%를 유지하 기 위해 보험료율을 높이는 대신, 현행 보험료율 9%를 유지하고 급 여 수준을 내리는 선택을 했던 것이다. 또한 최근 정치인들이 복지 확대는 외치면서 막상 이를 위한 증세에 대해서는 함구하는 것도 같은 맥락이라 할 것이다.

그런데 이러한 조세탈루 혹은 지하경제에 영향을 미치는 중요한 제도적 요인이 있다. 첫째, 조세회피를 막을 수 있는 복지국가의 능 력, 즉 조세정의와 투명성을 담보할 수 있는 정부 효율성과 조세에 대한 강제집행 수준이다. 세율이나 규제 강도가 낮고 기업의 비리 가 적으며 조세징수가 효과적으로 이루어지는 국가에서 세수입이 높고 지하경제 규모도 작은 '좋은 균형'을 이룬다는 연구결과가 이

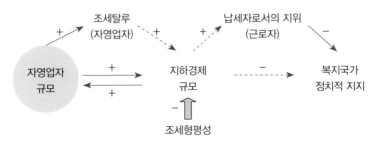

[그림 4-3] **자영업자 규모, 지하경제 규모, 복지정치**

를 뒷받침해 준다(Enste, 2003).

  둘째, 자영업자들이 지게 되는 사회보험 기여금의 이중부담 문제도 자영업자들의 납세자로서의 지위를 강화하는 방향으로 작동한다. 일반적으로 사회보험 기여금과 간접세는 직접세에 비해 조세 은닉을 통한 '감춤 효과(hiding effect)'가 있어 조세저항을 덜 일으키는 것으로 알려져 있다(Ahn, 2000; Cameron, 1978; Marklund, 1988; Wilensky, 1976). 사회보험 기여금은 근로자가 월급을 받기 전에 원천징수되거나 고용주에 의해 지불되고, 간접세는 소득이 아닌 소비 등에 부과되기 때문이다.

  그러나 자영업자의 관점에서 보면 상황은 달라진다. 사회보험 기여금의 경우, 고용주가 일정 부분을 분담해 주는 근로자에 비해 자영업자는 본인이 모두 부담해야 하므로 조세의 감춤 효과가 발생치 않는다. 자영업자는 근로자에 비해 사회보험 기여금 중 근로자와 고용주의 몫까지 스스로 부담해야 하므로 이중부담으로 인식하게 된다. 이에 동일한 사회보험체계에 속해 있더라도 더 강한 납세자로서의 지위를 가지게 된다. 거시적 차원에서도 마찬가지 해석이 가능하다. 자영업 비중이 클수록 사회보험료 부담은 더 크게 인식되고 결과적으로 복지국가에 대한 정치적 지지는 약해질 것이다.

[그림 4-4] **자영업자 규모, 조세부담 인식, 복지정치**

자영업자의 권리 측면: 복지제도와 수급자 지위

복지국가에서 사회보장을 통한 재분배를 어떻게 구조화할 것인 가는 각 집단의 위험 발생도(risk incidence)와 자조적 위험대처능력 (capacity for self-reliance)에 따라 규정된다고 한다(Baldwin, 1990). 역사적으로 볼 때 산업 프롤레타리아 계급은 재분배 욕구가 확실 한 가장 대표적 집단이다. 이들은 현대 경제와 기술의 불안정성과 관련되어 있을 뿐만 아니라 위험에 대처할 경제적 능력이 없기 때 문이다(Baldwin, 1990).

반면, 복지국가 발전과정에서 주로 자영농과 기술자들로 구성되 었던 전통적인 자영업자 집단은 소규모 생산수단을 소유한 '구중간 계급'으로 분류되었다(김영순, 1996). 즉, 이들은 토지나 기술을 소 유하고 있는 상대적으로 부유한 계층으로 위험대처능력이 있는 집 단에 속했다. 또한 임금근로자와 비교할 때 자영업자는 상대적으 로 산업화로 인한 사회적 위험에도 덜 노출되는 것으로 논의되어 왔다. 자영업자는 퇴직 시기와 근로시간을 자율적으로 조정할 수 있고 고연령층까지도 계속 일할 수 있으므로 실업이나 노령 등의 사회적 위험에 민감하지 않다는 것이다.

하지만 산업 부문 간 위험 발생도는 정태적인 역사적 상수가 아 니라는 점에서 자영업자와 복지제도의 관계 변화를 좀 더 자세히 따져 볼 필요가 있다. 예컨대, 농업은 한때 가장 안전하고 산재로 부터 무관한 직종이었다. 하지만 지금은 농업의 현대화 혹은 기계화 과정을 통해 위험도가 점점 높아지고 있다. 고령화로 인해 질병에 대한 재정적 위험이 커지면서 이전에는 건강과 관련된 재분배에 별 관심이 없었던 상위계층도 건강보험에 대해 지대한 관심을 표명하기 시작했다(Baldwin, 1990). 자영업자의 경우에도 마찬가지이다. 전통적으로 자영업자는 실업, 은퇴의 사회적 위험이 낮은 것으로 알려져 있었지만, 탈산업사회로 넘어오면서 증가한 신자영업자 그룹은 앞에서 설명한 바대로 실업에 취약하다. 기대수명이 연장되면서 자영업자의 노후소득보장도 점점 더 중요한 사회적 위험으로 부각되고 있다. 후기산업사회에서의 출산과 양육 등에 대한 젠더 역할 변화와 노동시장 위험 문제는 자영업자들도 피해 갈 수 없는 직접적 이해관계를 형성하고 있다. 이제는 자영업자들에게도 신사회적 위험에 대한 실업 시 고용지원이나 돌봄지원 등의 사회서비스가 점점 중요해지고 있는 것이다.

한편, 자영업자의 내부 이질성 증가에 따라 하위집단 간의 위험발생도와 위험대처능력의 상이성 또한 증가한다. 이는 사회보장제도의 발전과정에도 잘 드러나고 있다. 예컨대, 직역별로 별도의 연금제도를 발전시킨 프랑스의 경우를 보자. 자영업자들의 요구에 의해 자유전문직, 산업 및 상업 부문 자영업자, 예술인, 농업인 등의 네 집단에 대해 각각 분립된 제도를 설립하고, 각 자영업자 집단의 상황에 따라 보험료율 등을 상이하게 설정하여 운영해 왔던 것이다.

그렇다면 근로자 중심의 사회보험에 자영업자를 포괄하는 경우에는 어떤 문제가 발생할 수 있을까? 공적연금은 고용주의 부담분

이 고려된 표준 근로자의 부담능력과 근로자를 대상으로 한 퇴직
연금을 함께 고려한 급여 적절성 수준을 기준으로 설계되는 경향
이 있다. 이러한 공적연금제도는 '영세자영업자에게는 보험료 부
담이 무거운 반면, 부유한 자영업자들에게는 급여가 너무 낮은' 딜
레마를 심화시킨다(Baldwin, 1990). 많은 국가에서 자영업자에 대
한 실업보장 방안으로 실업보험보다는 실업부조를 일차적으로 선
택하고 있는 상황도 이와 관련되어 있다. 자영업자 집단의 이질화
과정에서 혁신형 자영업자 그룹은 소수이고 필요형 자영업자 그룹
이 다수이기 때문이다.

요컨대, 영세자영업자는 수급자로서의 지위보다 납세자의 지위
에 더 큰 부담을 느끼게 되고, 부유한 자영업자는 수급자로서의 지
위가 공고하지 못함으로써 어느 쪽의 자영업자이든 근로자에 비하
면 복지국가에 온전히 포괄되지 못하는 양상을 가지게 된다. 자영
업자는 복지국가에 반만 발을 담구고 있는 것이다. 결과적으로 현
대 사회에서는 자영업 비중이 클수록 전통적인 방식의 복지국가에
대한 정치적 지지가 높지 못할 것이라고 예측할 수 있다.

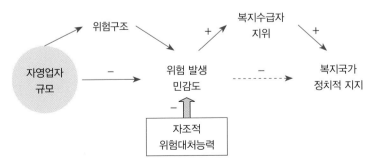

[그림 4-5] **자영업자 규모에 따른 사회적 위험구조가 복지정치에 미치는 영향**

— 05 —

자영업자의
인식균열

복지는 곧 정치다

복지란 권리인 동시에 의무다(Marshall, 1950). 한편으로 우리는 복지라는 달콤함을 하나의 권리로서 향유한다. 하지만 다른 한편으로는 그러한 복지에 드는 돈을 세금, 보험료, 이용료의 형태로 누군가가 부담해야 한다. 개인의 입장에서는 본인들의 권리를 극대화하고 의무를 최소화하는 방식의 정책 결정을 선호하게 된다. 문제는 이러한 개인들의 이해관계가 다양한 국면에서 개인들 혹은 집단들 상호 간에 충돌한다는 사실에 있다. 복지에 관한 개인 간 또는 집단 간 갈등을 조정하는 것은 본연적으로 정치의 몫이다.

민주주의 사회에서 사회문제 해결에 대한 유권자들의 요구는 갈수록 상승하는 경향이 있다. 이른바 '기대상승의 혁명'에 따른 복지 확대에 부응하면서 거기에 드는 돈을 어떻게 마련할 것인가는 정치인들에게 점점 중요한 문제가 되어 간다. 각 정파의 입장에서는 어떠한 복지정책을 채택하고 그 재원 마련은 어떻게 할 것인가에 대한 판단이 선거의 승패를 좌우하는 절체절명의 과제로 떠오르게 된다. 민주주의 사회의 정치에서 복지에 관한 이해관계의 조정은 정치인들에게는 매우 현실적인 과제로 부상하는 경향이 실제로도 확인된다. 이러한 과정을 통해 민주 정치에서의 복지는 중심 사안이 되어 가며, 복지도 정치적 과정에 의해 그 모습이 결정되는 경향이 매우 짙게 나타난다. 요컨대, 복지는 곧 정치다(Korpi, 1983).

복지에 관한 이해관계는 개인들이 처한 사회경제적 상황에 따라 달라지게 된다(Ahn, 2000). 부자와 빈자, 남성과 여성, 청년과 노인 등등 각자의 사회적 지위에 따라 복지 선호는 갈린다. 부자는 받을 수 있는 복지에 비해 세금이나 보험료가 더 클 공산이 커서 복지 확대를 꺼리지만, 빈자는 세금은 적게 내거나 안 내면서 복지를 받으니 복지 확대를 선호한다. 노인들은 덜 내고 더 받는 연금의 지속가능성쯤이야 본인들 문제가 아니라고 볼 수 있지만, 미래 본인들의 부담이 가중될 것이 뻔해 보이는 상황에서 청년들이 연금에 곱지 않은 시선을 보낼 것은 당연한 일이다. 노동시장의 승자인 남성들이 사회보험 중심의 현금복지를 원하지만, 여성들은 본인들의 돌봄 의무를 줄여 줄 서비스복지를 더 선호한다. 이러한 식으로 형성되는 집단 간 복지 이해관계를 정치적으로 조정하는 과정에서 복지는 변화를 겪는다. 작금의 복지 균열을 파악하는 것은 이후의 복지 변화를 가늠할 나침반 역할을 한다는 면에서 현실적으로, 또 학술적으로 의미가 크다. 복지 관련 권리와 의무에 대한 개인들의 선

호가 어떠하고, 그러한 선호의 조합으로서 개별 사안들에 대한 정
치적 균열이 어떻게 형성되는가를 파악하는 것은 우리 사회 미래
복지의 향방을 가늠할 중요한 실마리가 된다. 그렇다면 다시 우리
의 관심사로 돌아가서 자영업자와 임금근로자 사이에 복지에 관한
인식균열이 발생하는지, 발생한다면 어떠한 모습을 띠게 되는지
이슈별로 따져 보기로 하자.

다음의 분석 내용은 2020년 사회정책 욕구 및 사회통합 인식조
사[1]를 활용하였다. 조사는 전국 만 19세 이상 75세 이하 1,000명을
대상으로 실시되었다. 표본 추출은 2020년 통계청 장래인구추계조
사를 바탕으로 전국의 지역별 · 성별 특성에 따라 비례배분에 의한
할당(표본 수가 적은 지역은 유의 할당 적용) 방법을 사용하였다. 조사
는 2020년 11월 4일부터 11월 17일까지 가구 방문에 의한 대면 면
접조사로 실시되었다. 구조화된 설문지를 이용했고, 직관적인 설
문 이해 증진, 응답 편의성 향상을 위해 조사 경험이 풍부한 조사원
을 선발, 교육해 조사했다. 응답 거절 또는 여건상 응답이 불가한
경우 표본설계 시 구분된 지역과 연령 등을 고려해 대체 응답자를
발굴해 추가 조사를 진행했다.

인식조사 응답자 중 임금근로자는 544명(75.6%), 자영업자는
176명(24.4%)이다. 임금근로자 중 남성이 317명(58.3%), 여성이
227명(41.7%)이고, 자영업자 중 남성은 120명(68.2%), 여성이 56명

---

1) 서울대학교 사회정책연구그룹(책임자 안상훈)이 2006년부터 격년으로 시행한 조사 중 한
국보건사회연구원과 협업으로 수행한 2020년도 조사자료이다.

(31.8%)이다. 임금근로자 중 가장 많은 비중을 차지한 연령대는 40대이며, 자영업자 중 가장 많은 비중을 차지한 연령대는 50대이다. 두 집단 모두 수도권에 거주하는 비율이 가장 많으며, 다음으로 비중을 많이 차지하는 권역으로는 임금근로자는 대전/세종/충청이고, 자영업자는 대구/경북이다. 임금근로자 중 4년제 대학 졸업이 204명(37.5%)으로 많은 반면, 자영업자의 경우 고등학교 졸업이 98명(55.7%)으로 나타났다. 임금근로자의 총수입은 600∼1,000만 원 미만이 151명(27.8%)로 가장 많았으며 자영업자의 경우 300∼400만 원 미만이 41명(23.3%)로 가장 많은 비중을 차지하였다. 임금근로자와 자영업자 모두 주택 소유 형태는 자가가 가장 많은 비중을 차지하였다.

자영업자의 정치 지향성

여러 경험 연구를 통해 밝혀졌듯이, 이념성향은 친복지와 반복지를 가르는 시금석이다. "사람들은 정치적으로 좌파 혹은 우파가 되기도 합니다. 좌파에 −5점을 주고 우파에 +5점을 준다면 귀하 자신에게는 몇 점을 주시겠습니까?"라는 질문에 대한 자영업자와 임금근로자 그룹 간의 차이를 보자. 분석의 대상이 된 조사에서는 중간을 기준으로 양 집단 모두 중간에서 약간 오른쪽으로 향하는 경향이 보인다. 명확하게 큰 차이는 아니지만, 자영업자 그룹이 임금근로자 그룹보다 이념적으로 더 우파 성향을 보인다는 점도 홍

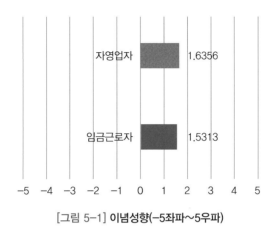

[그림 5-1] 이념성향(-5좌파~5우파)

미룹다. 자영업자 집단 내에 목도되는 내적 차이에도 불구하고 평균적으로 볼 때 자영업자들은 임금근로자들에 비해 더 우파적인 것이다. 이는 아마도 자영업에 투신한 사람들은 모종의 기업가 인식, 자본가 인식을 공유하기 때문에 나타나는 결과라 여겨진다. 회사에서, 또 공장에서 누군가를 모시고 일하는 사람보다는 작은 가게를 혼자 경영하더라도 기회의 원천으로서 시장경제에 대한 믿음이 더 클 수 있을 것이며, 규제보다는 자유를, 복지 확대와 세금 인상보다는 현상 유지를 원할 공산이 더 클 수 있으리란 사실이 엿보이는 결과이다.

　다음은 선거에 나선 후보들의 공약을 묻고 그 답을 들어 본 결과이다. 후보 갑은 우파의 견해로서 복지는 작게 하고 경제성장을 우선하자는 의견, 후보 을은 중도적 견해로서 복지와 성장의 동시 추구, 후보 병은 좌파적 견해로서 복지의 보편적 확대를 주장하고 있다. 이러한 공약들로 볼 때, 만약 내일 선거가 실시된다면 어떤 후

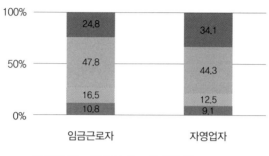

[그림 5-2] **복지공약에 대한 후보별 지지도**

보에게 표를 던지겠느냐는 질문에 대한 응답 분포를 보면, 자영업
자에 비해 임금근로자 응답자들이 좌파의 공약을 낸 후보 병을 지
지하는 경향이 두드러지게 나타난다. 이러한 결과는 앞에서 확인
한 이념성향의 분포와 일치하는 것으로 해석할 수 있다.

기본소득이냐 일자리냐

다음으로는 20대 대선 와중에 이재명 후보의 공약으로 인구에
회자되었던 기본소득에 관한 생각 차이를 살펴보자. 근로 여부와
상관없이 전 국민에게 동일한 액수의 현금을 지급하는 기본소득
을 도입하는 것에 대해 어떻게 생각하느냐는 질문에 대한 응답을
보면, 임금근로자와 자영업자 간의 견해 차이가 분명하게 드러난
다. 기본소득은 이념적 견지에서 볼 때 상당히 좌파적인 공약의 구
체적인 표현형이다. 앞에서 살펴본 이념성향이나 후보공약에 대한

응답에서 떠올릴 수 있는 가설은 임금근로자가 자영업자보다 기본
소득을 더 지지할 것이라는 언명으로 정리될 수 있을 것이다. 결과
는 이러한 가설에 정확히 일치하는 방향으로 나타나는데, 임금근
로자의 55.8%가 찬성하는 데 반해 자영업자는 42.6%가 찬성하고
57.4%가 반대를 표하고 있다.

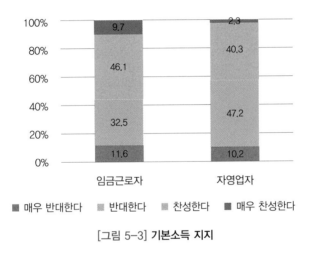

[그림 5-3] **기본소득 지지**

기본소득에 관한 견해를 심화해서 살펴보기 위해 복지의 의무
측면인 부담 여부에 관한 전제를 부가한 질문들로 논의를 넘기도
록 하자. 먼저, 기존의 모든 복지제도를 없애는 대신, 모든 국민에
게 기본소득을 제공하는 것에 대해 어떻게 생각하는가에 관한 질
문으로서, 국민이 부담하는 금전적인 부담은 현재와 크게 달라지
지 않음을 전제로 하였다. 임금근로자의 50.2%가 찬성한 데 비해
자영업자는 55.7%가 반대 의사를 밝히고 있다.

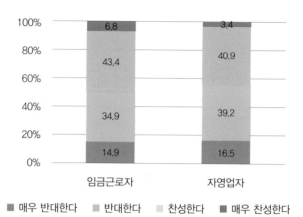

[그림 5-4] **기본소득 지지(동일한 부담 수준을 전제)**

이번에는 기본소득에 대한 같은 질문을 전제를 달리하여 물어본 결과이다. 앞의 질문에서는 부담이 같다고 했으나 이 질문에서는 재원 마련을 위해 누군가의 금전적인 부담이 커지게 된다는 점을 확실히 하였다. 응답 분포의 경향성이 유지되는 가운데 전반적인 지지도가 떨어지고 있다. 복지의 의무로서 누군가 부담을 해야 하는 것에 대한 전반적인 거부반응이 두드러진다. 동시에, 임금근로자와 자영업자가 보이는 찬반의 격차가 훨씬 커지는 결과가 나타난다. 이제, 임금근로자의 48.8%가 찬성을 하는 가운데 찬성을 표한 자영업자는 31.3%에 불과하며 반대는 68.7%에 이른다. 사람들은 어떤 복지라도 그에 관해 부담하는 것만은 좋아하지 않는다. 또한 복지 확대에 관한 지지 여부는 복지에 관한 권리와 부담에 관한 의무를 동시에 고려할 경우, 사회경제적 지위에 따라 선호가 더욱 분명하게 갈리는 경향이 있다.

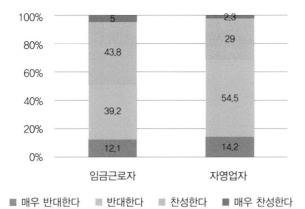

[그림 5-5] **기본소득 지지(부담 수준 증가를 전제)**

정부가 저소득층, 장애인, 장기실직자, 결혼이민자, 북한이탈주민, 여성 가장 등의 취약계층을 지원하는 방식으로 소득 지원과 일자리 지원 중 어느 것에 더욱 높은 우선순위를 두어야 한다고 생각하는지 물었을 때, 임금근로자의 64.9%와 자영업자의 57.4%가 일자리 지원을 택한 것으로 나타났다. 전반적으로, 물론 일을 할 수 있다는 전제를 깔고 있는 것이겠으나 돈으로 주는 복지보다는 일을 해서 돈을 버는 내용의 일자리복지가 훨씬 인기 있는 정책인 것이 분명해 보인다. 동시에, 두 집단 사이에 엿보이는 찬성도의 차이는 노동의 신성함에 대한 신념의 차이라 여겨진다.

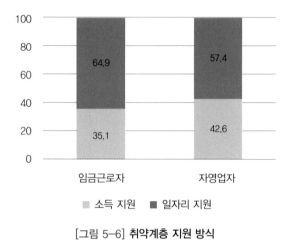

[그림 5-6] **취약계층 지원 방식**

복지부담의 정치학

복지 확대가 야기하는 부담 증가를 사람들이 꺼린다는 사실이
분명해 보이는 가운데, 부담 측면에 관한 사람들의 선호를 집중해
서 들여다보면 흥미로운 관찰 결과들이 보인다. 잘 알려져 있듯이
우리나라 사람들이 가장 좋은 복지정책이라 평가하는 것은 국민건
강보험이다(안상훈 외, 2017). 현재 국민건강보험에서 보장하지 못
하는 항목들에 대한 혜택을 늘리기 위해 보험료를 더 부담해야 한
다면, 부담하실 생각이 있는지를 물었다. 임금근로자의 52.9%가
찬성하는 데 반해서 자영업자의 찬성 비율은 43.5%에 그쳐 명확한
대비를 보인다.

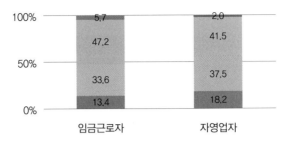

- 더 부담할 생각이 전혀 없다
- 더 부담할 생각이 별로 없다
- 지금보다 조금 더 부담할 생각이 있다
- 지금보다 더 많이 부담할 생각이 있다

[그림 5-7] 건보 보장률 제고를 위한 보험료 인상

　다음 질문은 만약 각자의 소득이 지금보다 늘어난다면, 복지 확대를 위해 세금을 더 낼 생각이 있는가에 관한 것이다. 곳간에서 인심 난다고 했던가? 이 질문에 대한 긍정적인 답변은 두 그룹 모두에서 과반을 넘는다. 동시에 여기서도 찬성하는 비율은 임금근로자가 더 높아, 57.9%에 이르는 반면, 자영업자는 53.4%가 찬성한다.

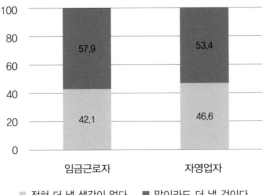

- 전혀 더 낼 생각이 없다
- 많이라도 더 낼 것이다

[그림 5-8] 소득 증가 시 세부담 의사

증세의 결과가 본인에게 돌아올지 아닐지도 세부담 의사를 결정하는 중요한 전제조건일 것이다. 이번에는 보편복지와 선별복지 어느 것을 전제로 할 때 세부담 의사가 높아지는지를 살펴보았다. 본인이 내는 세금이 가난한 사람뿐만 아니라 자신의 가족을 포함한 거의 모든 국민들의 복지를 위해 쓰인다면, 이를 위해 세금을 더 낼 생각이 있는지 물었을 때, 임금근로자와 자영업자는 각각 59%와 54%로 상당히 관대한 찬성 견해를 표방한다. 반대로, 본인이 내는 세금이 가난한 사람들의 복지를 위해 대부분 쓰인다면, 이를 위해 세금을 더 낼 생각이 있느냐고 물었을 때, 즉 선별복지를 전제로 했을 때는 세부담 의사가 전반적으로 줄어드는 모습을 보인다. 임금근로자는 48.9%가 찬성하고 자영업자는 44.3%가 찬성한다고 답했다. 요약하자면, 국민부담 증가에 유리한 것은 선별복지보다는 보편복지이며, 어느 경우를 전제로 한 증세에도 자영업자의 반대가 임금근로자보다 거셀 것으로 유추할 수 있는 결과이다. 하지만 조사에 포함된 질문들이 구체적으로 본인에게 얼마의 복지가 돌아오고 얼마를 부담해야 하는지 물은 것은 아니란 점에서 보편복지가 선별복지에 비해 무조건 증세 환경 조성에 유리할 것이라고 결론짓기엔 무리가 따른다고 여겨진다. 결국은 각자 복지를 꽤 받고 있고 그 정도라면 부담하겠다는 환경을 조성하는 것이 복지재정의 지속가능성을 높일 정책 방향성이라 할 수 있을 것이다.

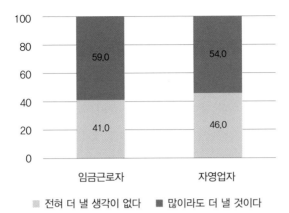

임금근로자   자영업자

■ 전혀 더 낼 생각이 없다   ■ 많이라도 더 낼 것이다

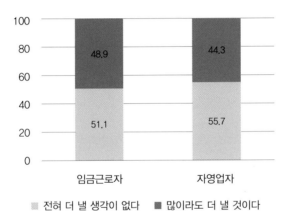

임금근로자   자영업자

■ 전혀 더 낼 생각이 없다   ■ 많이라도 더 낼 것이다

[그림 5-9] 보편복지(위)와 선별복지(아래)를 전제로 한 세부담 의사

부담하는 세금의 종류에 따라서도 두 집단 사이에 차이가 발생할 공산이 있다. 법인세와 소득세 증세에 관한 질문들을 살펴보자. 법인세를 높이는 방안에 대한 찬성 비중은 임금근로자의 78.1%, 자영업자의 67.6%가 찬성을 보인다. 두 그룹 모두 기업이 부담해서 복지를 하자는 것에는 손을 들어 주고 있으나 차이가 드러난다. 자영자의 경우 상대적으로 찬성 비중이 작아, 일종의 기업가 마인드에 친화성을 가진 것에서 비롯되는 결과라 할 수 있을 것이다. 한편, 만약 향후 복지 확대를 위해 내가 번 돈에 대한 소득세를 높인다면 찬성할 것인지 물었을 때, 임금근로자의 46.9%, 자영업자의 44.9%가 찬성을 표하는 것으로 나타나 법인세에 비해 전반적인 인기도가 낮은 한편, 두 그룹 간의 차이도 그리 크지 않은 것으로 결과한다.

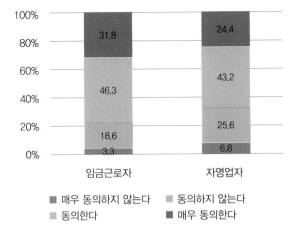

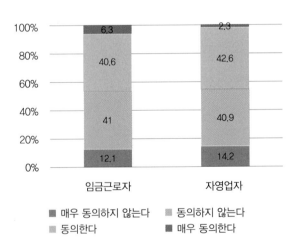

[그림 5-10] 복지증세 방안으로서 법인세(위)와 소득세(아래)

PART 2

자영업과 고용보험 사각지대

유길상(한국기술교육대학교 명예교수)

06

코로나19가 쏘아 올린
사각지대 문제

취약계층이 더 힘든 코로나19 충격

2020년 초부터 전 세계를 강타한 코로나19(이하 코로나) 대유행은 3년째로 접어든 2022년에도 계속되고 있다. 코로나에 대응한 최고의 방역은 마스크 착용과 사회적 거리두기였다. 그러나 강력한 사회적 거리두기는 경제활동을 위축시키고 고용 위기를 초래하였다. 코로나 보건 위기가 경제 위기와 고용 위기로 전이된 것이다.

다행히 2021년에는 코로나 백신이 개발되고, 백신접종이 빠르게 이루어지면서 코로나 위기가 끝나는 것이 아닌가 하는 희망이 있었다. 그러나 새로운 코로나 변이 바이러스가 계속 출현하고 백신을 3차 접종까지 해도 돌파감염 사례가 빈발하였다. 2022년에는 오미크론이 급속하게 확산되었다. 코로나 치료제가 개발되고 3차 접종을 완료한 경우 오미크론의 치명률이 계절독감과 유사한 수준으로 낮아진다는 연구결과가 나오면서 정부의 방역 조치도 그동안의 사회적 거리두기를 완화하고 자율방역, 그리고 고위험군과 위중증 환자 관리 중심으로 이동하였다. 이제 코로나19를 계절성 감염병처럼 예방하고 치료해 가면서 코로나와 함께 일상생활을 해야 하는 '위드 코로나(with Corona)' 시대로 진입한 것으로 볼 수 있다.

코로나의 경제적 충격은 모두에게 공평하게 오지 않았다. 취약산업과 사회적 약자에게 더 가혹하였다. 코로나 대유행은 디지털 전환을 대폭 앞당기면서 디지털 기반의 기업에게는 오히려 새로운 도약의 기회를 제공하였다. 반면에 사회적 거리두기의 직접적인 피해를 본 관광, 문화공연, 여행, 음식업, 숙박업 부문 등에 깊은 상처를 남겼다. 통계청 자료에 의하면 2020년과 2021년의 2년간 코로나19로 직격탄을 맞은 도매 및 소매업에서 31만 개의 일자리가 사라졌고, 숙박 및 음식점업에서 21만 개의 일자리가 감소하였다(통계청, 2022. 1).

코로나의 고용 충격은 코로나 3차 대유행이 있었던 2021년 1월에 취업자 수가 전년 같은 기간에 비해 98만 명이나 감소하여 외환위기 이후 최악의 고용 상황을 보이면서 절정을 이루었다. 당시 실업률은 5.7%까지 치솟았다. 청년층(15~29세) 실업률은 9.5%로, 청년층 체감실업률(확장실업률)은 27.2%나 되었다. 청년층 4명 중 1명이 사실상 실업 상태에 놓였다는 의미다. 구직 단념자도 77만 5천 명이나 되었다(통계청, 2021. 2).

2020년의 취업자 수는 2019년에 비해 22만 명이 감소하였다. 2021년에는 경제성장률이 4.0%로 반등하는 데 성공하여 취업자가

37만 명이 증가하였다(통계청, 2022. 1). 그러나 코로나 대유행이 진행된 2020~2021년의 2년간 취업자 증가는 〈표 6-1〉에서 보듯이 15만 명(0.6%)에 불과하였다. 2020~2021년의 2년간 취업자 수 증감을 보면, 60세 이상을 제외한 전 연령층에서 취업자가 감소하였다. 특히 경제의 중추인 30대가 27만 명, 40대가 19만 명이나 감소하여 그 충격의 정도를 짐작하게 한다.

〈표 6-1〉 코로나 대유행 기간(2020~2021) 중 연령계층별 취업자 변화

(단위: 천 명)

	2019년	2020년	2021년	2019~2021년 증감
〈 전체 〉	27,123	26,904	27,273	150
15~29세	3,945	3,763	3,877	-68
30~39세	5,529	5,364	5,257	-272
40~49세	6,504	6,346	6,311	-193
50~59세	6,444	6,356	6,422	-22
60세 이상	4,701	5,076	5,406	705

출처: 통계청(2021. 1. 13.; 2022. 1. 12.).

종사상의 지위별로 보면 2020~2021년의 2년간 임금근로자는 31만 명(1.5%)이 증가한 반면에 자영업자는 16만 명(-2.4%)이 감소하였다. 〈표 6-2〉에서 보듯이 임금근로자 중에서도 상용근로자는 67만 명(4.7%)이나 증가한 반면에 고용이 불안정한 임시근로자는 16만 명(-3.4%), 일용근로자는 20만 명(-13.9%)이나 감소하여 고용불안정 계층이 더 큰 충격을 받았음을 보여 준다. 자영업자로 불리는 비임금근로자 중에서는 고용원 없는 자영업자는 14만 명

(3.4%)이 증가하였으나, 고용원 있는 자영업자는 23만 명(−14.6%), 무급가족종사자는 7만 명(−6.5%)이 각각 감소하였다.

〈표 6-2〉 코로나 팬데믹 2년간(2020~2021) 종사상 지위별 취업자 변화

(단위: 천 명, %)

	2019	2021		
		구성비	증감	증감률
〈 전체 〉	27,123	27,273 100.0	150	0.6
○임금근로자	20,440	20,753 76.1	313	1.5
– 상용근로자	14,216	14,887 54.6	671	4.7
– 임시근로자	4,795	4,634 17.0	−161	−3.4
– 일용근로자	1,429	1,231 4.5	−198	−13.9
○비임금근로자(자영업자)	6,683	6,520 23.9	−163	−2.4
– 고용원 있는 자영업자	1,538	1,307 4.8	−231	−14.6
– 고용원 없는 자영업자	4,068	4,206 15.4	138	3.4
– 무급가족종사자	1,077	1,007 3.7	−70	−6.5

출처: 통계청(2022. 1. 12.).

이처럼 위기가 올 때마다 그 충격은 사회적 안전망의 보호를 충분히 받지 못하고 있는 임시·일용근로자와 자영업자 등 사회적 약자에게 더 가혹하게 온다. 정규직 근로자 중심의 기존 사회적 안전망의 한계를 점검하고 보완이 필요한 이유다.

누가 고용보험 보호를 받고 있나

실업이 되었을 때 실업자의 생활안정을 지원하는 1차 사회안전 망은 고용보험제도다. 고용보험은 고용보험 피보험자가 실업이 되면 실업급여를 지급하고 재취업을 지원한다. 또한 취업에 어려움을 겪는 사람들의 취업과 고용 유지를 지원하고, 실업자와 취업자의 직업능력 개발을 지원하며, 육아휴직급여 등을 지원한다. 재정지원 일자리사업의 약 80%가 고용보험기금을 이용하여 추진될 정도로 우리나라 고용보험제도는 일자리사업의 핵심적인 역할을 담당하고 있다.

코로나19로 기업경영이 악화된 상황에서도 2020년과 2021년 10월까지 88만 명의 근로자들이 고용유지지원금을 받아 고용을 유지할 수 있었다(고용노동부, 2021. 12). 근로자를 해고하지 않고 휴업, 직업훈련, 휴직, 인력재배치 등의 고용유지조치를 하여 고용을 유지한 8만 1천 개소의 기업에게 고용보험에서 고용유지지원금을 지원해 준 덕분이었다. 2020년에는 180만 명이 실업급여를 받았다. 연인원 527만 명에게 다양한 고용안정 지원을 실시하였다. 249만 명의 재직근로자들이 직업능력개발훈련을 수강하였고, 42만 명의 실업자에게 직업능력개발훈련을 실시하였다. 7만 명이 출산전후휴가급여를 받았고, 11만 명이 육아휴직급여를 받았다(한국고용정보원, 2021. 12).

그런데 모든 취업자가 고용보험의 보호와 지원을 받는 것은 아

니다. 고용보험제도 시행 이후 적용 범위가 꾸준히 확대되어 임금
근로자의 고용보험 가입률은 1996년 33.1%에서 2008년에 56.8%,
2021년에 75.2%로 크게 증가하였다(노동부, 2005; 통계청, 2021.
10. 26.). 그러나 2021년 12월 현재 취업자의 53.3%, 임금근로자의
69.7%, 상용·임시근로자의 73.8%가 고용보험에 가입되어 있다
(한국고용정보원, 2022. 1.). 여전히 취업자의 약 절반, 임금근로자의
약 1/3은 고용보험의 적용을 받지 못하고 있다.

　고용보험의 가입률은 근로 형태에 따라 차이가 크다. 〈표 6-3〉
을 보면 2021년 8월 현재 정규직 근로자의 고용보험 가입률은
90.9%인 데 반하여 비정규직 근로자의 고용보험 가입률은 52.6%
로서 정규직 근로자 가입률의 약 절반에 불과하다. 비정규직 근로
자 중에서는 한시적 근로자의 고용보험 가입률은 62.0%로서 상대
적으로 높은 편이다. 그러나 시간제와 비전형 근로자[1]의 고용보험
가입률은 각각 31.3%와 43.8%로서 매우 낮다.

　〈표 6-3〉은 정규직과 비정규직 간의 고용보험 가입률의 개선 속
도에서도 차이가 크다는 것을 보여 준다. 2008~2021년의 13년 동
안 정규직 근로자의 고용보험 가입률은 65.8%에서 90.9%로 25.1%
포인트가 증가하였다. 반면에 같은 기간 비정규직 근로자의 고용
보험 가입률은 39.2%에서 52.6%로 13.4% 포인트 증가에 그쳤다.

---

1) 2021년 8월 현재 임금근로자 2,099만 2천 명 중 비정규직 근로자는 806만 6천 명으로서 임
　금근로자의 38.4%였다. 비정규직 내에서 한시적 근로자는 517만 1천 명, 시간제 근로자는
　351만 2천 명, 비전형 근로자는 227만 8천 명이었다. 비전형 근로자는 파견근로자(21만 1
　천 명), 용역근로자(58만 5천 명), 특수형태근로종사자(56만 명), 가정 내(재택, 가내) 근로
　자(7만 9천 명), 일일(단기) 근로자(95만 5천 명)으로 구성된다(통계청, 2021. 10. 26.).

〈표 6-3〉 근로 형태별 고용보험 가입률 변화(2008~2021)

	2008년 8월(A)	2021년 8월(B)	증감(B-A)
〈 임금근로자 〉	56.8	75.2	18.4
ㅇ 정규직	65.8	90.9	25.1
ㅇ 비정규직	39.2	52.6	13.4
– 한시적	56.0	62.0	6.0
· 기간제	62.3	64.4	2.1
· 비기간제	39.9	44.5	4.6
– 시간제	6.3	31.3	25.0
– 비전형	25.8	43.8	18.0

출처: 통계청(2009. 11. 4.; 2021. 10. 26.).

정규직의 고용보험 가입률 향상 속도가 비정규직의 2배나 빠르게 진행된 것이다. 비정규직의 고용보험 가입이 꾸준히 증가하고 있지만 고용보험의 가입률에서 정규직과 비정규직 간에 격차는 확대되었다.

비정규직보다도 고용보험 가입률이 낮은 취업자가 자영업자이다. 2021년 현재 우리나라 취업자 2,727만 명 가운데 23.9%인 652만 명이 자영업자이다. 취업자 중 자영업자의 비중을 G7 국가들과 비교해 보면, [그림 6-1]에서 보는 바와 같이 한국이 압도적으로 높다. 미국의 거의 4배, 독일, 일본, 프랑스의 2배 이상이다. 자영업자의 비중이 주요 선진국에 비해 크게 높다는 것은 우리나라 노동시장 구조의 후진성을 보여 준다.

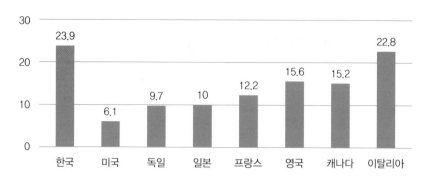

[그림 6-1] **한국과 G7 국가의 전체 취업자 중 자영업자 비중(%)**
주: 한국은 2021년 기준(무급가족종사자 포함), 다른 국가는 2019년 기준.
출처: 통계청(2022. 1. 12.), 한국노동연구원(2020).

　　취업자 4명 중 1명이 자영업자라는 사실은 코로나 팬데믹과 같
은 외부적인 충격이 왔을 때 사회안전망의 보호에서 벗어나 있는
취약계층이 그만큼 많다는 것을 보여 준다. 고용보험제도는 고용
관계가 표준화된 근로자를 당연적용대상으로 하는 것이 일반적이
다. 자영업자들은 고용보험 적용에 어려움이 많기 때문에 고용보
험의 임의적용이나 실업부조제도를 통해 보호하는 것이 일반적이
다. 우리나라도 2012년 1월 21일부터 자영업자가 원하면 고용보험
에 임의가입을 할 수 있게 되었다. 그런데 2022년 1월 현재 고용보
험에 가입한 자영업자는 3만 7,964명으로서 전체 자영업자 633만
2천 명의 0.6%에 불과하다.

　　정규직 근로자의 대부분은 실업이 되면 실업급여를 받을 수 있
다. 그러나 코로나 고용 위기 속에서 실업의 위험에 노출되는 자영
업자, 플랫폼 종사자, 비정규직의 약 절반은 고용보험제도의 보호
밖에 놓여 있다. 코로나 팬데믹을 계기로 고용보험 사각지대에 놓

여 있는 계층을 어떻게든 실업자 사회안전망으로 보호해야 한다는 사회적 공감대가 형성된 이유다.[2]

고용보험 사각지대의 발생

모든 실업자가 실업급여를 받지는 못한다. 실업이 되었을 때 실업급여를 받기 위해서는 우선 고용보험 피보험자여야 한다. 2021년 12월 현재 고용보험 피보험자는 1,455만 명으로서 취업자의 53.3%, 임금근로자의 69.7%, 상용·임시근로자의 73.8%가 고용보험의 적용을 받고 있다(한국고용정보원, 2022. 1.). 즉, 취업자의 약 47%, 임금근로자의 약 30%는 고용보험의 사각지대에 있는 셈이다.

고용보험의 사각지대는 왜 발생할까? 첫 번째 이유는 고용보험이 기본적으로 근로자만을 적용 대상으로 하고 있기 때문이다. 당연히 근로자가 아닌 자영업자는 고용보험의 사각지대에 놓여 있다. 그렇다면 왜 고용보험이 근로자만을 적용 대상으로 하고 있을까? 고용보험을 적용하기 위해서는 보험관계의 성립과 소멸을 명확하게 할 수 있어야 한다. 임금근로자는 근로자와 사용자 간에 근로계약서를 체결하고 고용이 되고, 근로계약 내용에 따라 일하는 기간이 정해지고 임금이 지급된다. 근로자의 임금 지급 내역이 회

---

2) 2020년 5월 11일에 만 18세 이상 남녀 1,005명을 대상으로 데이터리서치가 진행한 ARS 여론조사 결과에 따르면 '전 국민 고용보험제를 찬성한다'는 의견이 전체 응답자의 63.9%로 나타났다고 보도되었다. https://news.zum.com/articles/60058380 (검색일: 2021. 3. 2.)

사의 임금대장에 기록이 되고 국세청에도 신고된다. 이러한 기록을 토대로 고용보험의 피보험자 관리, 고용보험료 징수, 이직 시점과 이직의 사유를 서류로서 확인하기가 쉽기 때문에 고용보험행정이 쉬운 편이다. 반면에 자영업자는 소득파악이 어려운 경우가 많아 정확한 소득파악을 토대로 이루어지는 고용보험 적용과 피보험자 관리, 보험료 징수, 고용보험 급여의 정확한 산정과 지급 등이 매우 어렵다. 이러한 현실적인 이유로 대부분의 국가는 고용보험의 적용대상을 근로자로 한정하고, 자영업자는 고용보험의 적용대상에서 제외해 왔다.

고용보험의 사각지대가 발생하는 두 번째 이유는 근로자 중에서도 사업의 특성상 고용관계와 임금 등을 정확하게 파악하여 고용보험을 적용하는 것이 현실적으로 어려워 고용보험의 적용을 제외하고 있는 사업과 대상자들이 있기 때문이다. 우리나라 「고용보험법」 제8조 단서 및 시행령 제2조는 농업·임업 및 어업 중 법인이 아닌 자가 상시 4명 이하의 근로자를 사용하는 사업, 총 공사금액이 2천만 원 미만인 공사, 연면적 100제곱미터 이하인 건축물의 건축 또는 연면적 200제곱미터 이하인 건축물의 대수선에 관한 공사, 가구 내 고용활동 및 자가 소비 생산활동, 주당 근로시간이 15시간 미만으로 3개월 미만 일하고 일용직이 아닌 근로자 등을 고용보험 적용 대상에서 제외하고 있는데, 주된 이유는 행정적으로 이들에게 고용보험을 적용하기에는 현실적인 어려움이 많다는 것이다. 여기에 해당하는 근로자의 규모는 178만 명 내외로 파악되고 있다.

고용보험의 사각지대가 발생하는 세 번째 이유는 고용안정이 법적으로 보장이 되어 있기 때문에 고용보험을 적용할 실익이 없어 고용보험의 적용 대상에서 제외하고 있는 직종의 근로자들이 많기 때문이다. 공무원, 사립학교 교직원, 별정우체국 직원 등 특수직역연금 가입자 147만 명이 바로 그들이다. 이들은 관련 법률에 의해 정년까지 고용이 보장되기 때문에 비자발적인 실업의 위험이 없다. 따라서 이들은 엄격한 의미에서는 고용보험의 사각지대라고 볼 수 없다.

고용보험의 사각지대가 발생하는 네 번째 이유는 고용보험에 의무적인 가입대상자이지만 실제 고용보험 가입을 하지 않고 있는 미가입자가 378만 명 정도나 있기 때문이다. 고용보험 미가입자가 발생하는 주된 이유는 영세사업주들이 근로자의 고용보험 가입을 회피하거나 고용보험료 부담을 우려한 근로자들이 고용보험 가입을 기피하는 것이 주요 원인으로 꼽힌다(이병희 외, 2012).

고용보험의 사각지대가 발생하는 다섯 번째 이유는 고용보험에 가입되어 있으나 실업급여 수급요건을 충족하지 못하여 실업급여를 받지 못하는 사람들이 많기 때문이다. 우리나라 「고용보험법」은 실업급여를 신청하기 위해서는 이직 전 18개월의 기간 중 180일 이상 고용보험 피보험자로 가입되어 있을 것을 요건으로 하고 있다. 또한 정당한 사유가 없는 자발적 이직자나 본인의 중대한 귀책사유로 해고된 사람에게는 실업급여를 지급하지 않는다. 실업급여는 피보험자의 고용기간과 연령 등을 고려하여 소정급여일수인 최장 120~270일까지 받을 수 있는데, 소정급여일수를 다 소진하고도 취업하지 못한 장기실업자는 실업급여를 받을 수 없다. 소정급여일수 기간 내의 실업자라도 적극적인 구직활동을 하지 않은 경우 등에는 실업급여의 지급이 제한된다. 이러한 실업급여 수급요건을 충족하지 못하여 실업급여를 받지 못하는 사람들은 엄밀한 의미에서는 고용보험의 사각지대로 보기 어렵다.

〈표 6-4〉는 2019년 8월 현재 고용보험 사각지대 현황을 보여준다. 고용보험의 사각지대 문제를 해소하고자 하면 이러한 구체적인 사각지대의 내역을 살펴 현실적으로 접근해야 한다.

〈표 6-4〉 고용보험 사각지대 현황(2019. 8. 기준)   (단위: 천 명, %)

취업자(27,358천 명)				
비임금근로자	임금근로자(20,554천 명)			
	고용보험 적용 제외[1]	고용보험 미가입	공무원 등[2]	고용보험 가입
6,779(24.9)	1,781(6.5)	3,781(13.8)	1,469(5.4)	13,528(49.4)
법적 사각지대		실질적 사각지대		

주: 1) 5인 미만 농림어업, 가사서비스업, 65세 이상, 평소 주당 근로시간이 15시간 미만으로 3개월 미만 일하고 일용직이 아닌 근로자, 특수형태근로에 종사하는 근로자
2) 공무원, 사립학교교직원, 별정우체국 직원 등 특수직역연금 가입자
출처: 이병희(2020), 장지연(2020).

환경 변화와 고용보험제도의 도전

우리나라 고용보험제도는 1995년 7월 1일에 시행된 이래 외환위기, 세계금융위기, 코로나 팬데믹 등으로 인한 고용 위기를 겪으면서 실업자 사회안전망으로서 역할을 하였다. 그런데 고용보험제도

가 시행된 이후 30년 가까운 세월이 흐르면서 고용보험제도 운용에 영향을 미치는 경제 및 노동시장 환경은 다음과 같은 커다란 변화가 있었다.

첫째, 1인당 국민소득이 1만 달러 수준에서 3만 5천 달러로 3배이상 향상되었다. 한국이 1990년대 초에 고용보험제도를 설계할 당시에는 개발도상국의 선두주자 수준이었다. 이제 한국은 2018년 기준 국내총생산(GDP) 규모가 세계 10위의 경제 대국이 되었다. 소득 수준이 높아지면 복지 욕구도 높아지게 마련이다. 한국 경제의 몸집은 커졌지만 여전히 경제발전과 사회안전망의 혜택을 충분히 누리지 못하는 사람들이 많다. 이것이 우리의 경제 규모에 걸맞게 사회적 약자들을 일으켜 세울 수 있는 포용적인 고용보험제도를 모색하여야 하는 이유다.

둘째, 한국 경제가 고성장시대를 마감하고 저성장 시대로 접어들었다. 노동시장은 1997년 말에 발생한 외환위기를 계기로 완전고용 시대를 마감하고 청년층 실업문제와 중장년층의 고용불안이 상시화되었다. 고용보험제도를 시행한 1995년에는 실업률이 2.1%로서 완전고용 상태였다. 당시에는 실업이 문제가 아니라 인력 부족이 주요 이슈였다. 1990~1995년의 연평균 경제성장률이 8.8%였을 정도로 높은 경제성장률 덕분에 당시 많은 선진국들이 저성장과 높은 실업률로 어려움을 겪는 것이 남의 나라 문제로만 여겨졌다. 그러나 1997년 말에 발생한 외환위기 이후 한국 경제는 고성장과 완전고용의 시대를 마감하였다. 여기에 2008년에 발생한 세계금융위기는 한국에도 큰 상처를 남겼다. 기업환경이 어려워진

상황에서 발생한 코로나 팬데믹은 경제와 고용에 충격을 가져왔
다. 위기는 고용보험의 보호 밖에 있는 취약계층에게 더 큰 충격을
주어 이들을 고용보험제도의 보호 틀 속에 포용하자는 사회적 논
의를 촉발시켰다.

셋째, 1990년대부터 디지털 기술을 기반으로 한 정보통신혁명으
로 경제 및 노동시장 구조가 빠르게 변화하면서 고용형태가 다양
화되고 있다. 안정적인 일자리를 제공하는 제조업의 고용 비중이
1995년의 23.6%에서 2021년에는 16.0%로 감소하였다. 서비스업
의 고용 비중은 1995년의 54.8%에서 2021년에는 71.0%로 증가하
여 고용구조의 서비스화가 빠르게 진행되고 있다. 취업자 중 임금
근로자의 비중이 1995년의 63.2%에서 2021년에는 76.1%로 증가
하였다. 그러나 고용보험의 사각지대에 있는 자영업자와 무급가족
종사자가 여전히 취업자의 23.9%로 높은 비중을 차지하고 있다.[3]

플랫폼을 기반으로 한 새로운 고용형태가 빠르게 확산되고 있
다. 플랫폼을 기반으로 긱(gig) 노동자 등 불안정 노동이 증가하고,
종속 노동과 자영업 간의 경계가 불확실한 노무제공자가 증가하고
있다. 근로자 중심으로 고용보험을 적용하던 그동안의 접근방법
에 근본적인 변화를 요구하고 있다. 새로운 노동시장 환경에서 발
생하고 있는 다양한 형태의 취업자에 대한 포용적인 고용안전망이
요구되고 있다.

넷째, 초저출산과 초고령화라는 인류 역사상 경험해 보지 못한

3) 통계청(2022. 1. 12.), 2021년 12월 및 연간 고용동향.

급격한 인구구조 변화의 사회적 위험에 직면해 있다. 한국의 고용
보험제도는 대부분의 나라가 시행하고 있는 실업보험제도와는 구
분된다. 실업보험제도는 실업이 발생하면 실업급여를 지급하는 소
극적인 실업자 사회안전망이다. 이에 반하여 한국의 고용보험제도
는 실업급여 외에도 근로자의 고용안정 지원, 근로자와 실업자에
대한 직업능력개발훈련 지원, 육아휴직급여 등까지 포함하고 있
다. 고용보험제도는 노동시장정책을 추진하는 핵심적인 수단이 되
고 있다. 최근 전 국민 고용보험제도 논의에서는 실업급여 지급 문
제에만 초점이 맞추어져 있다. 그러나 고용형태 다양화, 노동시장
양극화, 초저출산과 초고령화 등 노동시장에서의 사회적 위험을
예방하고 극복하도록 적극적으로 대처하기 위해서는 고용보험제
도의 패러다임적인 혁신이 필요하다.

다섯째, 노동시장 이행과정에서의 사회적 위험이 증가하고 있
다. 학교를 졸업하고 첫 직장에 취업하는 데 평균 10개월이나 소요
되고 있다. 취업에 성공하여도 산업구조의 급격한 변화로 생애 중
이직·전직도 빈번하다. 개인의 생애에 다양한 고용형태를 경험하
는 사람들이 늘고 있다. 초저출산의 국가적 재난에도 불구하고 여
성의 경력단절로 인한 노동력의 손실도 여전하다. 초고령화 추세
속에서 장년층의 고용조정과 조기퇴직이 일반화되고 있다. 이러한
노동시장의 위기적 상황은 고용보험사업의 패러다임적 전환을 요
구하고 있다(유길상, 정형우, 2012).

사람도 성장하면서 몸집이 커지면 몸에 맞춰 옷을 바꾸어 입듯이
고용보험을 둘러싼 환경이 변화하면 고용보험제도도 여기에 맞춰

변화할 것을 요구받는 것은 당연하다. 그동안 고용보험의 적용 범위는 꾸준히 확대되어 왔다. 1998년 10월 1일부터 1인 이상 모든 사업으로 적용이 확대된 이래 2004년 1월 1일부터 일용근로자의 당연적용, 2008월 9월 22일부터 별정직·계약직 공무원의 임의가입, 2012년 1월 22일부터 자영업자의 임의가입이 이루어졌다. 2020년부터 모든 취업자를 고용보험의 당연적용으로 하고자 하는 '전 국민 고용보험제'가 추진되고 있다. 이에 따라 2020년 12월 10일부터 예술인에 대한 고용보험 적용이 이루어졌고, 2021년 7월 1일부터 12개 특수형태근로 노무제공자에 대한 당연적용이 이루어졌다. 2022년 1월 1일부터 플랫폼노무제공자에 대한 당연적용이 이루어졌다. 그러나 전 국민 고용보험제를 추진하기 위해서는 넘어야 할 산들이 너무 많다.

07

전 국민 고용보험제와
허들

자영업자의 소득파악

고용보험을 적용하려면 적용 대상자의 고용관계와 임금 또는 소
득의 변동에 관한 자료를 고용보험 관장기관이 매월 정확하게 파
악하여 고용보험료를 징수할 수 있어야 한다. 그동안 일하는 모든
사람을 고용보험으로 보호하지 못했던 가장 중요한 이유는 자영업
자를 포함한 상당수 취업자의 취업상태와 소득을 매월 정기적으로
정확하게 파악하기가 어렵다는 현실적인 이유가 가장 큰 제약요인
이었다.

고용보험이 실제 적용되기 위해서는 우선 일을 시작한 날짜와
실업이 된 날짜를 정확하게 파악하여 일을 하는 기간에 대하여 고
용보험 관계의 성립과 소멸을 확정할 수 있어야 한다. 일을 해서 번
임금이나 소득은 정확하게 얼마인지, 매월 어떻게 변동하고 있는

지를 파악할 수 있어야 이를 근거로 고용보험료를 부과하고 실업급여 지급액을 산정하게 된다. 고용보험사업의 핵심인 실업급여를 지급하기 위해서는 피보험자의 고용보험 가입 기간과 근로소득의 변동 자료를 토대로 실업급여 신청자가 수급요건을 충족했는지 심사하게 된다.

현행 고용보험 관리체계는 사업주가 근로자의 입직과 이직 및 임금액을 신고하고 고용보험료를 납부하도록 하는 '사업장 기반' 고용보험 가입체계이다. 2020년 12월 23일에 관계부처 합동으로 발표된 '전 국민 고용보험 로드맵'은 사각지대 없는 고용보험 적용을 실현하기 위해 '사업장'이 아니라 '소득'에 기반하여 모든 취업자에게 고용보험을 적용하는 '소득 기반' 고용보험체계로의 전환을 지향하고 있다. 이를 위해 우선 2022~2023년에 임금근로자에 대한 소득 기반 체계를 마련하고, 2024~2025년에 모든 취업 형태에 대한 소득에 기반한 인별(人別) 관리체계로 전환하겠다고 하였다 (관계부처 합동, 2020. 12. 23.).

소득 기반 고용보험 관리체계는 자영업자 등 모든 취업자에게 고용보험을 적용하기 위해서는 필수적이다. 이는 모든 취업자의 소득을 정확하게 월별로 파악하여 소득을 기준으로 고용보험을 적용하고, 그 변동 내역과 사유까지 정확하게 파악할 수 있다는 것을 전제로 한다. 이것이 가능하게 되면 일용근로자, 특수형태근로종사자[1](이하 본 장에서 '특고'라 한다), 프리랜서, 자영업자 등 모든 '노무제공자'를 고용보험의 적용 대상으로 포함할 수 있는 초석을 다지게 된다(박진희 외, 2021).

그러나 이것이 현실적으로 가능할 것인가는 별개의 문제이다. 모든 근로소득이 유리지갑처럼 투명하게 국세청에 신고되고 관리되는 일반 근로자의 경우에는 고용보험이 사업장 기반으로 관리되든지 소득 기반으로 관리되든지 차이가 없다. 문제는 지금까지 국세청이 소득을 정확하게 파악하지 못했던 자영업자 등의 소득과 그 변동 상황, 변동 사유 등을 최소한 월별로 정확하게 파악하여 고용보험 피보험자 관리와 고용보험료 징수, 실업급여 수급요건 심사 등을 제대로 할 수 있는가이다.

그동안 자영업자를 고용보험의 임의적용으로밖에 할 수 없었던 중요한 이유는 이들에게 고용보험 가입을 강제하고 소득을 파악하여 고용보험료를 징수하기가 현실적으로 어렵다는 이유가 컸다. 한국보다도 비공식 노동시장 규모가 작고, 자영업자에 대한 소득파악 수준이 높은 국가들도 대부분 자영업자를 강제적으로 고용보험에 가입시키지 못하고 있는 주요 원인은 자영업자의 소득을 정확하게 파악하기가 쉽지 않다는 점 때문이다.

---

1) 「산업재해보상보험법」(이하 「산재보험법」이라 함) 제125조 제1항은 '특수형태근로종사자'를 "계약의 형식과 관계없이 근로자와 유사하게 노무를 제공함에도 「근로기준법」 등이 적용되지 아니하여 업무상의 재해로부터 보호할 필요가 있는 사람으로서 주로 하나의 사업에 그 운영에 필요한 노무를 상시적으로 제공하고 보수를 받아 생활하고, 노무를 제공할 때 타인을 사용하지 아니하는 사람"이라고 정의하고 있다. 반면에 2021년 1월 5일에 개정된 「고용보험법」은 「산재보험법」의 '특수형태근로종사자'라는 용어 대신 '노무제공자'라는 용어를 도입하였다. 「고용보험법」 제77조의6은 '노무제공자'를 "근로자가 아니면서 자신이 아닌 다른 사람의 사업을 위하여 자신이 직접 노무를 제공하고 해당 사업주 또는 노무수령자로부터 일정한 대가를 지급받기로 하는 계약('노무제공계약')을 체결한 사람 중 대통령령으로 정하는 직종에 종사하는 사람"이라고 정의하고 있다. 「고용보험법」이 「산재보험법」의 '특수형태근로종사자'라는 용어 대신 '노무제공자'라는 용어를 도입한 것은 독립자영업자를 제외하고 모든 종속 자영업자를 포괄하기 위해서였다(이병희, 2021).

고용관계가 비교적 정확하게 드러나는 근로자의 경우에도 일부 영세사업주와 근로자들이 고용보험료 부담 등을 우려하여 고용보험 가입을 기피할 경우 행정당국이 이들의 고용관계와 임금을 파악하여 고용보험에 강제로 가입시키는 데 어려움이 많은 것이 현실이다. 그 결과, 법적으로는 고용보험에 당연히 가입되어야 하지만 실제 고용보험에 가입을 하지 않은 사람이 2019년 말 기준으로 취업자의 13.8%인 374만 명이나 된다(관계부처 합동, 2020. 12. 23.). 이러한 사실은 영세사업장의 경우 고용관계와 임금을 정확하게 파악하기가 얼마나 힘든 것인가를 단적으로 보여 준다.

다행히 코로나 팬데믹 이후 여러 차례 재난지원금을 지급하면서 자영업자 등에 대한 소득을 어느 정도 파악할 수 있는 전산자료가 축적되었다. 정부는 자영업자와 소상공인들의 소득을 파악하기 위해 다양한 노력을 기울이고 있으며, 국세청의 소득파악 능력은 향상되고 있다. 그러나 특고, 플랫폼 종사자, 자영업자들은 국세청에 사업자 등록이 되어 있지 않는 경우가 여전히 많고 매출 축소 신고가 잦으며, 여전히 현금거래가 많아 소득파악이 어려운 것이 현실이다.

소득 기반 고용보험체계로 전환하더라도 일하는 모든 사람을 고용보험에 가입시키는 것은 현실적으로 불가능하다. 이것이 여전히 고용보험의 사각지대에 남을 것으로 예상되는 취업자들의 보호를 위해 고용보험 이외의 대안적 사회안전망을 고민해 봐야 하는 이유다.

실업급여 수급자격 심사

　전 국민 고용보험제도를 시행하여 특고, 프리랜서, 자영업자 등
이 모두 고용보험에 가입한다고 하더라도 이들이 실업이 되면 모두
실업급여를 받을 수 있는 것은 아니다. 실업급여 수급자격을 갖춘
경우에만 실업급여를 소정급여일수의 한도 내에서 받을 수 있다.

　실업이 되기만 하면 모든 실업자에게 실업급여를 지급한다면 환
호하는 사람들이 많을지 모른다. 그러나 그 결과가 어떻게 되겠는
가? 실업이 된다고 무조건 실업급여를 지급하게 되면 일하지 않고
실업상태에 머물려는 사람들이 많아질 것이다. 그렇게 되면 일하
는 사람이 소수에 그치니 고용보험료 수입은 급감하고 실업급여
지출은 기하급수적으로 증가하여 고용보험기금은 고갈되어 더 이
상 고용보험제도가 유지되지 못하고 재정파탄 상태에 빠질 것이
다. 이러한 이유로 실업급여제도를 시행하는 모든 국가는 실업급
여 수급자격을 엄격하게 제한하는 것이다.

　실업급여를 받기 위해서는, 첫째, 실업급여 신청자격을 충족하
여야 한다. 우리나라 「고용보험법」은 일반 근로자의 경우 18개월
의 기준기간 중 피보험단위기간이 합산하여 180일 이상이 되어야
실업급여의 핵심인 구직급여 신청자격을 인정하고 있다. 일반 근
로자가 아닌 예술인인 피보험자의 경우에는 기준기간 24개월 중
피보험단위기간 9개월 이상이 되어야 한다. 특고 등 노무제공자의
경우 기준기간 24개월 중 피보험단위기간 12개월 이상이어야 한

다. 자영업자의 경우 폐업일 이전 24개월간 피보험단위기간이 합산하여 1년 이상이어야 구직급여를 신청할 수 있다. 이러한 피보험단위기간의 충족 여부를 확인하는 것은 고용보험 적용 기록과 창업·폐업에 관한 서류를 통해 비교적 어렵지 않게 확인이 가능한 요건이라고 할 수 있다.

둘째, 근로의 의사와 능력이 있음에도 불구하고 취업을 하지 못한 상태, 즉 실업상태에 있어야 하며, 본인이 재취업을 위한 노력을 적극적으로 하여야 구직급여를 받을 수 있다. 그런데 구직급여 신청자가 근로의 의사와 능력이 있는지의 여부와 재취업을 위한 노력을 적극적으로 하고 있는지의 여부를 확인하는 것은 실제 여간 어렵지 않다. 일반 피보험자의 경우에도 실업급여를 가급적 오랫동안 받으려고 구직활동 노력을 제대로 하지 않으면서 재취업 노력을 하는 것처럼 위장하여 구직급여를 받는 부정수급 사례가 빈번한 상황이다.

이러한 상황에서 그동안 사각지대에 있던 특고와 자영업자 등에 대해 실업급여 수급자격을 제대로 확인하여 실업급여를 지급할 수 있을 것인지가 큰 과제이다. 더구나 예술인과 특고, 플랫폼 종사자의 경우 취업하지 못한 상태뿐만 아니라 소득 감소로 인하여 이직한 경우에도 구직급여를 지급받을 수 있도록 특례를 인정하고 있다.[2] 앞으로 자영업자를 고용보험에 강제 가입하게 할 경우에도

---

2) 「고용보험법」 제77조의3 및 동 시행령 제104조의8은 (1) 이직일이 속한 달의 직전 3개월 동안에 이직할 당시의 문화예술용역 관련 계약 소득이 전년도 같은 기간에 발생한 소득보다 20% 이상 감소한 경우 또는 (2) 이직일이 속한 달의 직전 3개월 동안에 문화예술용역 관

예술인과 노무제공자인 피보험자의 예와 같이 소득 감소의 경우에도 구직급여를 지급할 수 있게 할 것으로 예상된다.

그런데 고용보험 관장기관이 근로자가 아닌 예술인, 특고, 플랫폼 종사자, 자영업자 등의 이직 전 소득액을 정확하게 파악하고 전년도 소득액과 비교하여 구직급여 수급자격을 충족하는지를 판단하는 것이 현실적으로는 여간 어려운 일이 아니다. 소득 기반 고용보험 관리체계로 순조롭게 전환되고 국세청이 예술인, 특고, 플랫폼 종사자, 자영업자 등의 모든 소득을 투명하게 파악할 수 있어야 소득 감소가 어느 정도인가를 정확하게 산정해 낼 수 있기 때문이다. 더구나 소득이 20%만 감소해도 구직급여의 수급자격을 인정하는 것은 소득 감소를 구직급여 수급자격으로 인정하지 않고 있는 일반 고용보험가입 근로자와의 형평성 문제도 제기될 수 있다.

셋째, 이직 사유가 중대한 귀책사유(歸責事由)로 해고되거나 정당한 사유가 없이 자발적으로 이직한 경우에는 구직급여의 수급자격을 인정하지 않고 있다.[3] 그런데 특고, 플랫폼 종사자, 자영업자

런 계약 소득의 월평균금액이 이직일이 속한 연도의 전년도에 발생한 소득의 월평균금액보다 작고 이직일이 속한 달의 직전 12개월 동안의 월별 소득금액이 전년도 월평균금액보다 20% 이상 작은 달이 5개월 이상일 경우에는 구직급여를 지급하도록 특례를 인정하고 있다. 또한 「고용보험법」 제77조의8은 특고, 플랫폼 노동자 등 노무제공자로 이직할 당시 대통령령으로 정하는 바에 따른 소득 감소로 인하여 이직하였다고 직업안정기관의 장이 인정하는 경우에는 구직급여를 지급할 수 있도록 하고 있다.

3) 「고용보험법」 제58조는 피보험자가 (1) 중대한 귀책사유(歸責事由)로 해고된 피보험자로서 「형법」 또는 직무와 관련된 법률을 위반하여 금고 이상의 형을 선고받은 경우 또는 사업에 막대한 지장을 초래하거나 재산상 손해를 끼친 경우로서 고용노동부령으로 정하는 기준에 해당하는 경우 또는 정당한 사유 없이 근로계약 또는 취업규칙 등을 위반하여 장기간 무단 결근한 경우와 (2) 자기 사정으로 이직한 피보험자로서 전직 또는 자영업을 하기 위하여 이직한 경우, 또는 중대한 귀책사유가 있는 사람이 해고되지 아니하고 사업주의 권

등의 이직 사유가 수급자격의 제한 사유에 해당하는지 여부를 일선 고용센터의 담당자가 판단하는 것은 매우 어려울 수 있다. 만일 이러한 이직 사유에 의한 수급자격 판단이 어려울 경우 수급자는 이직 사유를 허위로 신고하고 구직급여를 받아 가는 도덕적 해이 문제가 빈번하게 발생할 수밖에 없을 것이다. 이런 현상이 발생하면 성실하게 일하여 고용보험료를 납부하는 사람들이 더 많은 고용보험료를 부담하여야 한다. 이는 노동시장의 공정성을 심각하게 훼손하게 된다.

전 국민 고용보험 시행의 취지는 좋지만 실현 가능성에 대한 면밀한 분석이 없이 시행하여 실제 운용과정에서 실업급여 수급자격을 제대로 심사하지 못하면 고용보험의 근간을 무너뜨릴 수 있다. 자영업자와 같이 고용보험의 틀 속에 포함하기가 현실적으로 어려운 대상자들을 의무적으로 고용보험 적용 대상에 포함할 것인지를 결정할 때는 과연 이들에게 실업급여 수급자격 심사를 제대로 할 수 있을 것인가를 면밀하게 따져 봐야 한다.

공공고용서비스 역량

구슬이 서 말이라도 꿰어야 보배다. 아무리 전 국민 고용보험제

고로 이직한 경우 또는 그 밖에 고용노동부령으로 정하는 정당한 사유에 해당하지 아니하는 사유로 이직한 경우에는 피보험자가 다른 구직급여 수급자격을 갖추었다고 하더라도 구직급여 수급을 제한하고 있다.

가 실업자 사회안전망을 강화할 수 있는 좋은 '구슬'이라도 이것을
제대로 시행할 수 있는 공공고용서비스 인프라를 갖추지 못하면
국민이 체감하는 '보배'를 만들 수 없다. 공공고용서비스기관이 제
대로 구축되어 있지 않으면 전 국민 고용보험제의 성공은 불가능
하다.

취업알선, 구인알선, 취업취약계층에 대한 고용촉진과 고용안정
지원, 직업능력개발, 실업급여와 실업부조의 지급 등 사람과 일자
리를 이어 주는 일체의 서비스를 고용서비스라고 한다. 고용서비
스 중에서 정부와 지자체, 공공기관 등이 제공하는 고용서비스를
공공고용서비스라고 하고, 민간기관이 제공하는 고용서비스를 민
간고용서비스라고 한다.

공공고용서비스는 노동력의 수요자와 공급자를 효율적으로 연
결하여 노동력의 수급을 원활하게 하고, 다양한 노동시장정책을
집행하며, 실업급여와 실업부조 등 실업자에 대한 소득보장 서비
스를 제공한다. 공공고용서비스는 노동시장정책의 효율적인 집행
과 고용보험을 비롯한 실업자 사회안전망의 지속가능한 발전을 가
능하게 하는 국가의 핵심 인프라이다. 주요 선진국들이 1990년대
이후 고용서비스 혁신을 노동시장 개혁과 복지개혁에 연계하여 추
진한 것은 공공고용서비스의 혁신이 없이는 실업문제의 해결도,
지속가능한 복지제도의 발전도 불가능하다는 것을 깨달았기 때문
이다.

우리나라의 고용서비스는 고용보험제도 도입과 외환위기 이후
의 고실업에 대처하는 과정에서 많이 발전하였다. 2014년부터 고

용노동부 소속 고용센터를 고용복지+센터로 단계적으로 전환하여 맞춤형 원스톱 고용ㆍ복지 서비스를 제공하기 위한 노력도 하였다. 그러나 공공고용서비스 종사자 수가 여전히 절대적으로 부족하고 전문성도 미흡하여 고용정책의 성과를 제약하는 주요 요인이 되고 있다. 우리나라의 공공고용서비스기관의 인력은 〈표 7-1〉에서 보듯이 직원 한 명이 담당해야 할 실업자 수가 독일의 13배, 프랑스의 5배, 일본의 4배에 달한다. 정부도 구직자를 위한 1회당 상담시간이 주요 선진국의 경우 40~60분인 데 반해 우리나라는 10~15분에 그치고 있어 양질의 고용서비스 제공에 근본적인 한계가 있다고 인정하고 있다(관계부처 합동, 2021. 6. 18.).

〈표 7-1〉 **주요국의 공공고용서비스기관 종사자 수 비교(2020년)**[4]

	공공고용서비스기관 직원 수 (천 명) (A)	경제활동인구 (천 명) (B)	실업자 수 (천 명) (C)	직원 1인당 경제활동인구(명) (B÷A)	직원 1인당 실업자 수 (명) (C÷A)
독일 연방고용공단	95	43,517	1,657	458	17.4
프랑스 고용서비스공단	57	29,346	2,350	515	41.2
일본 후생노동성 헬로워크	38	68,677	1,911	1,807	50.3
한국 고용노동부 고용센터	5	28,012	1,108	5,602	221.6

4) 공공고용서비스기관의 직원 수에 대한 출처는 독일은 Bundesagentur für Arbeit (2021), "2020 Annual Report by the Federal Employment Agency.", 프랑스는 https://www.pole-emploi.org/files/live/sites/peorg/files/documents/Publications/CHIFFRES_CLES_2020.pdf, 일본은 厚生労働省職業安定局(令和 3 年 3 月), 『公共職業安定所(ハローワーク)の 主な取組と実績』, 한국은 고용노동부 내부자료, 경제활동인구와 실업자 수는 https://stats.oecd.org/

이와 같이 한국의 공공고용서비스 인력이 절대적으로 부족하여 기존의 노동시장정책과 고용보험 운영도 버거운 상황에서 전 국민 고용보험제도의 시행이 추진되고, 코로나19로 인한 고용 위기에 대응하기 위한 현금지원 프로그램들이 급증하였다. 2021년 1월부터 국민취업지원제도가 새로 시행되었다. 그 결과, 고용센터의 현장에서 고용서비스의 핵심인 취업 지원의 기능은 기존에도 취약하였으나 새로운 업무가 급증하면서 더 취약해졌기 때문에 고용센터는 실업급여와 실업부조와 같은 현금급여 지급 위주의 실업급여 사무소로 전락해 가고 있다.

실업급여와 국민취업지원제도의 구직촉진수당 수급자가 현금급여에 안주하려고 할 경우 고용보험제도와 국민취업지원제도의 건전한 운영이 어려워진다. 현금급여 위주의 실업자 지원제도에 역점을 두면서 유럽의 여러 나라가 경험했던 '복지병'의 징후가 우리나라에서도 나타나기 시작하고 있다. 따라서 전 국민 고용보험제도의 시행을 위해서나 국민취업지원제도의 성공적인 안착을 위해서는 실업급여와 실업부조 수급자에게 적극적인 취업 지원서비스를 제공하고 이들의 도덕적 해이를 예방하기 위한 공공고용서비스 인프라를 확충하는 것이 시급하다.

노사정 당사자들도 이러한 점을 인식하고 2020년 7월 28일의 '코로나19 위기 극복을 위한 노사정 협약'에서는 '고용서비스 인프라 확충'에 대해 "정부는 전 국민 고용보험과 국민취업지원제도 시행에 필요한 전문상담인력을 적기에 확보하고, 고용센터 등 공공고용서비스 인프라를 확충한다."라고 합의한 바 있다.

이러한 합의를 토대로 국민취업지원제도 시행을 위해 취업 지원 전담 공무원 740명을 증원하였다. 그런데 충원된 740명이 정부가 예상한 연간 32만여 명에게 구직촉진수당을 지급하기 위해서는 1인당 432명을 담당하여야 한다. 취약계층에 대한 고용서비스는 서비스 담당자 1명이 보통 30명 내외를 담당하는 것이 적합하다는 것이 선진국의 경험이다. 그런데 한국은 그 14배를 담당하게 되어 정상적인 취업알선을 감당할 수 있을지 의문이다.

이러한 취약한 공공고용서비스를 유지하면서 전 국민 고용보험제도를 추진할 경우 우리나라도 과거 선진국들이 경험한 실패한 복지국가의 전철을 되풀이할 위험이 있다. 전 국민 고용보험제도 시행에 앞서 공공고용서비스 확충과 혁신이 시급한 이유다.

고용보험재정은 양호한가

사회보장시스템이 유지되기 위해서는 재정이 탄탄해야 한다. 고용보험제도 운용에서도 반드시 지켜야 할 중요한 원칙 중의 하나는 고용보험기금 재정을 건전하게 운용하는 것이다. 전 국민 고용보험제도의 취지가 아무리 좋더라도 고용보험기금의 재정 상태가 튼튼하지 않으면 전 국민 고용보험제도는 실현 불가능한 꿈에 불과하다. 그런데 현재 고용보험재정 상태는 전 국민을 보장할 수 있을 만큼 튼튼한가? 대답은 전혀 그렇지 않다.

고용보험제도는 고용보험 피보험자와 사용자가 부담하는 고용보험료를 징수하여 그 수입으로 운영되고 있다. 고용보험사업은 크게 (1)고용안정·직업능력개발사업, (2)실업급여, (3)육아휴직급여 등으로 구성되어 있다. 고용보험료율 부과와 기금의 관리는 고용안정·직업능력개발사업에 소요되는 재원을 위한 '고용안정·직업능력개발사업 계정'과 실업급여 및 육아휴직급여 등에 소요되는 재원을 위한 '실업급여 계정'으로 구분하여 관리되고 있다.

예상하지 못한 고용 위기가 발생하여 고용보험사업의 지출액이 갑자기 증가할 것에 대비하여 평상시에 적정 수준의 고용보험기금을 적립하도록 안전장치를 두고 있다. 즉, 「고용보험법」 제84조는 고용보험사업의 고용안정·직업능력개발사업 계정은 해당 연도 지출액의 1배 이상 1.5배 미만, 실업급여 계정은 해당 연도 지출액의 1.5배 이상 2배 미만의 여유자금을 적립하도록 의무화하고 있다. 그런데 정부가 2009년부터 이 법적 재정안정화 의무를 지키지 않았고, 결국 2020년부터 기금고갈 위기에 직면하였다.

우리나라 고용보험기금의 재정건전성은 제도 시행 첫 10여 년 동안에는 매우 양호하였다. 고용보험재정 상태가 건전하였기 때문에 1997년 외환위기와 2008년 세계금융위기에도 잘 대응할 수 있었다. 그런데 2003년부터 정부는 실업자 사회안전망으로서의 기능을 강화하는 것을 고용보험의 운영 기조로 삼기 시작하였다. 이에 따라 일선 고용센터는 실업급여 수급자의 재취업을 지원하는 것보다는 더 많은 사람에게 실업급여를 주는 데 역점을 두기 시작하였다. 그 결과, 2002년부터 2008년까지 실업률은 3% 초·중반에서 큰 변화가 없었음에도 전체 실업자 중에서 실업급여를 수급하는 사람의 비중은 2002년의 14.8%에서 2008년에는 35.4%로 6년 사이에 2배 이상 증가하였다.

2008년에 세계금융위기가 발생하여 실업급여 수급자 수가 증가하고 실업급여 계정에서 지급되는 육아휴직급여 지급액도 증가하면서 2010년에는 실업급여 계정의 적립배율이 0.7배까지 하락하였다. 2009년 이후 계속 실업급여 계정의 적립금은 법정 적립배율인 1.5배 미만에 머물렀고 2017년에는 0.9배였다. 정부 스스로 「고용보험법」 제84조의 법정 의무인 적정 적립배율을 위반하는 상황이 지속된 것이다. 이러한 상황에서 2018년과 2019년에 최저임금이 대폭 인상되면서 최저임금의 80%가 하한액인 실업급여 최저일액도 자동으로 증가하였다. 정부는 2019년 10월부터 실업급여의 핵심인 구직급여의 수준을 실업 전 평균임금의 50%에서 60%로 인상하였다. 구직급여 소정급여일수도 종전의 90~240일에서 120~270일로 확대되었다. 고용보험재정 위기가 지속되던 상황에서 2020년에는 코로나19가 초래한 고용 위기로 인해 고용유지지원금과 실업급여 지급액이 급증하였다. 그 결과, 〈표 7-2〉에서보는 바와 같이 고용보험기금의 적립급 배율은 계속 하락하였다. 2018~2020년에 8조 2,251억 원의 고용보험기금 누적 적자가 발생하였다(고용노동부, 2021. 5.).

고용보험기금 고갈 위험을 해소하기 위해 정부는 공공자금관리기금(공자기금)으로부터 2020년에 4조 6,997억 원을, 그리고 2021년에는 3조 2,000억 원 등 총 7조 8,997억 원을 차입하여 간신히 재정고갈을 면할 수 있었다. 차입금을 제외하면 2020년 고용보험기금 적

〈표 7-2〉 **연도별 고용보험사업별 적립금 추이(2020년은 공자기금 차입금 포함)**

(단위: 억 원, 배율)

구분		2014	2015	2016	2017	2018	2019	2020
전체	연말적립금	73,361	82,106	95,850	102,544	94,452	73,532	66,996
	적립금배율	1.0	1.0	1.1	1.1	0.8	0.5	0.3
고용안정·직업능력	연말적립금	43,928	44,351	46,272	44,338	39,959	31,795	27,881
	적립금배율	2.2	1.7	1.5	1.4	1.1	0.8	0.4
실업급여	연말적립금	29,433	37,755	49,578	58,207	55,493	41,737	39,115
	적립금배율	0.6	0.7	0.8	0.9	0.7	0.4	0.3

주: 2020년에 4조 6,997억 원의 공자기금 차입금을 제외하면 2020년 고용보험기금 적립금은 1조 9,999억 원으로서 적립금배율은 0.1배에 불과하다.
출처: 고용노동부(각 년도), 고용노동부(2021. 5.).

립금은 2조 원으로서 적립금배율은 0.1배에 불과하다. 이미 고용보험기금은 사실상 바닥이 드러난 상태다.

　이러한 고용보험기금 고갈 위기 위험 속에서 전 국민 고용보험제가 추진되고 있다. 고용보험 적용 대상에 추가되었거나 추가될 예정인 예술인, 노무제공자(특고, 플랫폼 종사자 등), 자영업자 등은 일반 근로자에 비해 실업의 위험이 상대적으로 높다. 따라서 실업급여 계정의 적자가 더욱 커질 우려가 높다. 실업의 위험이 상대적으로 높은 사람들이 새로 고용보험의 틀 속에 유입되기 때문이다.

　오랫동안 고용보험재정의 건전성에 대해서는 침묵하며 실업급여 보장성 강화에 역점을 두던 정부도 2021년에야 고용보험재정의 위기 상황을 뒤늦게 인정하고 고용보험기금 재정건전화 방안을 마련하였다(고용노동부, 2021. 9.). 이에 따라 실업급여 계정 보험료율을 기존 보수총액의 1.6%에서 1.8%로 0.2% 포인트를 인상하여

2021년 7월 1일부터 시행하도록 하였다. 고용 위기에 대비하여 평소에 법정 적립금을 비축하여 고용 위기에 잘 활용하여야 하는데, 코로나 경제 위기 상황에서 고용보험료를 대폭 인상할 수밖에 없었던 것이다. 그러나 이것이 고용보험기금의 재정위기 상태를 근본적으로 해결할 만한 수준은 못 된다. 전 국민 고용보험제 실현을 위해서는 이미 재정고갈 상태인 고용보험기금 재정위기 상황을 극복할 근본적인 대책이 수반되어야 한다.

— 08 —

외국의 자영업자 고용보험 적용사례

실업자 사회안전망의 유형

역사학자 에드워드 카(Edward H. Carr)는 역사란 "현재와 과거의 끊임없는 대화"라 했다. 4차 산업혁명과 코로나19 대유행이 실업자 사회안전망 강화를 요구하고 있다. 이에 대한 해법의 모색도 실업자 사회안전망의 역사와 대화를 하면서 지혜를 얻어 보면 어떨까?

실업자 사회안전망은 19세기 중반에 유럽의 여러 나라에서 산업별 노동조합이나 상공인들이 자주적으로 운영했던 실업공제기금으로 거슬러 올라간다. 실업공제기금은 조합원들로부터 실업에 대비하여 회비를 징수하여 기금을 적립하였다가 회원들이 실업이 되면 생계비를 보조하였다. 그러나 당시의 자발적인 실업공제기금은 적립금이 부족하여 회원 중에 실업자가 많아지면 기금이 고갈되었으므로 회원의 실업에 대한 사회안전망으로서는 매우 취약하였다.

이러한 문제를 해결하기 위해 프랑스는 1905년에 자발적인 실업공제기금에 중앙정부가 보조금을 지급하도록 법제화하였는데, 이것이 임의적 실업보험제도의 효시다. 임의적 실업보험제도는 실업보험 가입이 법률에 의해 강제되지 않고 노동조합이나 소상공인들이 자발적으로 운영하는 실업보험기금에 정부가 보조금을 지급하는 형태다. 20세기 초에 노르웨이, 덴마크, 네덜란드, 핀란드, 스페인, 스웨덴, 벨기에, 스위스 등이 임의적 실업보험제도를 도입하였다.

임의적 실업보험제도는 노동조합이나 상공인협회 회원에게만 가입이 의무적이었다. 실업공제기금의 회원이 아니면 실업급여를 받을 수 없었다. 이러한 문제를 해결하기 위해 영국은 1911년에 세계 최초로 강제적 실업보험제도를 도입하였다. 강제적 실업보험은 법률에 의해 일정 요건에 해당하는 근로자들을 실업보험에 의무적으로 가입하게 하는 것이다. 강제적 실업보험제도는 전 세계적으로 확산되었다. 기존에 임의적 실업보험제도를 시행하던 국가들도 강제적 실업보험제도로 전환하기 시작하였다. 2022년 현재 임의적 실업보험제도를 시행하고 있는 국가는 스웨덴, 덴마크, 핀란드 3개국뿐이다.

강제적 실업보험제도는 사회보험방식에 의한 실업자 사회안전망이다. 그러나 근로자만을 적용 대상으로 하고, 실업급여 수급요건이 엄격하기 때문에 자영업자와 장기실업자를 보호하는 데는 미흡하였다. 이러한 실업보험의 사각지대를 해소하기 위해 국가의 일반재정으로 저소득실업자에게 생계비를 지급하는 실업부조제도

(unemployment assistance)가 1921년에 룩셈부르크에서 최초로 도입되었다. 제2차 세계대전 이후 유럽의 선진국들은 실업보험제도의 실업급여 지급 기간을 늘리고 지급 수준을 높였다. 프랑스, 영국, 독일, 네덜란드 등 유럽의 여러 나라가 실업부조제도를 도입하였다. 이들 국가에서는 실업보험제도를 실업에 대한 1차 안전망으로 하고, 실업부조제도를 2차 안전망으로 하는 중층적 실업자 사회안전망이 자리 잡았다. 1970년대 초까지 세계 경제가 호황을 누리면서 이러한 관대한 실업자 사회안전망이 지속되었다.

그러나 1970년대에 발생한 두 차례의 오일쇼크는 전 세계를 장기불황과 고실업에 빠뜨렸다. 1970년대 중반 이후 장기실업과 고실업이 관대한 사회안전망을 특징으로 한 유럽의 복지국가에서 특히 심하게 나타났다. 많은 연구가 유럽 국가들의 노동시장의 경직성과 관대하고 경직적인 실업자 사회안전망이 저성장과 장기실업의 요인이라고 진단하였다. 이에 따라 여러 나라가 실업급여와 실업부조의 수급요건을 엄격하게 하고, 지급 기간을 단축하며, 지급 수준을 낮추는 개혁을 단행하였다. 대표적으로 덴마크는 실업급여 지급 기간을 1993년까지의 9년에서 1994년에는 7년으로, 1996년에는 6년으로, 2001년에는 4년으로, 2010년에는 2년으로 단축하였다.

한편, 독일은 1969년에 실업을 예방하고 실업자의 재취업을 촉진하기 위한 직업훈련 등 적극적 노동시장정책 관련 사업을 실업급여와 함께 실업보험의 체계 내에 포함하도록 하였는데, 이를 고용보험제도라고 한다. 일본이 1975년에 실업보험을 고용보험으로 전환하였고, 한국이 1995년에 고용보험을 도입하였으며, 캐나다가

1996년에 실업보험을 고용보험으로 전환하였다.

　관대한 실업급여로 실업보험의 재정고갈에 직면한 남미의 칠레, 브라질, 에콰도르 등은 1980년대부터 실업보험저축계좌제 (Unemployment Insurance Savings Account)를 도입하였다. 실업보험 저축계좌제는 개인 명의의 민간금융기관 저축계좌에 매월 노사가 강제 저축하도록 하고, 실업 시 본인의 저축계좌에서 인출하여 생활안정을 도모하도록 하는 제도이다. 실업보험저축계좌제는 실업이 발생하면 각 개인이 본인의 계좌에서 자기의 책임으로 인출하기 때문에 수급자의 도덕적 해이를 방지할 수 있다는 점이 장점이다. 그러나 실업이 자주 발생하여 본인의 계좌 잔액이 없어 더 이상 인출할 수가 없는 취약계층에 대한 보호가 불가능하여 실업자 사회안전망으로서의 역할이 부족하다는 문제가 있다. 이를 해결하기 위해 브라질, 콜롬비아, 페루 등은 비자발적인 실업에 대해서만 인출을 허용하였다. 칠레는 실업보험저축계좌로부터 실업 시 인출할 수 있는 금액의 한도를 설정하고, 비자발적 실업자 중 계좌잔고가 없는 취약계층에 대해서는 사업주와 정부가 조성한 사회연대기금 (Solidarity Fund)으로부터 생계비를 지원하고 있다.

　2021년 9월 현재 OECD 38개 회원국의 실업자 사회안전망의 유형별 실시 국가 분포를 보면 〈표 8-1〉과 같다. 실업보험 또는 고용보험제도를 시행하는 국가가 33개국으로 OECD 국가의 87% 에 이른다. OECD 38개국 중 실업부조제도를 시행하는 국가는 총 8개국[1]으로서 회원국의 21%인데, 실업부조제도만 시행하는 국가는 2개국이고, 나머지 6개국은 실업보험을 1차적 안전망으로

〈표 8-1〉 OECD 38개 회원국의 실업자 사회안전망의 유형별 실시 현황(2021년 현재)

실업자 사회안전망의 유형	시행 국가
1. 강제적 실업(고용)보험제도 시행 국가	30개국(한국, 미국, 일본, 독일, 영국, 프랑스 등)
2. 임의적 실업보험제도 시행 국가	3개국(스웨덴, 덴마크, 핀란드)
2-1 임의적 실업보험제도와 기초실업급여제도를 병행하여 시행하고 있는 국가	1개국(스웨덴)
3. 실업부조제도를 시행하고 있는 국가	8개국
3-1 강제적 실업(고용)보험제도와 실업부조제도를 병행하여 시행하고 있는 국가	5개국(한국, 독일, 프랑스, 영국, 에스토니아)
3-2. 임의적 실업보험제도와 기본실업수당 및 실업부조제도를 병행하여 시행하고 있는 국가	1개국(핀란드)
3-3 실업부조제도만 시행하고 있는 국가	2개국(호주, 뉴질랜드)
4. 실업보험저축계좌제도 시행 국가	3개국(칠레, 콜롬비아, 코스타리카)

출처: 박제성 외(2020), 장지연 외(2019), Social Security Administration (2018, 2019) 등을 종합하여 필자 정리.

하고, 실업부조를 2차 안전망으로 하고 있다.

우리나라는 1995년 7월부터 고용보험제도를 도입하였다. 2021년 1월부터는 월 50만 원을 최대 6개월간 지급하는 한국형 실업보조제도인 국민취업지원제도를 도입하였다. OECD 38개 회원국 중에

---

1) 스웨덴은 1차적으로는 임의적 실업보험에 의해 실업자의 소득을 보장하고, 임의적 실업보험의 사각지대를 해소하기 위해 국가가 재원을 전액 지원하지만 소득조사를 토대로 저소득실업자를 대상으로 하는 기초실업급여(basic unemployment benefit)제도를 시행하여 임의적 실업보험의 적용을 받지 않는 근로자와 자영업자를 그 대상으로 한다. 독일은 하르츠 개혁을 통해 2005년부터 실업부조와 사회부조를 '실업수당 II'로 통합하였다. 이를 실업부조제도의 폐지로 보기도 하고 개혁으로 보기도 하는데, 저소득실업자에게 일반재정으로 생계를 지원하는 제도의 성격상 독일을 실업부조 실시 국가에 포함하였다.

서 8개국만 시행하고 있는 실업부조제도를 우리나라도 시행하게
되면서 실업자 사회안전망에서는 적어도 외형적으로는 복지국가
의 선두 그룹에 합류한 셈이다.

OECD 국가의 자영업자 보호제도

실업은 누구에게나 발생할 수 있다. 근로자는 물론 자영업자에
게도 실업은 발생한다. 그런데 자영업자에게 실업보험이나 고용보
험에 의무 가입을 하게 하는 국가는 많지 않다. 그 주된 이유는 자
영업자를 일반 근로자와 같은 실업보험이나 고용보험제도의 틀 속
에서 보호하기가 현실적으로 어렵기 때문이다. 이러한 어려움에도
불구하고 자영업자에 대한 실업자 사회안전망을 강화하기 위한 다
양한 시도들이 이루어져 왔다. 그 결과, 〈표 8-2〉에서 보는 바와
같이 2021년 현재 OECD 38개 회원국 중에서 자영업자에 대해 실
업보험이나 고용보험의 적용을 완전히 제외하고 있는 국가는 11개
국뿐이고, 나머지 27개국은 어떤 형태든지 자영업자도 실업자 사
회안전망에 포괄하기 위한 최소한의 장치를 두고 있다.

강제적 고용(실업)보험을 시행하면서 자영업자에게는 그 적용
을 제외하고 있는 국가는 미국, 일본 등 10개국이다. 우리나라도
2011년 7월 20일까지는 이 유형에 속했다. 강제적 실업보험을 시
행하면서 자영업자에게도 강제 적용하고 있는 나라는 체코, 그리
스, 헝가리, 아이슬란드, 폴란드, 슬로바키아, 슬로베니아, 튀르키

예(구 터키) 등 8개국이다. G7 국가 중 이 유형에 해당하는 국가는 없다. 우리나라는 전 국민 고용보험제의 핵심적 과제로 2025년부터 자영업자에게도 고용보험을 의무적으로 적용하는 방안을 추진 중이나 흔한 유형은 아니다. 강제적 실업보험을 시행하면서 극히 일부의 자영업자에게만 실업보험을 의무적으로 적용하고 있는 국가는 이탈리아, 캐나다, 룩셈부르크, 노르웨이, 포르투갈 등 5개국이다. 강제적 실업보험제도를 시행하면서 자영업자에 대한 임의가입제도를 두고 있는 국가는 한국, 독일, 영국 3개국이다. 프랑스는 자영업자에 대해 실업보험 임의 적용 방식에서 2019년 11월 1일부터 강제가입 방식으로 전환하였다.

OECD 38개국 중 8개국이 실업부조제도를 시행하고 있다. 실업부조제도는 일반재정에 의해 저소득실업자의 생계를 지원하는 제도이기 때문에 자영업자도 당연히 보호의 대상이 된다. 고용보험이나 실업보험제도로 포괄하기 어려운 자영업자를 보호하기에는 실업부조제도가 무난하지만 재정적 부담이 크다는 것이 문제다. 한국은 2021년 1월부터 한국형 실업부조제도라고 불리는 국민취업지원제도를 도입하여 15~69세 구직자 중 취업 경험이 있고, 가구소득 기준 중위소득이 50% 이하인 저소득 구직자에게 구직활동 기간 중 구직촉진수당(월 50만 원×6개월)을 지급하여 자영업자도 혜택을 받을 수 있게 되었다.

〈표 8-2〉 OECD 회원국의 자영업자 실업 시 사회안전망 적용 유형별 분포

유형	국가 수 (38)	해당 국가
강제적 고용(실업)보험을 시행하면서 자영업자는 적용 제외	10개국	미국, 일본, 벨기에, 스위스, 네덜란드, 아일랜드, 라트비아, 리투아니아, 이스라엘, 멕시코
강제적 실업보험을 시행하면서 자영업자에게도 강제 적용	8개국	체코, 그리스, 헝가리, 아이슬란드, 폴란드, 슬로바키아, 슬로베니아, 터키
강제적 실업보험을 시행하면서 일부 자영업자에게만 실업보험 강제 적용	5개국	이탈리아, 캐나다, 룩셈부르크, 노르웨이, 포르투갈
강제적 실업보험을 시행하면서 자영업자 임의 적용	2개국	오스트리아, 스페인
임의적 실업보험을 시행하면서 자영업자 임의 적용	1개국	덴마크
임의적 실업보험을 시행하면서 자영업자 임의 적용 및 기초실업보험 강제 적용	1개국	스웨덴
강제적 고용보험을 시행하면서 자영업자에게 임의 적용 및 실업부조 병행	3개국	독일, 영국, 한국
임의적 실업보험을 시행하면서 자영업자 임의 적용하고, 기본실업수당과 실업부조를 통해 3중 보호	1개국	핀란드
강제적 실업보험을 시행하면서 자영업자는 적용 제외하고 실업부조로 보호	1개국	에스토니아
강제적 실업보험에서는 자영업자 임의 적용하고 실업보험저축계좌에서도 임의 적용	1개국	콜롬비아
실업보험저축계좌제를 시행하면서 자영업자 임의 적용	1개국	칠레
실업보험저축계좌제를 시행하면서 자영업자 적용 제외	1개국	코스타리카

강제적 실업보험을 시행하면서 자영업자 강제 적용과 실업부조 적용	1개국	프랑스
실업보험 없이 실업부조만 시행	2개국	호주, 뉴질랜드

출처: 박제성 외(2020), 박혁 외(2021), Social Security Administration (2018, 2019) 등의 내용을 종합하여 필자 정리.

실업보험과 실업부조 외에 제3의 실업자 사회안전망을 도입한 국가가 있다. 바로 핀란드가 그 주인공이다. 핀란드는 전통적으로 임의적 실업보험제도를 시행해 왔다. 근로자와 자영업자는 25개 직종별로 실업보험기금에 자율적으로 가입하여 실업이 되면 실업급여를 받을 수 있다. 임의적인 실업보험기금은 가입이 자유이며, 실업보험기금의 회원인 근로자와 소상공인을 포함한 자영업자들이 적용 대상이다. 회원은 실업보험료에 해당하는 회비를 납부해야 한다.

핀란드에서도 실업보험기금에 가입하지 않은 사람은 실업보험의 사각지대 문제가 발생하였다. 그래서 실업보험기금에 가입되어 있지 않은 근로자와 자영업자 보호를 위해 1997년에 실업부조제도를 도입하였다. 실업부조제도는 자영업자, 근로자 등 모든 핀란드 거주자가 적용 대상이다. 실업부조의 비용은 보통 중앙정부가 전액 부담하는 것이 일반적인데, 핀란드에서는 중앙정부와 지자체가 분담하는 것이 특징이다. 지자체는 실업 초기 300~1,000일간의 실업부조 비용의 50%를, 1,000일 이상의 실업부조 비용의 70%를 부담하고, 나머지는 중앙정부가 부담한다.

핀란드는 임의적 실업보험과 실업부조 외에 기본실업수당(basic

unemployment allowance)을 2002년에 추가로 도입하였다. 기본실업수당을 받기 위해서는 17~64세로서 실업 전 28개월 중 26주 이상 취업한 경험이 있고, 자영업자는 실업 전 48개월 중 15개월 이상 실업보험기금의 회원이어야 하며, 비자발적 실업자여야 한다.

기본실업수당의 도입으로 핀란드는 실업자에 대한 3중 보호제도를 갖추게 되었다. 실업이 되면 1차적으로는 임의적 실업보험에 의해 실업 전 소득의 최대 90%를 피보험자의 피보험기간과 연령에 따라 최대 500일까지 받을 수 있다. 자영업자도 자영업자 실업보험기금에 가입하면 실업급여를 받을 수 있다. 2차적으로는 임의적 실업보험의 수급자격이 없는 실업자는 기본실업수당을 1일 33.66유로씩 최대 500일까지 지급받을 수 있다. 자영업자도 임의적 실업보험의 실업급여 수급자격이 없을 경우 기본실업수당을 받을 수 있다. 3차적으로는 저소득 실업자에게 1일 33.66유로의 실업부조를 직업훈련의 수강, 취업 지원 프로그램에의 적극적인 참여 등 엄격한 조건하에 수급기간에 제한 없이 받을 수 있다.

OECD 회원국들의 사례는 각국이 고용보험의 사각지대 최소화를 위해 다양한 방법을 발전시켜 왔음을 보여 준다. 그러나 사각지대를 해소할 완벽한 제도는 없다. 각 나라마다 자국의 특성에 맞는 제도를 발전시키며 다른 나라의 사례를 벤치마킹하고 있다.

스웨덴의 자영업자 실업보험

스웨덴은 지속가능한 복지국가를 잘 발전시켜 온 대표적인 국가이다. 스웨덴은 근로자와 자영업자를 1차적으로는 임의적 실업보험제도에 의해, 그리고 2차적으로 기초실업급여제도에 의해 이중적으로 보호하고 있다.

스웨덴의 임의적 실업보험제도는 스웨덴 특유의 역사적 전통의 산물이다. 1890년대부터 스웨덴에서는 일부 직종별 노동조합이 자주적인 실업공제기금을 설치·운영하였다. 그러나 1929년에 발생한 세계대공황으로 실업률이 급등하자 실업공제기금들은 재정위기에 봉착하였다. 이에 대처하기 위해 스웨덴은 1934년에「실업보험법」을 제정하여 1935년 1월 1일부터 자주적인 실업공제기금에 정부가 보조금을 지급하도록 하는 임의적 실업보험제도로 발전하였다.

스웨덴의 임의적인 실업보험제도는 초기에는 직종별 노동조합이 주도하였다. 시간이 지나면서 노동조합이 아닌 자영업자와 중소기업 사업주들도 스스로의 실업 위험에 대비하기 위하여 자영업자실업보험기금과 중소사업주실업보험기금을 조성하여 실업이 발생하면 기금으로부터 실업급여를 받을 수 있게 되었다. 실업보험기금은 2021년 현재 25개소가 운영되고 있다.[2]

---

2) https://www.iaf.se/about-iaf/the-swedish-unemployment-insurance-funds/ (검색일 2021. 6. 12.)

임의적 실업보험에 의한 실업급여는 이직 전의 임금과 연계하여 최장 300일까지 이직 전 12개월간의 평균임금의 80%를 200일간 지급한다. 실업기간이 200일을 초과하면 초과되는 100일간은 이직 전 임금의 70%를 지급한다.

스웨덴은 임의적 실업보험제도를 시행하고 있지만 노동조합조직률이 전통적으로 매우 높아[3] 실업보험의 실제 적용률은 강제적 실업보험제도나 고용보험제도를 시행하고 있는 국가에 비해 손색이 없다. 그런데 실업보험기금 회원이 아니고 임의가입도 하지 않은 경우에는 실업보험의 사각지대 문제가 발생한다. 이러한 문제를 해소하기 위해 스웨덴은 1974년 1월 1일부터 실업부조제도(KAS)를 도입하였다.

스웨덴의 실업부조제도는 실업자의 소득 수준과 관계없이 자영업자를 포함하여 임의적 실업보험에 가입하지 않은 실업자, 각급 학교를 졸업하고 취업하지 못한 청년실업자, 임의적 실업보험에 가입했으나 실업급여 수급요건을 충족하지 못한 실업자 등을 대상으로 하였다. 연령계층에 따라 최대 150~450일간 정액의 실업부조를 전액 일반재정으로 재원을 조달하여 지급하였다(유길상, 정형우, 2012). 그러나 실업부조 수급자들이 적극적으로 구직활동을 하지 않아 장기실업자를 양산하고 재정에 큰 부담을 주는 문제점이 발생하였다. 이에 1997년 1월 1일부터 실업부조제도를 폐지하고 기초실업급여제도(basic unemployment benefit)로 대체하였다.

---

3) 스웨덴의 노동조합조직률은 1996년 83%에서 2006년 75%로 하락하였다(손혜경, 2009).

　기초실업급여는 임의적 실업보험에 가입하지 않은 근로자와 자영업자를 적용 대상으로 한다. 기초실업급여는 이직 전에 주 40시간 근로한 경우 정액제로 1일 365크로나(SEK)(약 5만 원 정도)를 최장 300일까지 지급한다. 18세 미만의 자녀가 있을 경우 150일을 추가로 지급할 수 있다. 이직 전의 주 근로시간이 40시간 미만일 경우에는 근로시간에 비례하여 감액하여 지급된다.

　재원부담 방식은 제도별로 상이하다. 임의적 실업보험의 재원은 기본적으로 각 실업보험기금의 회원이 부담하는 것을 원칙으로 하고 있지만 약 절반은 정부가 보조를 하고 있다. 기초실업급여의 재원은 기본적으로 일반재정에 의해 조달한다. 피보험자인 근로자는 부담이 없지만, 자영업자는 소득의 0.10%를 부담한다(Social Security Administration, 2018). 기초실업급여제도는 그 재원의 대부분을 일반재정에서 지원한다는 점에서는 실업부조제도와 유사하지만 저소득실업자만을 보호대상으로 하지 않는다는 점에서 실업부조와는 차별화된다.

　스웨덴에서 자영업자도 실업급여를 받을 수 있지만 실제로 자영업자에 대한 임의적 실업보험기금이나 기초실업급여 모두 매우 엄격하게 지급된다. 임의적 실업보험에 의한 실업급여나 기초실업급여를 받기 위해서는 공공고용서비스기관에 구직등록을 하고, 1일 3시간 이상, 1주에 평균 17시간 이상 근로할 수 있는 의사와 능력이 있어야 한다. 또한 이직 전 6개월 이상(1개월 평균 80시간 이상) 취업하였거나 실업 전 12개월 중 연속된 6개월 동안 480시간 이상(1개월에 평균 50시간 이상) 취업한 이력이 있어야 한다. 적극적으로 구직활동을 하지 않으면 1차적으로는 그 정도에 따라 1일, 5일, 또는 10일간 실업급여를 중단할 수 있고, 2차적으로는 5일, 10일, 또는 45일간 실업급여를 중단할 수 있으며, 반복적으로 구직활동을 게을리하면 실업급여 지급을 완전 중단할 수 있도록 하여 구직자의 적극적인 구직 노력을 매우 강하게 요구하는 활성화 조치를 취하고 있다(Social Security Administration, 2018).

자영업자의 도덕적 해이를 방지하기 위해 자영업자의 사업활동이 종료되거나 정지되어야 실업급여를 받을 수 있다. 자영업자가 실업급여를 받는 동안에는 자신의 사업과 관련한 마케팅 활동이나 고객유치는 물론 홈페이지도 유지할 수 없다. 이처럼 자영업자에 대한 엄격한 실업급여 적용으로 자영업자가 실업이 되었을 경우 실업급여를 받을 수 있는 확률은 일반 근로자의 35~40%에 그치고 있다(박제성 외, 2020). 이는 한국이 향후 자영업자에게도 고용보험 제도를 당연적용할 경우에도 자영업자가 실업급여를 받을 수 있는 가능성은 예상보다 높지 않을 수 있음을 시사한다.

프랑스의 자영업자 실업보험

우리나라 전 국민 고용보험제의 벤치마킹 사례로 프랑스가 주목받고 있다. 프랑스는 한국처럼 강제적 실업보험제도를 적용하다가 2019년 11월 1일부터 자영업자에 대해서도 실업보험을 강제 적용하는 방식으로 전환한 사례다.

프랑스는 1905년에 세계 최초로 임의적 실업보험제도를 도입한 국가로서 자영업자도 오래전부터 임의적 실업보험의 적용을 받았다. 임의적 실업보험체계에서는 실업보험공제기금에 가입한 근로자와 자영업자는 실업보험 가입이 의무적이지만 그 밖의 취업자들은 실업보험 가입 여부를 선택할 수 있었다. 실업보험기금에 가입하지 않은 근로자와 자영업자는 실업급여의 수급 대상에서 제외될 수밖에 없다. 프랑스는 이러한 임의적 실업보험제도의 사각지대를 해소하기 위해 1973년에 실업부조제도를 도입하였다.

실업부조제도 도입으로 임의적 실업보험의 실업급여 수급자격이 없거나 실업급여를 다 소진하고도 취업하지 못한 저소득 실업자에게 국가가 전액 재정지원을 하여 지급기간에 제한 없이 실업자의 생계비를 지원하였다. 실업자는 3~60개월 동안 실업 전 임금의 57%를 지급하던 실업보험에서 1차적으로 보호받고, 지급기간에 제한이 없는 실업부조를 통해 2차적으로 보호를 받을 수 있었다.

프랑스는 1984년에 임의적 실업보험제도를 강제적 실업보험제도로 전환하였다. 다만, 자영업자에 대해서는 종전과 같이 임의적인 자영업자실업보험기금제도를 유지하다가 2019년 11월 1일부터 당연적용하는 방식으로 전환하였다. 이에 따라 실업 전 2년간 자영업이나 독립근로자로서의 연평균소득이 10,000유로(약 1,350만 원) 이상이면 실업보험에 당연가입하여야 하고, 자영업자가 비자발적으로 실업이 된 경우에는 최대 6개월간 월 800유로(약 108만 원)의 실업급여를 받을 수 있게 되었다.[4]

그런데 자영업자에 대한 프랑스의 실업보험 의무적용 사례를 벤치마킹할 때는 두 가지 점에 유의할 필요가 있다.

첫째, 2019년 11월 1일부터 자영업자에 대해서도 실업보험을 당연적용할 수 있었던 배경에는 프랑스가 오랫동안 임의적 실업보험기금에 많은 자영업자들이 가입하여 자영업자의 소득파악과 실업보험료 징수, 실업급여 지급의 경험을 충분히 쌓아 왔다는 점이다. 이에 대한 경험이 거의 없는 한국의 상황과는 크게 다르다.

둘째, 프랑스가 2000년 초반부터 강력하게 추진해 오고 있는 실업보험제도 및 고용서비스 개혁의 큰 그림에서 자영업자에 대한 실업보험 사각지대 해소 노력을 이해해야 한다는 점이다. 프랑스는 전통적으로 관대한 실업자 사회안전망을 구축하고 있는 대표적인 국가였다. 프랑스 정부는 경직적이고 관대한 프랑스의 실업보험과 실업부조제도가 1970년대 중반 이래 높은 실업률이 장기간에 걸쳐 지속되는 원인이 되었다고 진단하고, 실업보험과 실업부조제도의 혁신, 그리고 공공고용서비스의 혁신을 2000년대 초반부터 국가적 핵심 과제로 추진해 오고 있다.

프랑스는 오랫동안 실업보험을 집행해 오던 민간조직인 실업보험조합과 정부조직인 고용청(ANPE)을 2009년 1월 1일부터 고용서비스공단(Pôle Emploi)으로 통폐합하는 개혁을 단행하였다. 공공고용서비스기관을 공무원 조직에서 민간전문가 중심의 공단조직

4) http://www.gpminstitute.com/blog/blog-all-entries/blog-landing/news/2019/12/06/france-reforms-its-unemployment-insurance-program (검색일 2021. 6. 15.) 및 https://www.soulier-avocats.com/en/the-main-changes-brought-about-by-the-reform-of-the-french-unemployment-insurance-system/ (검색일 2021. 6. 15.)

으로 개편한 것이다. 동시에 실업급여, 실업부조, 취업알선 및 적극적 노동시장정책을 고용서비스공단의 일선 고용사무소를 통해 원스톱으로 제공하도록 하였다. 또한 실업급여의 최장 지급기간을 종전의 60개월에서 42개월로, 24개월로 단계적으로 단축하였다.[5] 실업급여 수급자의 적극적인 구직활동을 의무화하여 활성화(activation) 조치를 강화하였다. 실업부조의 수급기간도 종전의 무제한에서 6개월로 단축하는 것을 원칙으로 하되 수급자가 적극적인 구직활동을 할 경우에만 연장을 할 수 있도록 개혁하였다.

2019년 11월 1일부터 실업보험보험료 부과에 경험요율제(experience rating system)를 도입하였다. 실업을 많이 발생시키는 사업주가 더 높은 실업보험료율을 부담하게 하여 사업주가 근로자의 고용안정에 노력하도록 금전적인 유인체계를 도입하기 위함이었다(유길상, 정형우, 2012).

실업급여 신청요건을 2019년 11월 1일부터 더 엄격하게 하여 실업보험 피보험자가 본인의 실업 예방을 위해 노력하도록 하였다. 실업급여 수급기간이 6개월을 초과하면 월 4,500유로 이상의 실업급여를 받는 수급자의 실업급여액을 30% 감액되도록 하되 감액 후에도 월 2,261유로 미만이 되지는 않도록 하였다.

이처럼 프랑스는 자영업자 실업보험 적용을 임의가입에서 의무가입 방식으로 전환만 한 것이 아니다. 관대했던 실업급여 및 실업

---

5) 정형우(2012), "제2장 프랑스의 고용서비스 전달체계 혁신 사례", 유길상, 정형우, 『고용서비스 전달체계 해외사례연구(Ⅱ)』, 한국술교육대학교 HRD연구센터, p. 16.

부조를 수급자격의 엄격화, 수급기간의 단축, 고용서비스의 혁신과 실업자 본인의 적극적인 구직 노력 의무조치 강화 등의 개혁을 동시에 추진한 것이다. 프랑스의 사례를 벤치마킹할 때 어느 한 가지 면만 선택적으로 강조하지 않도록 유의할 사항이다.

—————————— 09 ——————————

자영업자가 진정
원하는 것

고용보험 의무 가입을 원할까

자영업자들은 정말 고용보험의 의무적인 가입을 원할까? 자영업자에 대한 고용보험 적용을 추진할 경우 던져야 할 당연한 질문이다. 그러나 이 질문에 대해 자영업자의 다수는 '아니다.'라고 답하는 것 같다.

자영업자를 고용보험 적용대상에 포함할 수 있을 것인가에 대한 논의는 2000년대 초부터 시작되었다. 그 결과, 1단계로 2006년 1월 1일부터 고용보험사업 중에서 고용안정·직업능력사업을 자영업자에게 임의적용하였다. 2단계로 2011년 7월 21일에 개정된 「고용보험법」에 따라 2012년 1월 21일부터 자영업자도 실업급여 임의가입이 가능하게 되었다.[1] 이제 3단계로 자영업자들도 본인의 가입 의사와 관계없이 의무적으로 고용보험에 가입하게 하는 전 국민 고용보험제가 추진되고 있다.

그러면 2011년 7월에 「고용보험법」을 개정하면서 원하는 자영업자만 고용보험에 가입하도록 하는 임의적용 방식을 채택하고 의무 가입 방식을 채택하지 않았을까? 첫 번째 이유는 행정적인 실현 가능성 문제였고, 두 번째 이유는 당사자인 자영업자들이 고용보험 의무 가입을 강력하게 반대하였기 때문이었다.

첫 번째 이유인 현실적인 실행의 어려움은 앞서 살펴본 바와 같이 자영업자는 매월 소득 변동이 심한데 근로자의 임금처럼 매월 정확하게 파악하여 고용보험료를 부과하기가 매우 어렵다는 것, 그리고 실업이 되었을 경우 자발적인 폐업인지 경영상의 폐업인지를 구분하여 실업급여 수급자격을 심사하기가 매우 어렵다는 것이다.

두 번째 이유는 당사자인 자영업자들이 고용보험 의무 적용을 반대한다는 것이다. 자영업자 대표들과의 인터뷰에 의하면 자영업자들이 고용보험 의무 가입을 반대하는 주된 논거는 다음 네 가지이다.

첫째, 자영업자들은 고용보험에 가입하더라도 실업급여를 받을 가능성이 높지 않기 때문에 의무 가입의 실익이 크지 않다는 것이다. 실업급여는 비자발적인 실업자에게만 지급하는데, 자영업자들은 비자발적인 사유로 실업이 되었는지 장사가 안 되어 자발적

---

1) 고용하고 있는 근로자가 없는 자영업자와 고용하고 있는 근로자가 50인 미만인 사업자 등록을 한 사업주는 본인이 원할 경우 근로복지공단의 승인을 받아 고용보험에 가입하여 고용보험료를 납부하고 실업급여를 포함한 고용보험사업의 혜택을 받을 수 있다(「고용보험 및 산업재해보상보험의 보험료징수 등에 관한 법률」 제49조의2)

으로 폐업했는지를 입증하기가 쉽지 않다. 그 결과, 고용보험료 부담은 확실한데 실업급여를 받을 수 있을지는 불확실한 고용보험에 자영업자들이 고용보험 의무 적용을 원하지 않는다는 것이다.[2) 자영업자들은 현재에도 임의가입제도에 의해 본인이 원하면 고용보험에 가입할 수 있다. 그런데 자영업자 중 실제 고용보험에 가입하고 있는 사람은 2022년 1월 현재 3만 8천 명으로서 자영업자의 0.6%에 불과하다는 사실이 이를 입증하고 있다는 것이다.

이러한 자영업자들의 주장이 일리가 있음은 〈표 9-1〉에서도 확인된다. 고용보험 임의가입제도에서 자영업자는 고용안정·직업능력사업 계정의 경우에 자영업자들이 납부한 고용보험료 수입과 지출액이 거의 비슷하여 수지균형을 이루고 있다. 반면에 실업급여 계정은 자영업자가 부담하는 보험료 납부액의 약 절반 정도만 실업급여로 지출되고 있다. 이는 자영업자들은 실업이 되더라도 일반 근로자에 비하여 실업급여 수급요건을 충족시켜 실업급여를 받기가 상대적으로 어렵다는 것을 확인시켜 준다.

---

2) 현행 「고용보험법」은 고용보험에 가입한 자영업자가 고용보험에 가입하면 폐업일 이전 24개월 중 1년 이상 고용보험료를 납부하고 비자발적으로 폐업한 경우에 기초일액의 60%를 피보험기간에 따라 120~210일까지 구직급여를 지급하도록 규정하고 있다. 그런데 구직급여를 받기 위해서는 근로의 의사와 능력이 있음에도 불구하고 취업을 하지 못한 상태에 있어야 하며, 재취업을 위한 노력을 적극적으로 하여야 한다. 폐업 사유가 법령 위반으로 허가 취소를 받거나 영업 정지를 받음에 따라 폐업한 경우, 본인의 중대한 귀책사유로서 폐업한 경우, 전직 또는 자영업을 다시 하기 위하여 자발적으로 폐업한 경우에는 실업급여를 받을 수 없다. 이는 실업급여 수급자의 도덕적 해이를 방지하고 보험재정의 안정을 위한 보편인인 수급자격 제한 사유다. 고용보험의 일반 피보험자도 본인의 중대한 귀책사유로 해고되거나 법률을 위반하여 금고 이상의 형을 선고받은 경우, 자기 사정으로 이직한 피보험자로서 전직 또는 자영업을 하기 위하여 이직한 자발적 이직자에게 실업급여를 제한하고 있는 것과 같은 이치다.

〈표 9-1〉 임의가입제도에서 자영업자 고용보험기금 재정수지 추이

(단위: 백만 원)

고용보험 계정 구분		2017년	2018년	2019년	2020년
고용안정·직업능력개발	수입(A)	1,143	1,187	1,584	2,230
	지출(B)	1,159	1,251	1,967	996
	수지차(A-B)	-16	-64	-383	1,234
실업급여	수입(A)	7,921	8,515	11,463	16,452
	지출(B)	3,709	4,226	4,372	7,706
	수지차(A-B)	4,212	4,289	7,091	8,746

출처: 고용노동부(2021. 5.).

　둘째, 고용보험에 가입하면 자영업자들의 소득이 정부 당국에 그대로 노출되는데, 고용보험 혜택을 받으려다 세금부담이 증가하지는 않을까 하는 우려가 커서 고용보험 가입을 기피하는 경향이 있다는 것이다.

　셋째, 고용보험 가입을 위해 자영업자들이 소득을 신고하면 정부가 그 신고소득 금액이 정확한지를 검증하게 되는데 자영업자 입장에서는 소득금액의 정확성을 입증하는 데 많은 시간과 행정비용이 소요된다는 것이다. 자영업자는 사업수입에서 필요경비를 제외하고 순소득을 산출하여 국세청에 신고한다. 그런데 자영업자의 수입과 필요경비의 항목이 다양하고 변동이 잦다. 그래서 수입과 필요경비의 상세한 자료를 구비하여 국세청에 신고하여 검증을 받는 과정에서 비용과 시간이 많이 소요되어 고용보험 가입을 기피한다는 것이다.

　넷째, 근로자에 비해 자영업자의 고용보험 보험료 부담이 상대

적으로 크다는 점도 가입을 주저하게 하는 요인이라고 주장한다. 일반 근로자의 실업급여 고용보험료율은 2022년 7월 현재 보수총 액의 1.80%인데, 사업주와 근로자가 절반씩 부담하기 때문에 근 로자는 보수총액의 0.90%만 부담하고, 고용안정·직업능력사업 의 보험료(보수총액의 0.25~0.85%)는 전액 사업주가 부담해 준다. 임의가입하는 자영업자의 경우 정확한 소득파악이 어렵고 소득 의 변동도 심하다는 점을 고려하여 고용보험료 및 실업급여의 기 준이 되는 소득('기준보수')을 고용노동부장관이 고시하고, 2022년 현재 7등급으로 구분된 기준보수액 가운데 하나를 선택하여 본인 의 기준보수액의 2.25%(실업급여 2.0%, 고용안정·직업능력개발사 업 0.25%)를 부담하도록 하고 있다. 자영업자는 2.25%의 고용보 험료를 전액 본인이 부담하기 때문에 근로자인 고용보험피보험 자가 부담하는 고용보험료 0.90%에 비해 높은 보험료를 부담해 야 한다. 정부는 자영업자의 고용보험료 부담을 덜어 주기 위해 고 용원이 없는 1인 자영업자에게는 기준보수액의 수준에 따라 고용 보험료의 20~50%를 최대 5년간 지원해 주는 '1인 자영업자 고용 보험료 지원사업'을 실시하고 있다. 그런데 이러한 지원을 받는 기 간에도 1인 자영업자의 고용보험료 실제 부담률은 기준보수액의 1.25~1.8%로서 일반 근로자 0.9%보다는 높다.

이처럼 당사자인 자영업자들이 의무 가입을 원하지 않는데 자영 업자에게 고용보험 의무 가입을 추진할 것이지, 아니면 다른 대안 을 마련해야 할 것인지 앞으로 사회적 논의가 필요하다.

예술인 · 특고 적용사례가 답인가

　정부가 추진하고 있는 전 국민 고용보험제는 모든 취업자에게 고용보험을 적용하여 보편적인 고용안전망을 제공하는 것을 목표로 하고 있다. 이를 위해 현행 임금근로자를 대상으로 한 '사업주 신고 기반' 고용보험 적용 징수체계를 '소득 기반'으로 전환하여 자영업자를 포함한 모든 취업자를 대상으로 적용을 확대할 계획이다 (관계부처 합동, 2020. 12. 23.).

　전 국민 고용보험제 적용의 첫 단계는 2020년 12월 10일부터 시행한 예술인에 대한 고용보험 적용이었다. 두 번째 단계는 2021년 7월 1일부터 시행되고 있는 특고에 대한 고용보험 적용이다. 특고 고용보험 적용은 '노무제공자'라는 용어를 사용하여 특고 중 종속성이 강한 보험설계사 등 12개 직종[3]에 대해 우선 적용하였다. 2022년 1월 1일부터 퀵서비스와 대리운전기사도 추가 적용하였다. 2022년 7월 1일부터는 IT 소프트웨어 프리랜서, 골프장 캐디 등 특고 5개 직종에 대해 고용보험을 추가 적용할 계획이다[4]. 이러한 예술인과 노무제공자의 고용보험 적용사례는 다음 두 가지 점

---

3) 보험설계사, 신용카드 모집인, 대출 모집인, 학습지 교사, 방문교사, 택배기사, 대여제품 방문점검원, 가전제품 배송기사, 방문판매원, 건설기계운전자, 화물차주, 방과후강사.

4) 고용노동부는 정보기술(IT) 소프트웨어 프리랜서, 화물차주(유통·배송기사, 택배 지·간선 기사, 특정품목운송차주), 골프장 캐디, 관광통역안내사, 어린이통학버스기사 등 특고 5개 직종에 대해 2022년 7월 1일부터 고용보험을 추가 적용하는 내용의 「고용보험법시행령」 일부 개정안을 입법예고하였다(고용노동부, 2022. 4. 5.).

에서 특징이 있는데, 향후 플랫폼 종사자와 자영업자의 경우에도 중요한 기준이 될 것으로 보인다.

첫째, '특고(노무제공자) 고용보험 적용 특례' 사례에서는 적용대상 직종을 결정하여 대상 직종에만 적용하고 나머지 특고 직종에 대해서는 적용 대상에서 제외하는 포지티브 리스트(positive list) 방식을 채택하고 있다[5]. 특고는「근로기준법」의 근로계약관계에 의해 노무를 제공하는 것이 아니라「민법」의 적용을 받는 업무위탁계약에 따라 노무를 제공한다. 구체적인 업무방식은 위탁한 업무내용과 계약에 따라 다르며, 특고 내에서도 업무 종속성의 정도가 다르다. 예를 들면, 학습지 교사나 화물차주의 경우에는 업무 종속성이 비교적 강한 편이다. 반면에 보험설계사, 신용카드 모집인은 업무 종속성이 약한 편에 속한다. 이처럼 특고는 근로자는 아니지만 업무의 종속성 측면에서 근로자와 자영업자의 중간적 성격을 지니고 있고, 특고마다 그 정도가 다양하다. 예술인과 플랫폼 종사자도 마찬가지다. 이러한 점을 고려하여「고용보험법」은 근로자와 자영업자의 중간적 성격이 있는 특고에 대해서 '특례제도'로서 '노무제공자'라는 용어를 사용하여 고용보험의 의무 적용을 받도록 하고 있다.

이러한 포지티브 리스트 적용 방식은 근로자가 아닌 취업자에 대해 적용대상을 하나씩 법령으로 구체화하여 행정적으로 누가 적용 대상인지 명확하게 하고자 한 현실적인 선택으로 보인다. 그러나 적용방식은 적용대상 직종으로 지정되지 아니한 나머지 특고가 고

---

5)「고용보험법」제77조의2, 제77조의6 및 제77조의7.

용보험 적용의 사각지대에 남게 되는 한계가 있다. 또한 시시각각 변화하는 노동시장에서 새로운 특고 유형이 계속 등장하는데, 이들은 새로 적용대상 리스트에 포함될 때까지 고용보험 적용의 사각지대에 방치되는 문제가 발생한다. 또한 포지티브 리스트 방식은 사용자 성격이 있다고 법령으로 규정한 특고 직종의 사용자들이 사용종속적 성격이 없거나 새로운 형태의 약한 계약관계를 지속적으로 개발하여 고용보험 가입을 회피하게 만들 우려가 크다.

둘째, 예술인과 특고에 대해서는 소득의 감소로 인한 이직자에게도 실업급여를 지급하고 있다.[6] 예술인의 경우 이직 직전 3개월의 보수가 전년 동일 기간보다 20% 이상 감소한 경우 또는 직전 12개월 동안에 전년도 월평균보수보다 20% 이상 감소한 달이 5개월 이상인 경우 실업급여 수급자격을 인정하고 있다. 특고인 노무제공자의 경우에는 이직 직전 3개월의 보수가 전년 동일 기간보다 30% 이상 감소한 경우 또는 이직한 날이 속하는 달의 직전 12개월 동안에 전년도 월 평균보수보다 30% 이상 감소한 달이 5개월 이상인 경우 실업급여 수급자격을 인정하고 있다.

특고에 대해 소득 감소로 인한 이직을 실업급여 수급자격으로 인정한 것은 특고의 특성에 기인한 것으로 판단된다. 보험설계사 등 특고는 회사와 근로계약을 체결한 근로자가 아니기 때문에 업무위탁계약 종료를 통보받아 실업이 되는 경우 외에도 본인의 영업실적이 부진하여 소득이 감소하면 스스로 일을 그만두는 경우가 많다.

---

6) 「고용보험법」 제77조의3 및 제77조의8

이 경우를 '자발적 이직'으로 처리하게 되면 실업급여 수급요건을 충족시키지 못해 실업급여를 받을 수 없다. 이러한 문제점을 해소하기 위해 「고용보험법」은 예술인과 특고에 대해서는 소득이 일정 비율 이상 감소하여 일을 그만둔 경우에도 이를 '정당한 사유가 있는 자발적 이직'으로 인정하여 실업급여 수급자격을 인정하고 있다.

예술인 피보험자와 특고 등 노무제공자인 피보험자에 대한 특례를 인정하여 근로자가 아닌 자에게 고용보험을 적용하는 방식은 앞으로 플랫폼 종사자와 자영업자에 대에서도 적용될 것으로 예상된다. 그러나 취업형태에 따라 고용보험 적용대상과 수급자격, 실업급여 기간과 수준 등을 고용보험 특례제도를 계속 추가하여 고용보험법령으로 규정하는 방식은 고용보험의 특례제도가 과다하여 고용보험법령이 너무 복잡해지고 난해해지는 문제가 발생한다. 현재도 일선 담당자들은 고용보험사업이 너무 많고 세부 사업별 지원요건과 지원금액 등이 수시로 변경되며, 특례제도가 많아 업무담당자도 제대로 이해하기 어렵다고 하소연한다. 제도가 복잡해질수록 수급요건 심사가 어려워 고용보험급여와 장려금 지급의 잘못된 지급이나 부정수급의 가능성도 높아진다는 점에도 유의할 필요가 있다.

국민취업지원제도와의 연계

고용보험제도의 사각지대를 해소하기 위해 '한국형 실업부조'제도인 국민취업지원제도가 2021년 1월 1일부터 시행되고 있다. 고용보험제도가 일반 근로자를 주된 대상으로 하는 실업에 대한 1차 안전망이라고 한다면 국민취업지원제도는 고용보험의 사각지대에 놓여 있는 저소득 실업자를 대상으로 한 2차 안전망이다.

국민취업지원제도의 시행으로 고용보험제도의 보호망 밖에 있었던 저소득층, 청년, 영세자영업자, 특고, 플랫폼 종사자 등을 실업으로부터 보호할 수 있는 제도적 장치를 갖추게 되었다. 따라서 고용보험제도 사각지대 해소를 위해 자영업자 등에게 고용보험 적용 확대를 논의하는 데 있어서는 국민취업지원제도와 연계하여 검토하여야 한다.

국민취업지원제도가 도입되기 이전에도 고용보험 사각지대 해소를 위해 맞춤형 취업 지원과 약간의 참여수당 및 취업성공수당을 패키지로 지원하는 '취업성공패키지'라는 프로그램이 2009년부터 시행되고 있었다. 그러나 취업성공패키지는 소득지원보다는 맞춤형 취업 지원에 역점을 두고 있어 소득보장으로서는 미약하였다. 저소득 구직자에게 소득보장을 강화하기 위해 2017년에는 취업성공패키지에 참여하는 청년구직자에게 '청년구직활동지원금'을 지원하기 시작하였다. 2021년부터 시행되고 있는 국민취업지원제도는 기존의 취업성공패키지, 청년구직활동지원금 등 유관 사업을 통합하고 여기에 자영업자 등 실업급여 수급자격이 없는 저소득 구직자를 대상으로 '구직촉진수당'이라는 현금급여를 추가한 것이다.

구체적으로 국민취업지원제도에 의한 지원은 'Ⅰ유형'과 'Ⅱ유형'으로 구분된다. 'Ⅰ유형'은 취업 지원 서비스와 소득지원(구직촉

진수당)을 제공하는 실업부조적 성격이며, II유형은 기존의 취업성
공패키지, 청년구직활동지원금 등 유관 사업을 '국민취업지원제도'
로 통합하여 취업지원 서비스와 취업활동비용 및 취업성공수당을
지원한다.

 I유형과 II유형 모두 연령 요건으로 15~69세(청년은 18~34세)
를 대상으로 한다. 재산과 소득요건으로서는 I유형은 4억 원[7] 이
하의 재산과 중위소득 60%[8](18~34세 청년특례자는 120%) 이하의
저소득자를 대상으로 한다. II유형은 재산요건은 없으나 소득요건
으로 중위소득 100% 이하로 제한하고 있는데, 청년에 대해서는 소
득과 관계없이 지원하도록 하고 있다. 취업 경험 요건으로는 I유
형은 2년 이내 100일 또는 800시간 이상의 취업 경험이 있어야 한
다. II유형은 취업 경험을 요건으로 하지 않아 청년장기무직자에
게도 맞춤형 취업 지원을 제공할 수 있도록 하고 있다.

 국민취업지원제도는 국가와 수급자 간에 상호의무원칙을 기본
으로 하고 있다. 국가는 취업취약계층에게 소득지원과 함께 심층
상담을 통해 개인별 취업활동계획을 수립하여 직업훈련, 일 경험,
복지서비스 등을 연계하여 취업에 필요한 지원을 하여야 한다. 취
업 지원기간 종료 후에도 취업하지 못한 대상자에게는 3개월간의
사후관리서비스를 제공하여야 한다. 그 대신, 지원대상자는 취업

---

7) 2021년 6월 28일 발표된 정부의 '2021년 하반기 경제정책방향'에서 청년의 가구 재산 상한
   요건이 3억 원 이하에서 4억 원 이하로 확대하기로 결정되었다.
8) 2021년 6월 28일 발표된 정부의 '2021년 하반기 경제정책방향'에서 중위소득의 60%로 요
   건을 완화하기로 결정되었다.

지원 서비스에 성실히 참여하고 취업을 위해 노력하여야 할 의무가 있다. 수급자는 취업활동계획 등에 따라 구직활동을 이행할 의무를 지도록 하고, 구직활동의무를 이행하지 않는 경우 구직촉진수당의 지급을 중단할 수 있도록 하고 있다.

국민취업지원제도의 지원내용은 Ⅰ유형과 Ⅱ유형 모두 취업 지원 서비스를 기본으로 하고, Ⅰ유형 대상자에게는 구직활동의무 이행을 전제로 생계보장을 위한 50만 원[9]의 구직촉진수당을 월 6개월간 지급한다. 구직촉진수당은 전통적인 실업부조에 해당한다. Ⅱ유형 대상자에게는 맞춤형 취업 지원 서비스와 취업활동비용으로 최대 195만 원을 지급한다. Ⅰ유형과 Ⅱ유형 모두에게 취업 후 장기근속 유도를 위해 근속기간에 따른 취업성공수당으로 최대 150만 원을 지급한다.

국민취업지원제도의 재원은 전액 일반재정으로 조달한다. 국민취업지원제도의 2021년 대상자는 64만 명(Ⅰ유형 45만 명, Ⅱ유형 19만 명)이었으며, 정부는 2022년 이후에도 연간 지원 대상자 규모를 약 60만 명 수준으로 할 계획이다.[10]

국민취업지원제도 시행으로 고용보험제도를 1차 고용안전망으로 하고, 국민취업지원제도를 2차 고용안전망으로 하는 중층적 고용안전망이 구축되었다. 국민취업지원제도의 도입으로 자영업자 등의 고용보험 사각지대도 그만큼 감소하게 되었다. 따라서 전 국

---

9) 구직촉진수당 월 50만 원은 「국민기초생활 보장법」상 생계급여 최저보장수준(1인 가구 51.2만 원)과 유사한 수준이다.
10) 고용노동부(2021. 6. 24.), "국민취업지원제도 추진현황 및 향후 추진계획."

민 고용보험제를 추진함에 있어서는 국민취업지원제도가 도입되기 이전인 2020년까지의 고용보험 사각지대 문제의 관점에서만 접근해서는 안 된다. 고용보험제도와 국민취업지원제도의 역할이 다른 점을 고려하여 종합적인 한국형 복지국가 모델의 비전과 전략 차원에서 접근하는 것이 바람직할 것이다.

자영업자가 원하는 사회안전망

자영업자를 실업의 위험으로부터 보호하자는 데 반대할 사람은 없을 것이다. 그런데 2012년 1월 21일부터 자영업자가 원하면 고용보험에 가입할 수 있게 되었는데, 2022년 1월 현재 자영업자의 99.4%가 고용보험에 가입하지 않고 있다. 여러 선진국과 우리나라에서의 자영업자 고용보험 임의적용의 경험은 자영업자를 고용보험의 틀 속에 강제로 가입하게 하더라도 자영업자들이 폐업이나 소득 감소가 발생한 경우에 실업급여 수급요건을 충족하여 실업급여를 받을 가능성은 예상보다 높지 않을 것이라는 것을 보여 준다.

고용보험의 사각지대 해소를 위한 노력은 지속되어야 한다. 그러나 자영업자들이 환영하지 않는 고용보험제도에 강제 가입시켜 자영업자 사회안전망을 강화하려는 것은 현실 적합성이 떨어질 뿐만 아니라 당장 코로나19 방역조치로 하루하루 어렵게 버티고 있는 자영업자들에겐 한가한 희망고문이 될 수 있다. 따라서 자영업자를 위한 사회안전망은 다음 네 가지를 병행할 것을 제안한다.

첫째, 고용보험에 가입을 원하는 자영업자들에게는 고용보험에 가입할 수 있도록 가입 유인을 최대한 늘려 고용보험 적용을 확대할 필요가 있다. 이러한 차원에서 전 국민 고용보험제도의 로드맵에 따른 고용보험 적용 확대를 계속 추진하도록 할 필요가 있다.

둘째, 고용보험 가입을 기피하는 자영업자를 위해 자영업자들이 선호하는 공제제도와 같은 대안적 사회안전망을 도입할 필요가 있다. 고용보험, 실업부조(국민취업지원제도), 공제제도, 공적부조의 역할을 구분하여 접근할 필요가 있다. 자영업자의 특성에 적합한 별도의 사회안전망을 구축하는 방안도 동시에 고려할 필요가 있다.

자영업자와 소상공인들은 실업급여와 같이 부담은 확실하지만 수혜가 불확실한 제도보다는 수혜가 확실하게 보장되는 공제제도를 선호하는 경향이 강하다. 따라서 자영업자 및 자영업자 성격이 강한 플랫폼 종사자, 특고 등을 위한 업종별 자발적인 공제제도 도입을 장려하고 지원할 필요가 있다. 현재의 소기업·소상공인 공제제도인 노란우산공제제도[11]를 발전시키는 것도 좋은 대안이 될 수 있을 것이다.

---

11) 「중소기업협동조합법」 제115조에 근거하여 2007년 9월부터 시행되고 있는 소기업·소상공인공제제도(일명 '노란우산공제')는 소기업·소상공인 전용 공제제도를 운영하여 폐업 등 경영 위험으로부터 생활안정 및 사업 재기 기회를 제공하기 위한 제도이다. 월 5~100만 원 범위 내에서 1만 원 단위로 선택하여 월별 또는 분기별로 납부하여 본인의 공제기금을 적립하고, 적립된 공제부금에 대해서는 소득공제의 혜택을 주고 수급권을 법률로 보호받고 있다. 납입부금에 기준이율로 연복리로 적립하여 폐업, 사망, 노령, 퇴임 등의 사유가 발생하면 본인의 공제기금에서 적립금을 인출하여 소기업, 소상공인들이 경영 위험으로부터 생활안정 및 사업 재기 기회를 제공하고 있다. 2020년 2월 현재 공제 가입자가 196만 3천 명, 공제부금액이 19조 2천억 원에 이를 정도로 인기가 있다.

　노란우산공제는 싱가포르의 중앙적립기금(Central Provident Fund)을 벤치마킹한 것으로서 우리나라에서도 자영업자들이 선호하는 제도로 인정받고 있다. 다만, 소득 수준이 매우 낮은 자영업자들은 가입하고 싶어도 부담 때문에 가입하지 못할 수 있다. 따라서 저소득 자영업자에 대해서는 정부가 일정한 비율의 매칭펀드를 지원하여 가입을 유도하는 방안도 검토할 필요가 있다. 자영업자에 대한 고용보험 적용 확대 노력을 지속하되 원하지 않는 자영업자에 대해서는 현재의 노란우산공제와 같은 공제제도 가입에 대한 유인 제도를 강화하는 방안을 병행적으로 추진하여 자영업자 당사자들이 더 매력적인 제도를 선택하게 하는 것도 검토할 필요가 있다.

　고용보험제도는 주로 근로자를 대상으로 재원을 주로 노사가 부담하는 기여기반(contribution based)의 1차 고용안전망이다. 국민취업지원제도는 실업급여 수급자격이 없는 저소득 취업자를 대상으로 국가가 재원을 부담하는 소득 기반(income based)의 2차 고용안전망이다. 자영업자공제제도는 1차와 2차의 고용안전망의 중간에 자영업자를 위한 사회연대 기반(solidarity based)의 1.5차 안전망을 구축하게 되는 것이다.

　셋째, 코로나19와 같은 감염병의 방역조치로 인하여 소상공인에게 경영상 심각한 손실이 발생한 경우에는 실업자 사회안전망 강화 차원의 접근이 아니라 신속하게 정부 재정으로 긴급재난손실보상을 실시하여야 한다. 전 국민 재난지원금 지원방식이 아니라 감염병 방역조치에 협조하여 발생한 자영업자 등의 영업손실은 정부가 즉시 보상하여야 한다. 미국, 유럽 등 주요 선진국들은 코로나

19 이후 방역조치로 인한 자영업자의 손실에 대해서는 정부가 신속한 보상을 하였다.

우리나라도 코로나19 대유행 이후 자영업자 구제의 근거를 마련하기 위해 2021년 7월 7일에 개정된 「소상공인 보호 및 지원에 관한 법률」에서 「감염병의 예방 및 관리에 관한 법률」에 따른 조치로 인하여 발생한 손실보상 조항인 제12조의2를 신설하였다. 이에 따라 감염병의 예방 및 관리를 위해 영업장소 사용 및 운영시간 제한 등으로 인하여 소상공인에게 경영상 심각한 손실이 발생한 경우 해당 소상공인에게 손실보상을 하여야 한다는 법적 근거가 마련되었다. 그러나 그 내용이 선언적이고 구체적인 보상내용과 지급방식에 대한 규정이 없이 여러 차례의 추경이 편성되었지만 전 국민 재난지원금 지급방식이냐 선별적 지원이냐의 정치적 논쟁만 하다가 자영업자에 대한 손실보상이 제대로 이루어지지 못하여 자영업자들이 벼랑 끝으로 내몰렸다. 감염병의 예방 및 관리에 따라 소상공인에게 발생한 경영상 손실에 대해서는 손실액 전액을 '선 보상 후 정산'하는 원칙에 따라 신속한 보상체계를 관련 법령에 구체화할 필요가 있다.

넷째, (가칭)감염병영업손실보상보험제도를 도입하여 미래의 감염병 대유행에 대비할 필요가 있다. 농작물재해 보험을 벤치마킹하여 정부와 자영업자가 보험료를 분담할 수 있을 것이다. 감염병 방역조치로 인해 손실이 발생할 경우 일정 손해율까지는 감염병영업손실보상보험을 운영하는 민간보험사가 보험금을 지급하고, 일정 손해율을 초과하는 부분에 대해서는 정부가 재보험자로서의 역할을 수행하여 정부가 설치한 재보험기금에서 보상하도록 할 수 있을 것이다.

이러한 네 가지 접근방식은 상호 배타적인 것이 아니라 보완적이다. 취업자 4명 중 1명이 자영업자인 현실에서 자영업자를 위한 사회안전망이 곧 국민의 사회안전망이라는 인식으로 보다 적극적인 노력이 필요하다.

─── **10** ───

우리는 어느 길로
갈 것인가

실업급여 확대 vs. 취업 지원

고용보험 사각지대 문제를 해소하려고 할 때 더 많은 실업자에게 더 오래 실업급여를 지급하는 것을 우선할 것인가, 실업자의 재취업 지원을 우선할 것인가? 고용·복지정책의 세계적인 추세와 교훈은 실업급여의 확대에만 치중하지 말고 실업급여 수급자 스스로 적극적으로 재취업을 위해 노력하도록 유도하고 지원하여 수급자가 일을 통해 자립하도록 지원하는 데 역점을 두라는 것이다. 그러나 복지정치의 현실에서는 더 쉽게 더 많은 현금급여를 지급하겠다는 달콤한 포퓰리즘이 난무한다.

그런데 포퓰리즘의 유혹을 떨쳐 내고 실업자들의 적극적인 취업을 지원하여 실업률을 낮추고 더 많고 더 좋은 일자리가 창출되게 하는 데 성공한 국가의 사례도 상당히 있다. 영국의 토니 블레어

(Tony Blair) 총리가 추진했던 '제3의 길'도 그중의 한 사례다.

1998년 집권한 블레어 총리는 노동당 소속이면서도 전통적인 진보와 보수의 길이 아닌 '제3의 길'을 천명하여 집권에 성공하였다. 그는 복지수급자는 복지급여에만 의존해서는 안 되고 스스로 취업을 위해 노력할 의무가 있다는, 국가와 사회보장수급자 간의 '상호의무'를 강조하였다. 복지수급자의 적극적 구직 노력을 의무화하는 '일하는 복지'를 추구한 것이다.

블레어 총리는 취업취약계층에게는 개인별 사례관리자가 맞춤형 서비스를 제공하는 '뉴딜(New Deal)' 프로그램을 1998년에 시행하였다. 뉴딜 프로그램에 참여를 거부하면 실업급여와 실업부조의 지급을 제한하였다. 영국의 뉴딜 프로그램은 실업률을 크게 낮추었다. 12개월 이상 장기실업자가 뉴딜 프로그램을 시작하기 직전인 1997년에 비해 2008년에 63%가 감소하였다. 실업기간 2년 이상의 장기실업자도 같은 기간에 70%나 감소하였다(유길상 외, 2011, p. 123). 이러한 뉴딜 프로그램의 성공이 알려지자 많은 국가들이 맞춤형 취업 지원 프로그램을 도입하였다. 2009년부터 시행한 우리나라의 취업성공패키지는 영국의 '뉴딜'을 벤치마킹한 것이었다.

우리나라 고용보험제도는 실업급여만 규정하는 전통적인 실업보험과는 달리 실업급여 외에도 고용안정사업과 직업능력개발사업이라는 적극적 노동시장정책 프로그램을 고용보험사업에 포함하고 있다. 제도의 명칭을 '실업보험'이 아니라 '고용보험'이라고 명명한 이유다. 관대한 실업급여가 초래할 수 있는 현금복지 의존성을 예방하기 위해 실업급여 수급요건이 다른 선진국에 비해 상대적으로 엄격하지만 조기재취업을 촉진하기 위해 취업촉진수당제도를 실업급여 체계 속에 포함하고 있는 것도 이러한 철학이 반영된 것이다. 1990년대 선진국의 사회보장제도 개혁 방향이 추구한 '일을 통한 복지' '학습복지' 등의 철학이 우리나라 고용보험제도 속에 녹아 있는 것이다.

그러나 최근 고용보험제도의 운영이 현금급여 지급 우선으로 가고 있다는 우려가 있다. [그림 10−1]는 실업급여 관대화 정책을 추진했던 노무현 정부(2003년 2월~2008년 2월)와 문재인 정부(2017년 5월~2022년 5월) 시기에 실업자 중 실업급여 수급자 비율이 크게 증가하였음을 보여 준다. 특히 문재인 정부는 실업급여 수준을 높이고 지급기간을 늘리며, 수급요건을 완화하는 정책을 국정과제로 추진하였다. 여기에 코로나 위기까지 겹치면서 2018년 이후 실업자 중 실업급여 수급자 비율이 크게 증가하였고, 2020년에는 58.4%까지 급증하였다. 실업급여 수급자 비율 58.4%는 [그림 10−2]에서 보여 주는 주요 선진국의 전체 실업자 중 실업급여 수급자의 비율 30~40%와 비교해도 크게 높은 수준이다.

실업급여 수급자 비율이 증가한 것은 고용보험 사각지대 해소를 위한 다양한 노력의 결과, 고용보험 피보험자가 증가한 긍정적인 측면도 있다. 그러나 실업급여에만 의존하여 구직활동 노력을 소홀히 하는 사람들이 많아지고 있다는 일선 실업급여 담당자들의 지적에 귀를 기울여 실업급여 운용을 정상화하여야 한다.

실업급여의 핵심인 구직급여 수급자가 실업급여에 의존하지 않고 얼마나 빨리 취업하는가를 나타내는 지표 중의 하나가 구직급

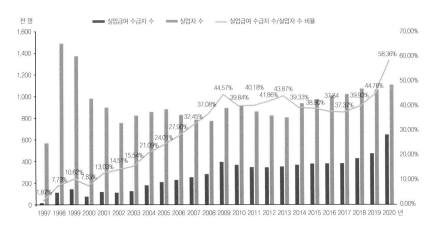

[그림 10–1] **실업자 중 실업급여 수급자 비율 추이**

출처: 한국고용정보원 고용보험통계DB를 이용하여 계산함.

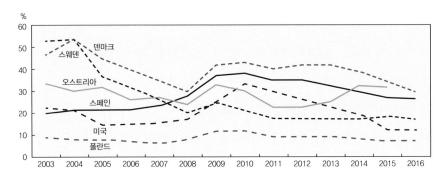

[그림 10–2] **OECD 주요국의 전체 실업자 중 실업급여 수급자의 비율 추이**

출처: OECD (2018b).

여의 소정급여일수를 다 채우지 않고 구직급여 수급 중에 재취업
한 사람의 비율이다. 이 지표가 [그림 10–3]에서 보는 바와 같이
2008년의 38.8%를 정점으로 감소 추세에 있다. 2019년에는 25.8%
까지 하락하였다.

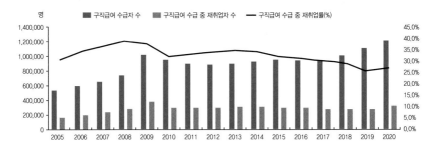

[그림 10-3] **구직급여 수급 중 재취업자 수와 재취업률 추이**

출처: 한국고용정보원 고용보험통계DB를 이용하여 계산함.

한국의 실업급여 수급요건이 「고용보험법」상의 규정에서는 매우 엄한 편이지만 실제 지급에 있어서는 매우 관대한 편이라는 OECD 보고서(Venn, 2012)는 시사하는 바가 크다. 실업급여의 사각지대를 해소하면서도 현금급여 우선의 포퓰리즘에 빠지지 않아야 한다. 문재인 정부 국민경제자문회의 부의장인 서울대학교 경제학과 이근 교수가 "한국이 복지국가 함정에 가까이 있다."고 경고한 것[1]은 무엇을 의미할까?

최고의 안전망은 일자리

가장 좋은 실업자 사회안전망은 좋은 일자리가 활발하게 창출되게 하여 원하는 사람은 누구나 일할 수 있게 하는 것이다. 일자리가

---

1) https://view.asiae.co.kr/article/2021040915092254047 (검색일: 2021. 4. 10.)

최고의 복지라고 하는 이유다. 그러나 역사적으로 시장에서 일자리가 활발하게 창출되게 하는 데 성공한 국가와 정부는 많지 않다. 일자리가 중요하다고 하면서 자영업자를 포함한 기업의 자유로운 경영을 어렵게 하는 각종 규제를 남발하여 일자리 창출을 억제하여 고용 위기를 초래하는 국가가 많다. 우리는 어느 길로 가고 있는가?

다음과 같은 일자리 정책을 추진하는 국가가 있다고 가정해 보자. 기업은 강자이고 근로자는 약자이므로 강자인 기업에 대한 규제를 강화한다. 기업하기 좋은 환경을 구축하는 것은 대기업과 재벌만 이롭게 한다며 반대한다. 그 대신, 일자리는 공공부문이 주도가 되어 창출해야 한다고 하면서 공무원과 공공부문 채용을 늘리고 재정을 풀어 단기일자리를 많이 만든다. 정규직은 좋은 것이고 비정규직은 나쁜 것이므로 비정규직 고용을 엄격하게 규제하고 기존의 비정규직은 모두 정규직으로 전환하라고 기업을 압박한다. 근로자 고용안정을 보장해야 한다며 해고를 엄격하게 규제한다. 양극화를 해소한다며 최저임금을 급격하게 인상한다. 장시간 근로를 해소한다며 법정근로시간을 대폭 단축한다. 경쟁은 근로자에게 스트레스를 주는 것이라며 성과연봉제를 폐지하고, 호봉제에 따라 임금이 매년 자동적으로 인상되는 연공급을 강화한다.

만일 이러한 정책을 추진하는 국가가 있다면 그 결과는 어떻게 될까? 아마 초기에는 사회적 약자와 근로자들을 위한 '착한 정부'라며 열렬한 지지를 받을 것이다. 그러나 세계시장에서 무한경쟁을 하는 기업은 다른 나라의 기업에 비해 발목에 '규제'라는 족쇄를 차고 뛰어야 하는 셈이 될 것이다. 기업의 경쟁력은 저하되고 경제성장 잠재력과 일자리 창출력은 약화될 것이다. 기업은 인력을 한번 채용하면 해고가 거의 불가능하기 때문에 신규채용을 최소화하고 자동화 투자를 늘려 청년실업이 증가할 것이다. 기업은 정규직 고용의 경직성을 해소하기 위해 비정규직 사용을 늘리거나 생산라인을 해외로 이전하여 국내 일자리는 감소하게 될 것이다.

청년실업은 증가하고, 청년들은 고용이 안정된 공공부문 채용 증가의 기회를 활용하기 위해 공무원 시험과 공공부문 취업 준비에 골몰한다. 영세자영업자들과 중소기업은 최저임금으로 증가된 인건비 부담을 줄이기 위해 알바생까지 줄이고 근로시간 규제를 안 받는 주 15시간 미만의 쪼개기 알바 형태로 고용하지만 청년층은 알바 일자리 취업도 하늘의 별 따기가 될 것이다.

상대적으로 재원의 여유가 있는 대기업들은 연공급 임금체계의 부담을 회피하기 위해 명예퇴직제를 이용하여 정년에 도달하기 훨씬 전에 조기퇴직을 실시할 것이다. 중장년층의 조기퇴직과 고용 불안이 극심해질 것이다. 조기퇴직한 중장년층은 이전 직장보다 훨씬 임금이 낮은 일자리에라도 취업하거나 준비 없이 자영업 창업을 하나 실패의 쓴맛을 보는 사람들이 증가할 것이다.

시장에서 좋은 일자리가 활발하게 창출되지 못하여 결과적으로 일자리가 줄어들고 하청과 비정규직은 늘어나 노동시장 이중구조와 양극화는 심화될 것이다. 사회적 약자를 위한다는 정책이 결과적으로 사회적 약자를 더욱 어렵게 하는 결과를 초래하게 된다는 것을 뒤늦게 인식한 국민이 늘어나겠지만 포퓰리즘 정책을 되돌리기는 쉽지 않을 것이다. 장기실업과 경기침체의 고통은 지속될 것이다.

이러한 이념적 포퓰리즘 정책으로 일자리 문제를 해결한 나라는 없다. 그럼에도 불구하고 많은 국가들이 이와 유사한 정책을 추진한다. 우리가 정책의 이념화와 정치화를 경계해야 하는 이유다. 착한 의도의 정책이 반드시 착한 결과를 보장하지는 않는다. 비정규직, 저임금계층, 자영업자와 같은 사회적 약자를 위한다는 정책이 이들을 더 힘들게 하는 결과를 흔히 본다.

국민 세금을 들이지 않고 일자리를 창출하고 고용을 안정시키는 가장 좋은 방법은 기업하기 좋은 환경을 만들어 투자와 소비를 활성화하는 것이다. 시장에서 일자리 창출이 활발해야 자영업자도 장사가 잘된다. 기업하기 좋은 환경이 자영업자 소득도 늘린다. 자영업자에게도 가장 좋은 사회적 안전망은 장사가 잘되게 해 주는 것이다.

그런데 우리나라에서는 기업에 대한 각종 규제를 '착한 정책'으로 포장하여 양산하는 경향이 있었다. 기업경영자에게 징벌적 형사책임을 부과하는 것이 유행처럼 번졌다. 경영인들은 '기업하는 죄'로 교도소 담장 위에서 살고 있다는 하소연을 많이 하였다. 미국 국무부의 '2021 투자환경 보고서'는 "한국에서는 경영자들이 체포·기소 등 법률 리스크에 노출돼 있다."[2]고 지적하였다. 한국에서는 경영책임자가 체포·기소될 위험이 높으니 한국에 진출하는 기업들은 조심하라는 메시지다.

이러한 환경에서 기업이 일자리 창출에 적극 나서기를 기대할

---

2) https://www.donga.com/news/article/all/20210723/108118489/1 (검색일: 2021. 7. 27.)

수 있겠는가? 기업은 몸을 사리게 되고 인력 채용을 최소화하고 투자하기 좋은 국가와 지역을 찾아 나서게 된다. 기업이 사람 채용을 늘리기보다 자동화 투자를 늘리고[3] 공장의 해외 이전을 촉진한다. 기업을 경영하려면 체포 · 기소를 각오하라고 하면서 일자리 문제와 자영업자 문제를 해결할 수는 없다. 기업이 잘돼야 일자리 창출도 활발하고 자영업자들도 장사가 잘된다.

모두를 위한 노동개혁

대한민국 노동시장은 총체적 위기 상황에 처해 있다. 청년 실업이 2014년 이후 9% 전후의 높은 수준에서 구조화 · 고착화되었고, 최근 코로나 위기로 더욱 악화되고 있다. 청년 4명 중 1명은 사실상 실업 상태에 있다. 실업자로 잡히지 않는 '취업준비자'가 2021년 현재 84만 명이나 되고, 구직단념자가 63만 명, '쉬었음' 인구도 240만 명이나 된다. 주된 일자리에서 퇴직하는 연령은 49.3세(남자는 51.2세, 여자는 47.7세)에 불과할 정도로 원하지 않는 조기퇴직이 만성화된 지 오래다(통계청, 2021. 7.). 조기 퇴직자의 다수는 질 낮은 일자리로 재취업하거나 자영업자로 전전하면서 노후 빈곤으로 이어지고 있다.

---

3) 한국의 근로자 1만 명당 로봇 도입 대수를 나타내는 제조영역의 로봇밀도지수는 855로서 세계 2위이고 전 세계 평균 113의 7.6배에 달한다(관계부처 합동, 2020. 12. 21.).

임금근로자 중 비정규직의 비중이 2016년 32.8%에서 2021년에는 38.4%로 증가하였다(통계청, 2021. 10.). 통계청의 2020년 8월 기준 '근로 형태별 부가조사 결과'에 의하면, 대기업 정규직 평균임금을 100.0으로 기준했을 때 대기업 비정규직은 64.5, 중소기업의 정규직은 57.0, 중소기업의 비정규직은 42.7로서 근로 형태 및 기업 규모별 임금 격차가 매우 크다.

이러한 심각한 고용 위기와 노동시장 이중구조는 다양한 요인들이 복합적으로 작용한 결과이지만 저성장의 고착화와 노동시장의 구조적 문제가 주요 요인이다.

GDP 성장률이 1990~1995년 평균 8.7%에서 1998~2008년에는 평균 4.7%로, 2009~2014년에는 평균 3.2%로, 2015~2019년에는 평균 2.7%로 계속 하락해 왔고, 2020년에는 마이너스 1.0%를 기록하였다. 경제성장률의 지속적 하락이 고용 창출력을 약화시키고 고용 위기를 심화시키고 있다.

노동시장의 경직성도 일자리 위기를 심화시키는 요인이 되고 있다. 4차 산업혁명, 디지털화, 고용형태 다양화 등의 변화에 신속하게 대응하여 기업이 혁신을 선도하기 위해서는 노동시장의 유연화는 필수적이다(OECD, 2018a). 일하는 공간과 시간의 경계가 해체되고 있는 디지털 시대에 경직적인 근로시간제와 임금체계가 기업의 경쟁력과 일자리 창출을 저해하여 저성장과 청년실업을 심화시키는 요인이 되고 있다. 청년층을 중심으로 일하는 방식과 근로시간 선택의 자율성과 임금의 공정성에 대한 요구가 높아지고 있다. 그러나 현재의 근로시간제와 임금체계는 청년층의 이러한 요구를 수용하기도 어렵고, 기업이 환경변화에 유연하게 대응하는 것도 어렵게 하고 있다. 세계경제포럼(World Economic Forum, 2019)이 평가한 2019년 한국의 노동시장 유연성이 141개 조사대상국 가운데 97위에 불과하다는 사실은 일자리 문제 해결을 위해 경직적인 노동체제를 4차 산업혁명 시대에 맞게 좀 더 유연화해야 함을 보여 준다.

우리나라의 노동규범은 산업화 시대에 '직접 고용'하는 '정규직 풀타임(full time) 근로자'를 보호하기 위해 획일적인 규제와 처벌을 특징으로 하는 '고용노동 2.0' 체제라고 할 수 있다. '고용노동 2.0' 체제는 우리 경제가 고도성장을 지속하던 산업화 시대에 저임금·장시간 근로로 '빠른 추격자'가 되는 데에는 효율성을 발휘하여 '한강의 기적'을 이룩하였다. 그러나 4차 산업혁명, 디지털 대전환, 글로벌 무한경쟁, 코로나 팬데믹, 글로벌 공급망 재편, 초저출산, 초고령화, 개성과 공정성 및 일·생활 균형을 중시하는 젊은 세대의 등장 등 문명사적 대전환이 이루어지고 있는 21세기에는 한계를 드러낸 지 오래다. '고용노동 2.0' 체제는 모호한 규정, 낡은 규율 방식으로 노사 간의 소모적 갈등을 유발하고, 노동문제의 불확실성을 키워 기업의 경쟁력을 저하시키고 경제의 성장잠재력을 약화시키며, 기업에게 정규직 채용을 두려워하게 하여 청년실업과 비정규직을 증가시키는 요인이 되고 있다. '고용노동 2.0' 체제의 특징 중의 하나인 연공급 임금체계는 생산성에 비해 임금이 높은 중장년층을 조기 퇴직시키는 요인으로 작용하여 중장년층의 고용불안과 노인 빈곤의 원인을 제공하고 있다. 대기업 노사가 내부자의 단기 이익 극대화를 추구하기에 적합한 기업별 노동조합과 교섭체계는 대기업과 중소기업 간의 임금 격차 확대와 다단계 하청 및 불법파견의 확산 등을 초래하여 노동시장 이중구조 심화와 대립적·투쟁적 노동운동의 토양이 되고 있다.

　우리는 지금 4차 산업혁명과 코로나 팬데믹, 글로벌 공급망의 재편 등 문명사적 대변혁의 시대에 살고 있고, 새롭게 거듭나지 않으면 글로벌 경쟁에서 도태될 수밖에 없는 절박한 상황에 처해 있다. 동시에 우리는 역사상 처음으로 선진국들과 같은 선에서 경쟁하며, 세계 선두가 될 수 있는 절호의 기회를 맞고 있다. 대전환 시대에 세계 선두국가가 되고, 노동시장의 이중구조를 해결하며, 우리

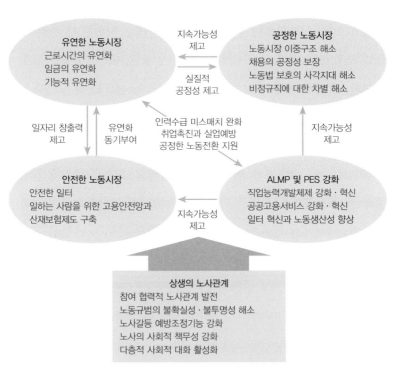

[그림 10-4] 공정 · 유연 · 안전성(황금 5각형) 모델

경제의 일자리 창출력을 극대화하기 위해서는 산업화 시대의 낡은 '고용노동 2.0 체제'를 4차 산업혁명, 디지털 전환, 초저출산, 초고령화에 대응한 '상생의 고용노동 4.0 체제'로 혁신하는 '노동개혁'이 시급하다. '상생의 고용노동 4.0 체제'를 지향하는 우리나라의 미래 노동시장 모델로 필자는 [그림 10-4]에서와 같이 노동시장에서의 ① 공정성, ② 유연성 및 ③ 안전성을 균형 있게 강화하고, ④ 적극적 노동시장정책(Active Labor Market Policy: ALMP)과 공공고용서비스(Public Employment Service: PES)를 강화하고 효율화하며, ⑤ 상생의 노사관계를 구축하는 '공정 · 유연 · 안전성(fairflexicurity) 모델', 일명 '황금 5각형 모델'을 제안한다.

첫째, 노동시장의 공정성을 강화하고 이중구조를 완화하여야 한다. 대기업과 중소기업 근로자 간, 정규직과 비정규직 간, 원청과 하청 근로자 간 과도한 격차를 완화하고 노동시장에서의 각종 차별과 불공정성을 시정하여야 한다. 노동시장 이중구조를 심화시키는 노동규범과 관행 등 구조적 요인을 제거하여 비정규직 문제의 근원적 해결을 도모하여야 한다. 대기업과 하청기업 간의 공정거래질서 확립과 상생 문화를 확산하여 임금과 근로조건의 격차를 완화해 나가야 한다. 근로자와 자영업자의 중간적 위치에 있는 플랫폼 종사자, 특고 등의 기본적 인권과 노동권을 보호하기 위해 '일하는 사람을 위한 기본법'을 제정하여 노동권 보호의 사각지대를 해소할 필요가 있다. 경직적인 연공급 임금체계를 직무가치와 성과에 상응하는 공정한 임금체계로 개선해야 한다. 적정 수준의 최저임금을 보장하여야 한다.

둘째, 노동시장의 유연성을 강화하여 시장에서 '더 좋고 더 많은 일자리'가 창출될 수 있는 여건을 조성하여야 한다. 혁신성장과 일자리 창출을 억제하고 있는 낡고 경직적인 노동규범을 현대화하여야 한다. 기업이 채용을 두려워하지 않게 하고, 창업이 활성화될 수 있는 여건을 조성하여야 한다. OECD는 '2018 신고용전략'에서 일자리 창출의 핵심 전략은 기업하기 좋은 환경을 만들어 질 좋은 일자리가 활발하게 창출되게 하는 것이며, 이를 위해서는 노동시장의 유연성을 높이는 것이 필수조건이라고 지적하였다(OECD, 2018a). 우리나라가 추구해야 할 노동시장의 유연화는 노사 간의 극심한 갈등을 유발하는 '해고의 유연화' 대신 임금, 근로시간 및 일하는 방식의 유연화, 신기술과 직무 변화에 대한 적응력을 높여 주는 기능적 유연화를 추진하여 유연성과 고용안정을 맞교환하는 노사 윈윈(win-win)의 유연화를 추구하는 것이 바람직하고 현실적이다.

셋째, 노동시장의 안전성을 강화하여야 한다. 산업안전보건 및 산재보험정책의 패러다임을 전환하여 산업재해가 실질적으로 감축되도록 하여야 한다. 4차 산업혁명 시대, 위드 코로나 시대에 노동시장 이행단계별 다양한 위험에 대비한 '모든 일하는 사람을 위한' 산재보험제도와 고용안전망을 구축하고, 노동보험제도의 재정 건전성을 강화하여야 한다. 국민취업지원제도가 근로의욕을 떨어뜨리지 않게 건전하게 정착되도록 하면서 동시에 보호 수준도 단계적으로 높여 나가야 한다. 고용보험 실업급여의 틀 속에서 보호하기 어려운 자영업자 등에 대해서는 이들의 특성에 맞는 실업자 사회안전망을 별도로 도입하는 것도 검토할 필요가 있다.

넷째, 적극적 노동시장정책과 고용서비스를 혁신하고 노동시장의 미래 위험 예방을 위한 선제적·예방적 투자를 확대하여야 한다. 노동시장의 공정성·유연성·안전성 실현은 기술과 직업의 변화에 선제적으로 대응할 수 있는 직업능력개발과 고용서비스의 성과가 확보될 때 가능하다. 따라서 생애단계별로 체계적인 직업능력을 개발할 수 있도록 지원체제를 구축하고, 고용서비스 전달체계 및 서비스 방식을 혁신하여 인력수급을 원활하게 하여야 한다. 학교에서의 진로지도와 디지털 역량 교육을 강화하여 청년층이 학교에서 노동시장으로 원활히 이행할 수 있도록 하여야 한다. 취업한 이후에도 더 나은 일자리로 이동해 갈 수 있도록 체계적인 고용서비스를 제공하여야 한다. 노동시장에서의 사회적 배제 현상이 발생하지 않도록 저소득 근로자, 비정규직, 자영업자, 위기가정 청소년, 학업 중단 청소년, 청년 니트(NEET), 졸업 유예 대학재학생 등을 조기에 인지하여 맞춤형 고용·복지 서비스를 제공하여야 한다.

다섯째, 상생의 노사관계를 발전시켜야 한다. 법과 원칙을 준수하면서 대화와 타협으로 노사갈등을 해결하는 상생의 노사관계를 발전시키기 위해 법제도 및 관행을 개선하고, 노사관계 선진화를 위한 사회적 투자와 인프라를 확충하여야 한다. 노동관계 규범의 불확실성·불투명성이 노사분쟁을 유발하고 있는 문제를 해소하기 위해 근로기준법 등의 불명확한 규정을 명확하게 개선하여야한다. 후진적인 노사관계 시스템을 혁신하여 노사관계제도와 노동운동이 노동시장 이중구조를 완화하는 기제가 될 수 있도록 하여야 한다. 노사의 사회적 책무성을 강화하고, 노사갈등의 예방·조정기능의 강화도 필요하다. 중앙 단위에서의 사회적 대화는 물론 지역·업종별 사회적 대화를 활성화하여 지역·업종 단위에서의 실사구시적인 소통과 상생의 노사관계 발전의 토대를 만들어 나가야 한다.

우리는 지금 4차 산업혁명과 디지털 대전환이라는 인류역사상 가장 극적인 변화의 시대에 살고 있다. 그러나 이 거대한 변화를 두려워할 필요는 없다. 미래는 우리의 선택과 준비에 달려 있다. 청년 일자리 문제, 중장년층 조기퇴직 문제, 여성의 경력단절, 노동시장 양극화, 대립적·투쟁적 노사관계 등의 우리 사회의 누적된 문제를 해결하기 위해서 가장 어렵지만 시급하고 중요한 것은 산업화 시대에 머물러 있는 노동제도를 4차 산업혁명 시대에 맞게 개혁하는 것이다. 노사에게 각자도생을 추구하게 하여 청년실업, 저출산, 여성의 경력단절, 중장년층의 조기퇴직, 노인 빈곤, 노동시장 이중구조, 광범한 노동권 보호의 사각지대, 후진적 노사관계, 높은 산업재해율 등 노동시장과 노사관계의 구조적 문제를 야기하고 있는 낡은 '고용노동 2.0 체제'를 4차 산업혁명 시대에 모두가 함께 상생할 수 있는 '고용노동 4.0 체제'로 혁신하여 문명사적 대전환을 도약의 기회로 만들어 내고, 일자리 위기와 노동시장 이중구조 문제를 해결하기 위한 노동개혁은 선택의 문제가 아니라 생존의 문제다. 노동개혁을 통해 일자리 위기와 노동시장 이중구조를 해결하면 자영업자의 많은 구조적 문제도 함께 해결될 수 있다.

물고기보다 물고기 잡는 법

우리는 지금 4차 산업혁명과 코로나19가 촉발한 대변혁의 시대에 살고 있다. 4차 산업혁명과 코로나는 디지털 전환을 촉진하며 산업의 패러다임을 변화시키고, 시장의 판도를 바꾸고 있다. 주요 선진국들은 4차 산업혁명의 선도국가가 되기 위해 치열하게 경쟁하고 있다. 우리의 운명을 결정할 수도 있는 예측 불허의 지각변동이 지금 진행되고 있는 것이다.

4차 산업혁명을 처음 주창한 세계경제포럼의 클라우스 슈밥(Klaus Schwab) 회장은 2016년 국회 '4차 산업혁명 포럼'에서 4차 산업혁명 시대의 특성을 "빠른 물고기가 큰 물고기를 잡아먹는 시대다."라고 압축적으로 표현했다. 4차 산업혁명과 코로나19 팬데믹이 가져온 대변혁의 시대의 생존법은 영리하고 민첩하게 변화에 대응하는 것이다(클라우스 슈밥, 티에리 말르레, 2021).

4차 산업혁명 시대는 풍부한 상상력과 창의적인 아이디어가 혁신적인 서비스와 신시장을 창출하는 소프트파워(Soft Power) 시대이다. 우수한 인재가 국가경쟁력의 핵심이다. 4차 산업혁명 시대, 위드(with) 코로나 시대의 생존과 번영을 위해서는 영리하고 민첩한 인재를 양성하는 '인재강국(人才強國) 대한민국'이 되어야 한다.

우리나라는 청소년기의 학업성취도가 OECD 상위권이다.[4] 반면에 성인의 역량은 OECD 중하위권에 머물러 있다. 특히 산업현장에서의 인적역량활용지수는 OECD 최하위 수준이며, 국민 역량지

수는 연령대가 증가할수록 가파르게 떨어지고 있는 것으로 나타났다.[5] 이는 성인의 직업역량 개발과 활용 강화가 시급하다는 것을 보여 준다.

인재강국을 실현하기 위해서는, 첫째, 교육개혁을 통해 4차 산업혁명 시대에 필요한 '4C 역량'[6]을 갖춘 융합인재를 양성하여야 한다. 강의식 교육을 중심으로 한 주입식 교육이 아니라 온라인과 오프라인을 연계한 블랜디드(blended) 교육, 현장 문제해결 역량을 갖춘 융합형 창의인재를 양성하기 위한 프로젝트 중심의 토론식 교육 등 교육혁신이 필요하다. 인공지능과 데이터의 수집·저장·분석 능력을 갖춘 숙련인력을 적극적으로 양성하여야 한다. 모든 학생과 청년에게 디지털 역량을 키워 주어 미래 유망 산업 신기술 분야의 일자리에 취업할 수 있는 역량을 강화하여야 한다.

둘째, 기존 인력에 대한 직무재교육과 디지털 역량을 강화하여야 한다. 직업과 직무 변화에 적응할 수 있도록 생애경력개발과 평생직업능력개발에 대한 지원을 강화하여야 한다. 대학(원)-전문

---

4) 국제학생성취도평가(PISA: Programme for International Student Assessment) 결과에 의하면 2018년 기준 15세 학생의 학업성취도는 OECD 37개국 중 읽기 2~7위, 수학 1~4위, 과학 3~5위이다.
(https://www.index.go.kr/potal/stts/idxMain/selectPoSttsIdxMainPrint.do?idx_cd=1528&board_cd=INDX_001 (검색일: 2021. 8. 4.)
5) OECD 국제성인역량진단조사(PIAAC: Programme for the International Assessment of Adult Competencies)를 토대로 인지적 역량을 구성하는 언어능력, 수리력, 문제해결력의 한국 수준은 OECD 평균보다 약간 높은 반면에 한국의 일반 역량 활용 지수는 OECD 최하위권으로 나타났다[한국직업능력연구원(2021. 7. 30.), "국제비교로 본 한국의 국민역량지수", KTIVET Issue Brief(2021/215호)].
6) 세계경제포럼(World Economic Forum, 2016)이 제시한 4C 역량은 창의성(Creativity), 비판적 사고역량(Critical Thinking), 협업역량(Collaboration), 소통역량(Communication)이다.

대학–직업훈련기관 간의 연계를 통해 수준별 평생학습이 이루어질 수 있도록 하고, 이를 뒷받침하기 위해 대학과 대학원이 국민의 평생직업능력개발에도 적극 참여할 수 있도록 유도하고 지원할 필요가 있다.

셋째, 기업이 평생학습의 장(場)이 되고, 평생학습으로 상향 이동이 이루어지는 노동시장 구조를 만들어야 한다. 연공급 임금체계에서는 일단 대기업이나 공공기관에 취업을 하면 연공에 따라 승진과 임금인상이 연계되기 때문에 자기주도적인 평생직업능력개발의 유인이 크지 않다. 근로자와 기업의 경쟁력을 향상시켜 노사가 윈윈하기 위해서는 임금과 인사관리체계를 직무와 역량 기반으로 개편하여 평생직업능력개발을 유도하는 노동시장 구조를 만들어야 한다.

넷째, 평생직업능력개발 생태계를 구축하여 모든 국민이 자기주도적인 직업능력을 개발할 수 있게 하여야 한다. 전국의 직업교육훈련기관, 대학, 대학원, 직업방송 등을 온라인과 오프라인으로 연계하여 '평생직업능력개발 플랫폼'을 구축하여 누구나 언제 어디서나 필요한 교육훈련을 온라인 플랫폼에서 선택하여 수강하고, 실습이 필요한 부분은 가까운 교육훈련시설에서 오프라인 실습을 받을 수 있도록 하여야 한다. 쇠퇴하는 직업군 종사자가 새로운 직업군으로 원활하게 이동하도록 직업능력개발훈련과 맞춤형 전직지원서비스를 제공하여야 한다. '직장'을 보호하는 것이 아니라 '사람'을 보호하는 것이 고용안정의 올바른 길이다.

다섯째, 모든 국민이 디지털 전환에 대응하기 위한 교육훈련의 기회와 취업 기회에서 소외되지 않도록 포용적 직업능력개발을 추진하여야 한다. 저소득 청년층, 영세자영업자, 특고, 플랫폼 종사자, 중소기업근로자들은 교육훈련을 수강하고 싶어도 당장의 생계유지를 위한 활동을 해야 하기 때문에 시간과 비용 문제로 교육훈련의 기회에서 소외되기 쉽다. 이들을 위해서는 온라인 교육훈련 플랫폼 구축을 통한 접근성 확대와 교육훈련 참여기간 중의 생계지원이 수반되어야 한다. 교육훈련 전후에 전문가에 위한 1:1 멘토링 서비스도 제공되어야 한다. 취약 실업자와 불안정 취업자에게는 사례관리자에 의해 진로설정, 직업능력 진단 및 맞춤형 직업능력개발, 교육훈련 중 생계지원, 취업알선, 사후관리 등 관련된 서비스를 연계하여 맞춤형 패키지 서비스를 제공하여야 한다.

영국은 2021년 3월부터 종업원 5~249인을 고용하고 있는 중소기업경영자들의 경영역량을 키워 주기 위해 전국의 경영대학원들과 손잡고 정부가 비용의 90%를 지원하는 12주짜리 미니 MBA 과정인 '성장을 위한 지원(Help to Grow) 프로그램'을 시작했다.[7] 이 프로그램은 12주간의 교육뿐만 아니라 3년간 1:1 멘토링 서비스까지 맞춤형으로 제공하여 중소기업의 생산성을 끌어올려 양극화를 극복하는 것을 목적으로 한다. 물고기를 나눠 주는 현금복지 중심이 아니라 국민의 역량을 생애단계별로 키워 주는 학습복지(learn-fare), 일자리복지를 지향하여 '물고기 잡는 법'을 가르쳐 주는 것이 지속가능한 복지국가 전략임을 보여 주는 사례다.

---

7) https://helptogrow.campaign.gov.uk/ (검색일: 2021. 8. 4.)

4차 산업혁명의 전개와 '노동'의 종말

허재준(한국노동연구원 선임연구위원)

11

기계가 사람을
잡아먹는다?

양이 사람을 잡아먹던 시대

헨리 8세가 왕위에 있던 영국의 16세기, 모직물 공업이 발달하면서 양털 값이 폭등했다. 귀족과 지주들은 공유지에 울타리를 치고 사유화하며 경작지마저 양을 방목하는 목장으로 만들었다. 농민들은 농경지에서 쫓겨나 빈민과 부랑자로 전락했다. 이를 두고 토머스 모어(Thomas More)는 "언제나 온순하고 아주 적게 먹는 동물이었던 양들이 이제 사람들까지 잡아먹는다."며 『유토피아』에서 당시 현실을 풍자했다(토머스 모어, 2007: 27). 귀족과 지주의 이익 추구가 평범한 농민들을 불행으로 내몰고 있는 상황에 대한 탄식이자 비판이었다.

울타리를 치는 것을 인클로저라고 하고 그러한 현상이 시대조류가 된 것을 두고 인클로저 운동이라고 불렀다. 18세기에 산업혁명이 본격화하며 곡물 가격이 대폭 상승할 때에도 울타리 치기 유행이 다시 등장했는데 이때에는 기업농들이 소농의 토지를 흡수하여 대농장을 경영하기 위해서 농민들을 쫓아냈다.

1·2차 인클로저 운동은 농업 중심이었던 영국 사회가 공장제 사회로 이행하는 과정에 지대한 영향을 미쳤다. 인클로저 운동은 전통적 농민들의 삶을 황폐하게 만들었고 대도시 인구가 크게 증가하는 결과를 낳았다. 동시에 과학적 영농기술과 자본주의 농경 방식이 도입되며 농업 근대화와 제조업 발달을 촉진하는 과정이기도 했다. 이러한 전환을 거쳐 영국은 '세계의 공장'으로 부상할 수 있었다. 그 전환은 기업적으로 생산을 조직하고, 기계가 포진한 공장이 늘어나는 것과 함께 사회적으로 농지에서 유리된 취약계층이 대거 등장하는 과정을 포함했다. 토지소유층(Gentry)은 엄청난 부를 축적했지만 빈농, 영세농은 농지에서 밀려나 실업자가 되거나 임금노동자가 되는 과정이었다.

14~15세기 페스트 대유행과 농민봉기로 인해 인력이 부족해지면서 농민의 지위가 향상되었다. 독립자영농민(Yeoman)은 그에 따라 생겨난 농민의 상층부 계층이었다. 이들은 절대왕정 아래서 의원 선출권과 배심원 자격을 부여받기도 하고 토지소유층을 도와서 지방행정에도 참여하였고, 보병대의 주력이기도 했다. 이들 중에는 농업노동자를 고용하여 넓은 토지에서 농업을 영위하는 사람도 있었고 수공업적 모직물 공장을 경영하는 사람도 있었다. 하지만 대규모 농업경영이 진행된 18세기의 2차 인클로저 운동 당시에는 이들 독립자영농민도 속절없이 몰락함으로써 사회적 양극화가 진행

되었다.

　전통적 농업사회에서 보통사람들은 대부분 토지를 직접 경작하여 식량을 얻어 생계를 꾸렸다. 제조품은 가내수공업을 통해서 부업으로 만드는 것들이 대부분이었다. 1·2차 인클로저 운동을 계기로 보통사람들의 생계방식과 여타 삶의 방식은 현저하게 바뀌었다. 농민들은 조상 대대로 이어 오던 생활방식과는 전혀 다른 삶의 방식에 적응해야 했다. 구걸과 굶주림을 반복하며 연명하거나 도시에 생겨나는 공장에서 일거리를 구했다. 이들은 과거처럼 농지를 경작하고 가축을 사육하여 식료를 조달하는 것이 아니라 아침부터 저녁까지 공장에서 일을 하고 받은 급료로 식료품을 구입하는 형태로 삶을 영위하게 되었다.

　이렇게 농경지에서 쫓겨난 농민들과 그 후손들이 도시에서 임금노동자로 생활하지 않을 수 없던 1779년 어느 날 영국 앤스티(Anstey)라는 소도시에서 네드 러드(Ned Ludd)라는 직조공이 두 개의 직조기를 부숴 버렸다. 이유는 동네 청년들에게 조롱당한 후 홧김에 그랬다고도 하고, 다른 이유 때문이라고도 했지만 정확한 이유는 알려지지 않았다. 그로부터 30여 년이 흐른 후인 1811년에 노팅엄(Nottingham)에서는 루들람(Ludlam)이라는 젊은이가 망치로 직조기를 때려 부숴 쓰레기 더미로 만들어 버렸다. 그 후 직조기 파괴자들은 조직화되어 활동했다. 베일 속에서 이 운동을 이끈 지도자는 러드 왕(King Ludd) 혹은 러드 대장(Captain Ludd)을 자처하며 편지와 선언에 'Ned Ludd'라는 서명을 사용하였다. 최초의 직조기 파괴자였던 네드 러드와 달리 이들 조직화된 직조기 파괴 운동에

참여한 사람들의 구성을 볼 때 이들의 행동 동기 중 한 가지는 분명
했다. 이들은 증기기관 하나가 수백 명의 사람을 실업자로 만들고
기계가 새롭게 개선될 때마다 가정의 생계를 책임질 사람들의 일
자리가 박탈되는 현실에 절망하고 있었다.

18세기 영국에서 진행된 동력혁명, 기계발명, 공장의 등장은 영
국의 생산활동에 근본적 변화를 가져왔다. 동력원을 사람과 가축
에서 기계적 장치로 바꾼 증기기관과 방적·방직기가 발명되자 기
업가들은 이 둘을 결합하여 품질 좋은 직물을 대량으로 생산했다.
유럽 대륙에서는 나폴레옹 전쟁(1803~1815)이 진행 중이었다. 당
시 유럽에서 나폴레옹이 정복하지 못한 곳은 영국이 유일했다. 트
라팔가 해전에서 넬슨에게 패해 해상권을 장악하지 못하게 된 나
폴레옹은 육지로 바다를 정복하는 전략을 수립하였다. 그 일환으
로 러시아에서 스페인에 이르는 유럽 여러 나라와 영국 간의 무역
을 금지하고, 영국 및 영국 식민지의 제품을 몰수하는 명령을 발령
했다(1806년 11월 '베를린칙령'). 대륙 봉쇄로 말미암아 영국 경제는
어려움에 봉착했다. 임금체불이 급증하고 실업 또한 심각해져 노
동자의 삶은 비참했다. 노동자들 사이에는 이것이 여러 사람 몫을
하는 기계의 탓이라고 생각하는 사람들이 늘어났다. 1811년의 노
팅엄의 직조기 파괴 사건이나 그 후 러드 대장을 자처하며 조직적
으로 기계를 파괴하는 사람들이 생겨났다. 이는 18세기 초 영국에
닥친 '퍼펙트 스톰(복수의 크고 작은 악재들이 중첩되어 일어나는 초대
형 경제위기와 사회불안)'이 낳은 현상 중 하나였다.

산업혁명은 경제의 중심을 농업에서 공업 생산으로 변모시켰다.

그와 함께 과거 농장과는 구별되는 공장을 출현시켰다. 생산활동의 주체도 지주와 농민에서 기업가와 노동자로 변모했다. 근력이약한 사람도 공장노동에 참여할 수 있는 길을 기계가 터 주자 여성은 물론 어린이들도 공장으로 투입되었다. 일을 구하는 사람은 항상 일자리보다 많았다. 저임금으로 말미암아 열악한 근로환경 속에서 아침부터 저녁까지 일을 해야 끼니를 이을 수 있었다. 이렇게최초의 산업국가 영국이 탄생했고 그러한 경제체제가 유럽, 북미로, 그다음에는 아시아로 확산되었다. 1883년 미국 뉴잉글랜드 공장 직원의 5분의 2가 7~16세의 어린이였다. 이들은 아침부터 저녁 8시까지 일해야 했다. 지난 200년간 세계인의 삶의 방식을 근본적으로 변모시킨 산업혁명을 맞은 사회의 초기 모습은 이와 같았다.

산업혁명은 일정 기간 오직 영국의 역사와 함께 진행되었다. 그래서 영국은 한동안 전 세계적인 영향력과 세력을 지니게 되었다. 그 기간 동안 영국은 세계의 유일한 공장이자 대량 수입업자였다. 대량 수출업자이자 대량 해운업자였다. 타의 추종을 불허하는 해군력을 보유한 나라이자 독자적 세계정책을 수행할 수 있는 나라였다(에릭 홉스봄, 1984: 11). 그것은 영국이 다른 나라보다 앞서 산업혁명을 겪으며 다른 나라가 넘볼 수 없는 경제력을 갖추었기 때문이었다.

진격의 인공지능

2016년 3월 9일 세계의 이목이 서울의 포시즌스호텔에 쏠렸다. 천재기사로 소문난 이세돌 9단과 구글의 인공지능 알파고가 대국을 하는 날이었다. 당시 이세돌은 12세에 입단한 이후 세계대회에서 18차례 우승하고 국내 대회에서는 32차례 우승을 차지한 세계 최고의 기사였다. 알파고가 사람과 바둑을 두는 것이 처음은 아니었다. 알파고는 2015년 10월 유럽 바둑챔피언 판후이 2단과 대국한 적이 있었다. 그럼에도 이번 대국은 남달랐다. 유럽 바둑 수준과 동아시아의 바둑 수준은 현격한 실력 차이가 있기 때문이었다. 판후이 2단과의 대국이 가벼운 스파링이었다면 이세돌 9단과의 대국은 본경기에 해당하는 셈이었다.

세계 최고의 기사 이세돌과 구글의 데이터 과학자 아자황이 마주 앉았다. 아자황은 아마 6단으로 상당한 바둑 실력을 지니고 있었다. 하지만 아자황의 기력은 이세돌 9단과 맞대국할 수준이 되지 못했다. 그렇다고 그가 이세돌에 지도대국을 청한 것도 아니었다. 사실, 그는 자신의 바둑을 두기 위해 앉은 것이 아니었다. 손을 갖고 있지 않은 알파고라는 인공지능기계가 일러 주는 착점에 바둑돌을 대신 놓아 주고 이세돌이 둔 바둑 착점을 눈이 없는 알파고에게 알려 주기 위해 이세돌 앞에 앉은 것이었다. 사실, 그 일에 아마 6단의 바둑 실력이 필요한 것은 아니었다. 알파고의 전언을 정확히 받아 바둑판 위에 돌을 놓을 줄 아는 사람이면 누구라도 상관

없었다. 이세돌의 바둑돌이 어디인지 컴퓨터에 입력할 줄 아는 사람이면 되었다.

알파고를 개발한 데미스 허사비스(Demis Hassabis)는 대국 시작 전 그 대국으로 자신들이 알지 못했던 알파고의 약점을 파악할 수 있을 것이라며 "이세돌과 같은 천재적 기사의 기량을 어떻게 극복할지 파악하고자 한다."고 말했다. 그러나 막상 대국이 시작되자 예상은 보기 좋게 빗나갔다. 결과는 이세돌 9단의 완패였다. 이세돌은 세 번의 대국을 내리 졌다. 다섯 번의 대국으로 승부를 가리기로 한 만큼 전체 승부는 알파고의 승리로 결정되었다. 그런 상태에서 이세돌은 네 번째 대국을 이기고 다섯 번째 대국에서 다시 패했다. 네 번째 대국이 과연 알파고의 기력으로 진 것인지 아닌지를 두고 여러 가지 추측이 아직도 분분하다. 이제 더 이상 장기나 퀴즈에서 인공지능 컴퓨터가 사람을 능가할 수는 있지만 경우의 수가 무한한 바둑에서는 인공지능 컴퓨터가 사람을 이기기 힘들 것이라는 말을 하는 사람은 없게 되었다. 논쟁거리 하나가 세상에서 사라진 것이다. 이세돌 9단은 비록 '알파고'와의 대전에서 1승을 따내며 유일하게 인공지능을 이긴 '인간'이 됐지만 2019년 11월 19일 한국기원에 사직서를 내고 24년 4개월간의 프로기사 생활을 마감했다. 그때 이세돌은 인공지능을 은퇴의 가장 큰 이유로 들었다.

이세돌과 알파고의 대국 후 인공지능이 가진 다른 능력에 관한 뉴스가 봇물처럼 쏟아졌다. 증권 시황 기사나 스포츠 경기 기사를 쓰는 인공지능, MRI나 CT 사진을 보고 질병 여부와 정도를 판독하는 인공지능, 그간의 처방데이터를 공부한 것에 바탕해서 환자의 증상을 보고 처방을 하는 인공지능 등 여러 가지 능력을 가진 인공지능들이 소개되었다. 보스턴 다이내믹스의 4족 로봇을 비롯하여 각종 로봇이 소개되었고, 자율주행차에 대한 경쟁적 도전들도 소개되었다. 구글 번역기와 네이버 파파고의 번역 실력에 대한 감탄도 쏟아졌다. 전문 문헌 번역은 번역회사 번역사가 한 번역보다 더 낫다는 찬사도 쏟아졌다. 이렇게 이세돌과 알파고의 대국은 양이 아니라 인공지능으로 무장한 컴퓨터 · 기계 · 로봇이 사람을 잡아먹을지도 모른다는 우려를 폭발적으로 확산시키는 계기가 되었다.

공장 안에서도 점점 사람이 드문드문 배치되고 사람 보기가 힘든 공장도 늘어나더니 상점의 크기에 맞춰 늘어나던 대형 슈퍼마켓 내의 카운터도 줄어들고 있다. 급기야는 아예 사람이 없는 무인상점이 많아지고 있다. 이런 변화 속에서 Pew Research Center가 조사한 바에 의하면 4차 산업혁명이 자신의 일자리를 이미 차지했거나 결국 그렇게 될 것이라고 보는 사람이 개도국과 선진국을 막론하고 모두 60%를 상회한다([그림 11-1]). 인크루트의 조사에 의하면 한국인의 75%가 일자리 위협을 느끼고 있다. 반면에 4차 산업혁명을 대비해 어느 정도라도 준비하고 있다는 한국인은 14%에 불과하다(한국일보, 2017. 4. 28.). 구체적으로 자동화가 가져올 영향에 대한 생각을 물어본 바에 의하면 일본을 제외하고서는 모든 나라 사람들이 구직 곤란과 빈부격차 심화를 첫 번째와 두 번째로 꼽고 있다(Wike & Stokes, 2018).

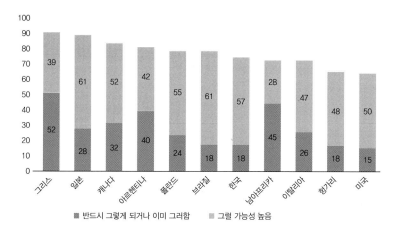

[그림 11-1] **4차 산업혁명이 사람의 일자리를 빼앗아 갈 것이라고**
생각하는 사람의 비율

출처: Pew Research Center의 Wike & Stokes (2018)와 한국일보(2017. 4. 28.)의 인크루트
조사를 인용하여 재구성.

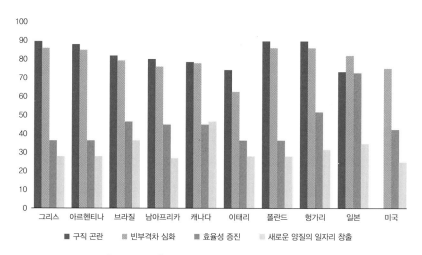

[그림 11-2] **자동화가 가져올 효과에 대한 생각**

주: 미국은 구직 곤란 여부 조사값 없음.
출처: Wike & Stokes (2018).

일자리는 꼼짝없이 잡아먹히고 마는 걸까

기술은 끊임없이 진보해 왔지만, 디지털 기술의 발달 양태는 지난 100여 년간 보았던 여느 기술 진보와는 다른 면이 있다. 영향의 범위가 광범위하면서도 단절적 변화를 초래하고 있다. 그래서 '이번에는 다르다'거나(에릭 브린욜프슨, 앤드루 맥아피, 2014; 제리 카플란, 2016), 현재 인공지능 기술 활용이 적절한 궤도에서 벗어나 있다는 주장까지 제기하는 학자도 있다(Acemoglu & Restrepo, 2019).

산업혁명은 초기에 오직 영국에서만 진행되었다. 디지털 혁명은 현재 세계 도처에서 동시에 진행되고 있다. 산업혁명 초기의 영국에서 영세농뿐만 아니라 농민 상층부를 형성했던 독립자영농(Yeoman)도 몰락했듯 특정 계층이 일터에서 쫓겨나고 몰락하는 일이 일어나는 것일까? 그것도 세계적 규모에서 공통적으로? 과거 영국에서 농민의 몰락은 16세기부터 18세기까지 200년에 걸쳐 진행되었다. 하지만 현재 진행되는 속도를 보면 디지털 시대의 변화는 훨씬 짧은 기간 안에 진행되어 훨씬 파괴적인 형태로 진행되는 건 아닐까? 이런 질문들이 사람들의 불안을 불러일으키고 있다.

디지털 기술은 과거에 생각지 못한 사업모델, 생산공정, 상품과 서비스를 가능하게 만들었다. 그와 동시에 사람들이 각자의 직업에서 익숙해 있던 기존의 직무에서도 현저한 변화를 일으키고 있다. 그 변화에 적응하지 못하면 살아남을 수 없는 회사가 늘고 있다. '내 일자리가 박탈당할 수 있다'는 우려는 바로 이러한 변화를 배경으로 하고 있다.

앱을 이용한 사업운영, 인공지능을 활용한 연구개발과 영업 등 과거에 볼 수 없던 사업방식은 소수의 사람들에게는 막대한 부를 쌓을 수 있는 기회를 제공하고, 높은 보수를 받는 일자리로 이동할 기회를 제공했다. 하지만 대부분의 보통 사람들은 변화에 더디게 적응한다. 일부는 보수나 근로조건이 좋지 않은 일자리로 옮겨 가야 한다. 어느 날 갑자기 자신이 다니던 회사에 새로운 경쟁자가 나타나 회사가 도산하여 일자리를 잃는 경우도 있다.

그렇다면 4차 산업혁명 기술이 확산되면 전체적으로 일자리가 줄어들까? 결론부터 말하자면 기술에 의해 대체되는 일 혹은 직무가 증가한다고 해서 '일자리[고용]'가 경제 전체적으로 줄어들었다는 증거도 없고 그럴 가능성도 없다. 특정 기업에서 4차 산업혁명 기술 채택으로 같은 매출을 적은 인원으로 생산할 수 있게 되었다는 보고나 사실 확인은 많다. 특정 국가의 특정 시기에 생산의 업무 내용이 노동수요를 줄이는 경향을 보일 수 있다는 점을 보여 주는 연구도 있다. 하지만 그것이 세대를 넘어서 장기적으로 지속되거나 세계적 차원에서도 공통적으로 지속될 수밖에 없는 현상이라고 말하는 것은 아니다. 역사적 증거를 보나 국가 간 비교를 통해서 보나 기술 발달로 일자리 자체가 줄어들지는 않았다.

4차 산업혁명 기술 도입 본격화는 아무리 올려 잡아도 2010년대의 일이다. OECD 국가들을 대상으로 고찰할 때 2010년대에 고용이 줄어든 나라는 있다. 그러나 경제 운용을 잘못한 남유럽국가들이나 스마트폰 시대에 노키아가 경쟁에서 뒤지게 된 탓에 경제 상

황이 급격히 악화된 핀란드와 같은 나라의 일이었을 뿐 4차 산업혁
명 기술을 과도하게 도입해서 고용이 줄어든 나라는 없다.

미국과 영국의 고용률을 1세기 이상 장기간에 걸쳐 관찰해 보더
라도 기술 발전의 괄목했던 시기에 고용률이 감소했다는 증거는
발견되지 않는다. 20세기 내내 고용률은 오히려 지속적으로 상승
하였다. 기술 진보는 여성의 사회 진출에 용이한 여건을 만들었고
실제 여성의 경제활동 참가율은 20세기에 획기적으로 증가하였다.
미국에서는 1820년에 288만 개에 불과하던 일자리가 2019년에는
1억 5,700만 개 이상으로 늘었다. 영국에서는 1855년에 1,125만 개
에 불과하던 일자리가 2019년에는 3,280만 개로 늘어났다.

신기술 도입으로 생산성이 향상되면 같은 양의 물건을 만드는 데
에는 더 적은 수의 사람이 필요하다. 그와 동시에 증가한 생산성을
기반으로 그동안 충족되지 못했던 인간의 욕구를 충족시키는 새로
운 상품을 생산하는 기업가가 나타난다. 이들 새로운 상품을 생산
하는 기업들은 새로운 일자리를 공급한다. 그로 인해 일반적으로
과거보다 더 많은 일자리가 생겨난다. 장기간의 고용률 관측자료를
보면 이러한 사실을 확인할 수 있다([그림 11-3], [그림 11-4])

인공지능이 생산방식에 현저하게 영향을 미치고 있는 최근 10년
간에도 일자리는 줄어들지 않았다. 컴퓨터가 본격적으로 기업들
에 도입된 지난 40년간 OECD의 주요국들에서 고용률은 낮아지지
않고 오히려 높아졌다. 제조업 고용이 모든 나라에서 줄어든 것 같
지만 OECD 국가를 넘어 동남아시아 신흥국까지 관찰대상을 넓혀
서 보면 지난 20년간 제조업 고용과 고용증가율이 공히 증가했다.

2000~2008년 동남아시아국가들의 제조업 고용 연평균 증가율은 2.2%였고, 2008~2018년에는 연평균 2.6%였다. 그렇다면 일자리에 대한 우려가 지속되는 이유는 무엇일까?

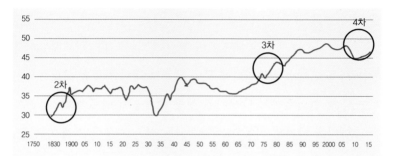

[그림 11-3] **고용률과 2, 3, 4차 산업혁명(미국)**

주: 고용률은 전체 인구 대비 취업자 수 비율로 정의함.

출처: https://www.census.gov/library/publications/1949/compendia/hist_stats_1789-1945. html; https://www.census.gov/library/publications/1975/compendia/hist_stats_ colonial-1970.html; https://www.bls.gov/cps/tables.htm#empstat; https://fred.stlouisfed. org/series/POPTHM

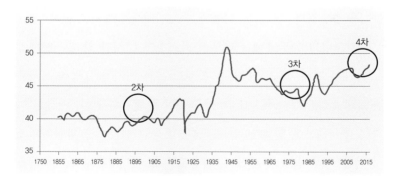

[그림 11-4] **고용률과 2, 3, 4차 산업혁명(영국)**

주: 여기서 고용률은 전체 인구 대비 취업자 수 비율로 정의함.

자료: https://www.bankofengland.co.uk/statistics/research-datasets; https://www.ons. gov.uk/employmentandlabourmarket/peopleinwork/employmentandemployee types/ timeseries/lf2k/lms

일자리 사정은 왜 이렇게 팍팍한 걸까

2017년 점원 없는 상점 '아마존고(Amazon Go)'가 시애틀에 등장했을 때만 해도 아마존 직원을 통해 실험 가동하는 수준이었다. 하지만 무인상점시대가 한국에도 이미 현실이 되어 있다. 신세계아이앤씨는 서울 코엑스 스타필드에 무인 매장의 핵심 기술을 고도화하며 보안성 및 편의성까지 향상시킨 실증 매장을 운영 중이다. 물건을 들고 매장을 나가면 자동으로 결제되는 것은 기본이고 재고, 결품, 방문 고객 수, 매출 등 매장 현황을 원격으로 관리한다. 지능형 사물인터넷(IoT) 센서가 온도 · 습도를 감지하고, 화재 상황 등 모든 정보를 지능형으로 관리하며 필요시에 원격 조치를 취한다. 갑자기 고객이 쓰러지거나, 고객 간 폭력사태가 발생하거나, 기물 파손 등 이상 상황이 생기면 그것을 구분, 감지해서 매장 관리자 및 관제 센터에 알림을 발송한다. 편의점들도 빠르게 무인화를 진행하고 있다.

인천공항과 충무로에는 로봇 바리스타가 24시간 커피를 판매하는 카페가 있다. 바리스타봇은 몸체의 목과 허리를 움직여 커피를 만드는데 얼굴 액정에는 24가지 표정이 탑재되어 있다. 배달의 민족이 대여하는 서빙로봇 '딜리플레이트'는 프랜차이즈 외식업체에서 반찬 리필, 음료 추가 같은 업무를 하고 있다. 우체국은 드론을 이용하여 낙도에 배달을 하는 서비스를 시범운영하고, 송도에서는 배달로봇 플랫폼 뉴빌리티의 자율주행 배달로봇 '뉴비'가 배달을 하고 있다.

이처럼 과거의 업무가 없어지고 있는 거대한 시스템의 배후에는 제조 현장이나 매장을 관제하는 요원과 관리자가 있고 그 시스템을 지속적으로 개선하는 데 참여하는 공학자가 있다. 데이터 과학자, 데이터 전문가, 알고리즘을 만드는 소프트웨어 프로그래머가 새롭게 등장하고 있다. 공장 안 생산라인에서 직접 조립작업을 하던 생산인력들도 지금은 로봇을 지켜보다가 예상치 못한 일이 일어났을 때에만 개입한다. 매장에서 고객을 응대하는 점원이 관제실에서 매장에서 일어나는 변화를 살피는 역할을 하고 필요할 때만 원격 혹은 현장에서 개입하는 역할을 한다. 자신이 처리할 수 없는 위급 상황이 생기면 구급센터나 119에 연락한다.

로봇이 사람이 하는 일을 대체하면서 과거와는 현저하게 다른 숙련내용을 요구하는 일자리가 늘어나고 있다. 기업들은 로봇, 인공지능, 코딩, 데이터 이용과 친숙한 숙련을 가진 사람을 필요로 하고 단순한 장치 조작을 하는 숙련 수요는 줄어들고 있다. 교육기관에서 축적하는 역량은 이런 숙련 공급과는 거리가 멀고, 현장에서 숙련을 공급할 기업들의 숫자는 제한적이다. 그로 인해 기업은 원하는 인력을 찾을 수 없고 구직자는 자신의 경력을 개발해 나갈 기업이 눈에 잘 보이지 않는 현실이 지속되고 있다.

컴퓨터 가격이 하락하면서 명시적으로 설명할 수 있고 코드화할 수 있는 업무(explicit and codifiable task)는 점차 컴퓨터와 로봇이 대체하고 있다. 특정 업무에서는 해외 외주(off-shoring)로 외국노동이 국내노동자를 대체하는 것을 보조하는 기술도 신속히 확산되었다. 과거에는 저숙련 일자리로 이루어진 생산시설이 해외 외주에 주로 의존하게 된 이후 기술 발달로 중간 숙련 일자리까지 해외 외주에 의존할 수 있게 되었다. 기술 진보가 가져온 수송비와 통신비 절감은 해외 외주를 촉진한 대표적 요인이다.

미국 은행의 콜센터가 미국 내의 직원뿐만 아니라 인도의 직원을 가동시킴으로써 24시간 서비스를 한다든지, 미국 투자은행 직원이 뉴욕에서 케이프타운으로 날아가는 동안 인도의 한 사무실에서 미국 투자은행 직원의 발표 자료를 만들어 보내는 일이 가능해졌다. 이는 바로 기술 진보로 통신비용과 수송비용이 저렴해지고, 교육 연수 프로그램 모듈화와 표준화, 발표자료를 만드는 표준 프로그램의 확산 등이 결합해서 나타난 결과이다.

한국의 삼성전자는 세계 1위의 핸드폰 점유율을 지니고 있지만 삼성 핸드폰을 조립하는 일자리의 대부분은 베트남에 있다. 과거 같으면 그 일자리들은 구로, 구미, 천안, 아산에 있었을 것이다. 애플은 아이폰 판매로 가장 많은 이익을 남기고 있지만 중국에 귀속되는 부가가치는 2%에 미치지 않는다. 하지만 아이폰을 '제조'하는 과정의 일자리는 대부분 중국에 있다. 이처럼 과거에는 국내에 있었던 일자리가 해외로 나가며 줄어든 현실도 OECD 국가의 저숙련 노동자의 불안감을 증폭시켰다.

지난 20년간 쉽게 정형화할 수 있는 직무로 이루어진 일자리 중 자동화 비용이 노동자 사용비용보다 저렴한 일자리들이 대거 감소하였다. 대량생산공장의 자동화는 전형적으로 노동절약적 특성을 띠었다. 삼성, LG, SK의 대표적 생산공장들은 지난 40년간 매출이 20~30배 늘었지만 종업원 수는 1/5로 줄어들었다. 대신, 관리사무직, 연구개발직의 일자리가 늘었다. 요즘의 인공지능은 인사, 재무, 마케팅 등 주요 경영기능은 물론 경영자와 관리자의 리더 역할까지 수행한다. 상급 경영자와 현장 종업원이 모두 인공지능을 이용해서 중간 관리자 없이도 옛날보다 훨씬 많은 일을 스스로 처리할 수 있게 되어 가고 있는 중이다.

스티브 잡스(Steve Jobs)가 스마트폰을 출시한 후 10년 만에 1,200만 개의 앱 개발자 일자리가 생겨났다. 인공지능 알고리즘 활용이 늘어나면서 다양한 온라인 상점과 인터넷 기업이 생기고 데이터를 수집·분류·저장·분석하는 다수의 일자리가 생겨났다. 다만, 전통적 기업에서 일하던 40~50대의 평범한 사무직 혹은 생산직 노동자가 기존의 일자리가 없어지려 할 때 앱 개발자가 되기가 어려웠고 새 일자리를 구하는 것이 과거보다 쉽지 않아졌다.

로봇과 인공지능 기술이 발달하면서 인간의 '일자리'를 빼앗아 갈 것이란 우려, 양질의 일자리마저도 로봇과 인공지능에 의해 대체될 것이라는 우려의 근저에는 다양한 직업들의 '직무'가 변화하고 있는 현실이 있다. 새로 생겨나는 일자리의 숙련이 전통적 일자리의 숙련과 현저히 다르다는 현실이 있다. 인터넷 연결기기와 인공지능이 결부된 기술을 이용한 자동화는 과거와 다른 양상을 띠며 전개되면서 요구되는 숙련의 내용을 현저하게 변화시키고 있다.

한국은 OECD 회원국 중 중소기업의 고용 비중이 가장 높은 나라이자 아일랜드를 제외하면 대기업과 중소기업 간의 생산성 격차가 OECD에서 가장 큰 나라이다(OECD, 2018c). 상대적으로 낮은 임금을 받는 저생산성 노동을 대체하는 자동화는 생산성 증가 효과도 미미하다. 그럼에도 불구하고 플랫폼 구축과 데이터 확보를 위해 저생산성 분야에도 자동화가 거침없이 도입되고 있다. 또한 전반적으로 노동력이 부족하지 않더라도 낮은 임금을 받고 힘들게 일하고자 하는 사람이 부족하면 기업들은 저생산성 일자리에서도 자동화를 진전시킬 유인을 갖는다. 이때 자동화는 단순히 일자리가 늘어나는 속도를 둔화시킬 뿐만 아니라 특히 중소기업 생산성 증가도 그리 크지 않은 형태로 진행될 가능성이 높다. 이런 상태라면 신기술의 거시경제적 생산성 향상 효과는 당분간 저조할 것이다.

이런 상황은 도처에서 끝없이 지속될까

기존의 어떤 업무가 로봇에 의해 대체된다고 해서 일하는 시간이나 일하는 사람 수가 상응하게 줄어드는 것은 아니다. 자동화로 생산성이 향상되면 같은 생산량을 생산하는 데에는 적은 인력이 필요하지만, 새로이 창출되는 수요로 인해 더 많은 산출물을 생산할 필요가 있게 되고, 그에 따라 노동수요도 늘어난다. 인간의 욕구는 무한해서 생산성이 향상되어 가격이 싸지면 과거에 충족시키지 못했던 욕구를 충족시키는 새로운 상품과 서비스를 공급하는 기업가가 등장하여 과거에 없던 새로운 생산활동이 나타나기 때문이다.

특정 직업을 입력하면 현재 기술로 그 직업이 대체될 수 있는 확률이 몇 %인지를 알려 주는 웹사이트가 있다. '직업의 미래'와 'Will robots take my job?'이라는 웹사이트가 그것이다. 예컨대, 'Will robots take my job?'이라는 웹사이트에 접속해서 '택시운전기사 (Taxi Drivers)'를 입력하면 86%, '초등학교 교사(Elementary school teacher)'를 입력하면 0.4%를 보여 주는 식이다. 이 웹사이트는 특정 직업의 직무를 정의한 후 그 직무를 현재의 기술로 대체할 수 있는 가능성을 전문가들에 물어서 확률을 도출한 것이다. 전문가들의 집단지성을 활용해서 도출해 낸 수치인데 흔히들 그 확률을 두고 해당 직업이 없어질 확률이라고 해석하는 사람들이 많다.

하지만 그 의미는 현재 있는 택시운전기사의 86%는 곧 일자리를 잃게 될 것이라는 뜻이 아니다. 현재의 기술로 운전기사의 직무를 대체할 수 있는 가능성이 86% 정도라고 전문가들이 판단하고 있다는 뜻이다. 그런 일이 현실이 되려면 그 기술이 도입되어 사용되어야 한다. 하지만 아직 그 기술이 운전기사를 고용하는 것보다 비싸면 실제 채택되지는 않는다. 그러므로 아직 해당 기술이 저렴해지기까지는 택시운전기사가 자율주행차 기술 때문에 쫓겨나지는 않는다.

특정 시점에서 판단할 때 어떤 직업을 기술로 대체할 수 있는 가능성이 높다고 해서 그것이 바로 해당 직업 종사자의 감소로 이어지는 것은 아니다. 기술적으로는 대체가능성이 높더라도 경제성이 뒷받침되지 않으면 로봇이 사람을 대체하는 일은 일어나지 않는다. 로봇이 사람을 대신해서 특정 직무를 수행할 때 해당 직업종사자가 새로운 직무를 부여받고 일할 수 있게 되는 경우에도 그 직업이 없어지지 않는 것은 물론, 종사자 수가 줄어들지 않을 수도 있다. 현재의 자동화 기술로 콜센터 직원의 직무를 대체할 수 있는 가능성은 15년 전이나 지금이나 99%로 진단되고 있다. 하지만 지난 15년 동안 콜센터 종사자의 수는 줄어들지 않았다.

도처에서 무너진 사다리, 부러진 사다리, 회사 내 중간관리자의 감소를 증언하면서, 평생직장과 경력개발 패러다임이 바뀌고 있다고 말한다. 하지만 기업이 사라지지 않는 한 회사원도 사라지지 않는다. 기계만으로 서비스와 물건을 생산하는 회사는 없다. 로봇에 의한 인간 업무 '대체'는 어떤 직무의 대량 소멸을 의미할 수 있다. 직무보다는 훨씬 적은 수이겠지만 직업을 파괴할 수도 있다. 하지만 전반적 일자리 파괴를 의미하진 않는다. 하나의 직업이나 한 사람의 일자리는 여러 가지 직무로 이루어져 있기 때문이다.

기술이 특정 일자리를 없애는지 여부는 그 일자리의 업무(task, activity)를 기술이 모두 대체하는지, 일부는 대체하더라도 일부는 보완하는지 여부에 달려 있다. 기술과 보완되는 업무가 있다면 기술이 업무의 일부를 대체하더라도 보완관계에 있는 업무의 생산성은 증가한다. 그렇게 해서 해당 일자리의 생산성이 올라가면 그 일자리는 없어지지 않고 오히려 수요가 늘어날 수도 있다.

고등교육을 필요로 하지 않는 일자리라고 해서 모두 줄어드는 것도 아니다. 한국에서 정보통신기술이 본격적으로 확산된 1990년대를 고찰해 보면 같은 교육 수준을 요하는 직업이라고 하더라도 단순반복 기능을 직무로 하는 직업의 일자리(기능원 등)는 감소한 반면, 대인관계를 직무로 하는 직업의 일자리(AS요원 등의 서비스 종사자)는 증가했다. 증가의 정도를 보면 전반적으로 전산화하기 힘들고 최근의 기술 발달과 보완적인 직무를 가진 전문직, 기술직이 가장 많이 증가했다. 단순노무직 또한 전산화하기 힘들고, 경비원, 청소원, 운전자, 승무원, 음식서비스 종사자, 가사 도우미 등의 직무도 기술 진보와 보완관계를 가져 고용이 증가했다(허재준 외, 2002). 사실, 인공지능의 출현 이전이라도 회계보조원, 세무보조원의 직무(엄밀히 말하면, 직무 중 일부)를 자동화하는 것이 청소원의 직무를 자동화하는 것보다 훨씬 가능성이 높았다.

한국에서 1990년대에는 중간 숙련 수준을 가진 직업이 줄어들었지만 2000년대에 들어서는 다른 양상을 보였다. 1990년대에 줄어

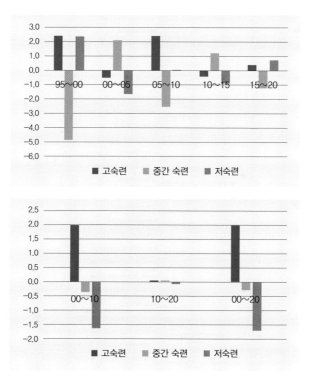

[그림 11-5] **한국의 숙련 구성 변화(1995~2020)**

출처: 통계청. 경제활동인구조사.

든 직업군의 종사자가 지속적으로 줄어들기보다는 직무의 성격이
바뀌면서 추세도 변화한 것이다. 중간 숙련 일자리가 줄어든 정도
도 시기에 따라 다르며, 관찰기간을 5년 단위로 하는지 10년 단위
로 하는지에 따라서 다른 양상을 확인할 수 있다([그림 11-5]).

　　1995년 이후 OECD 국가들의 숙련 구성에서는 중간 숙련 일자
리 혹은 중간 소득 일자리가 줄어들었다는 보고가 많다(Goos &
Manning, 2007; OECD, 2017). 하지만 이러한 사실은 어느 나라, 어느
시기를 관찰하느냐에 따라 달라진다([그림 11-6]). 한국과 아시아

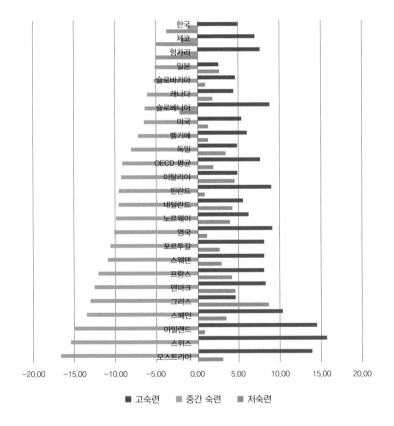

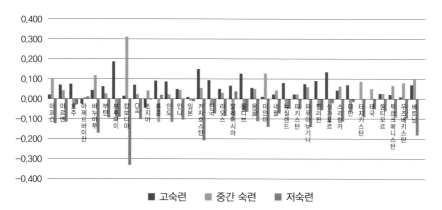

[그림 11-6] OECD 국가(1995~2015)와 ADB 회원경제(2000~2020)의 숙련구성 변화
출처: 통계청. 경제활동인구조사, ADB, OECD.

개도국(Emerging Countries)들을 살펴보면 고숙련 노동 증가가 두드러진다.

특정 숙련군의 직무 변화 내용은 기업이 생산과정에서 사람의 개입을 어떻게 조직하는가에 달려 있다. 기업들이 택할 인사관리 방식이 어떻게 변화할 것인가가 특정 숙련군에 대한 수요와 일의 질을 결정한다. 자동화가 용이한 직무, 즉 정형화하기 용이한 직무로 이루어진 직업들에서는 종사자 수가 감소하기도 한다. 그와 동시에 자동화하기 어려운 업무, 자동화하는 것이 아직 경제적으로 수지맞는 일이 아닌 업무, 과거에는 존재하지 않은 새로운 종류의 역할을 시도하는 업무 등을 사람이 맡는 방식으로 특정 직업(일자리)의 직무가 변화하면, 해당 직업을 구성하는 직무가 새롭게 정의되거나 그 과정에서 아예 새로운 직업이 탄생하기도 한다. 그러므로 해당 직업의 종사자 수 감소 자체를 단순히 일자리의 감소나 소

멸로만 해석하면 이처럼 각 직업들에서 일어나고 있는 직무 변화
나 새로운 직업의 탄생과 같은 변화의 양상을 놓치게 된다. 사실,
어떤 숙련 범주의 종사자가 줄어드는지 증가하는지는 관찰기간을
어떻게 취하는지, 어느 나라를 대상으로 삼는지에 따라 달리 나타
난다.

직무 변화가 고용에 미치는 영향은 일의적이지도 않고 항구적이
지도 않다. 변화된 자동화 방식, 즉 로봇·인공지능과 인간이 협업
하는 방식을 어떻게 조직하는지에 달려 있다. 기업 내에서 각 직업
군의 직무 변화는 얼마나 높은 생산성을 달성하고 다양한 부가가
치를 창출해 내는지, 이를 위해 해당 기업이 생산과정을 어떻게 조
직하는지에 따라 변화한다. 기업들이 택하는 인사관리방식 변화가
각 직업군들에 대한 수요와 일의 질을 결정한다. 기술과 사람을 결
합하는 특정 방식이 효율적이라고 인정되면 그 방식은 널리 확산
되어 그 생산방식이 시대적 특징으로 정착된다. 20세기 초 이래 공
장에서 컨베이어 벨트를 이용한 일관작업 방식이 확산된 과정이
이와 같았다.

기술 진보를 포함하여 인력수요를 규정하는 변화는 일자리를 줄
이거나 없애기만 하는 것이 아니라 업무 내용과 일하는 방식을 변
화시키며 더 많은 일자리를 만들어 내는 과정이기도 하다. 학습할
수 있는 시간과 적응할 수 있는 시간을 허용하면서 직무 변화가 이
루어지고 고용 조정에 걸리는 시간보다 학습과 적응에 걸리는 시
간이 짧다면 지능정보기술의 변화로 인한 고용 조정은 심각한 충
격의 형태를 띠지 않고 변화할 수 있다. 인공지능이 특정 직업이나

일자리의 직무 일부를 대체하는 동안 인간은 다른 업무를 자신의 직무로 삼을 수 있도록 학습하고 적응할 수 있기 때문이다. 반면, 사람과 기업의 적응이 변화의 속도를 따라잡을 수 없는 기간에는 (기술 변화가 내생적으로 이루어지는 단일경제를 상정하면 이런 일은 상상하기 어렵다. 하지만 세계적 차원에서는 기술 변화가 내생적으로 일어난다고 하더라도 다수의 이질적 경제가 존재하는 세계 경제 특성상 특정 국가에게는 기술이 외생적 변화로 다가올 수 있다) 지능정보기술의 변화로 인한 영향이 충격적인 형태로 전개될 수 있고 고용증가율이 둔화될 수 있다. 그것이 과도기에 그칠지 장기간 지속될지 여부는 경제주체의 적응력, 즉 근로자의 훈련과 재훈련, 변화에 부응하는 기업의 경영과 정부의 행정, 환경 변화에 부응하는 법과 제도 등에 의존할 것이다.

일자리에 긍정적 영향을 미치는 변화의 과정은 제도와 정책과 조직[기업]의 적응력이 높을수록 충격적이지 않은 방식으로 일어난다. 제도와 정책과 조직의 적응력이 뒤떨어지면, 직무 변화도 더디고 생산활동에서 새로운 변화를 확인하는 것이 더딜 뿐만 아니라 악영향을 미치는 충격을 겪고 그때마다 회복하는 과정도 더딜 것이다. 일자리의 생성도 그만큼 더디고 일자리의 질도 높지 않을 것이다.

12

세상은
불평등해지는가

'쿠즈네츠'의 세계와 '피케티'의 세계

1997년 외환위기로 신용경색이 초래되자 대우와 같은 대기업마저 견디지 못하고 쓰러졌다. 망가진 일자리 생태계를 위해 정부는 벤처 창업을 장려했다. 일단의 명문대 졸업생들이 벤처기업으로 달려갔다. 대기업에서 일하던 사람, 국책연구원에서 일하던 사람들 일부도 벤처기업을 일구어 보겠다고 사표를 냈다. 건국 이래 처음 있는 일이었다. 상당한 수의 벤처기업인들이 벤처 붐 속에서 거액을 손에 쥐었다. 벤처 거품이 꺼지면서 이들 중 상당수는 실패의 쓴맛을 보거나 안주했다. 하지만 김범수, 장병규와 같은 벤처사업가는 다시 창업에 나섰다.

2021년 여름 카카오의 김범수 의장이 한국 최고 부자의 반열에 올랐다고 블룸버그 통신이 전했다. 한게임을 만들었던 김범수는

2007년 NHN 대표직을 그만두고 2010년 카카오톡을 출시했다. 수익모델 없이 매달 서버 비용으로만 10억 원씩 쏟아부어야 했다. 과연 지속가능한 사업인지를 의심하는 사람이 적지 않았다. 하지만 그로부터 10여 년 만에 카카오는 현재 증권거래소 시장에서 기업가치 10위 기업에 올라 있다.

장병규는 2000년에 상장한 '네오위즈'로 400억 원을 거머쥐었다. 검색회사 '첫눈'은 350억 원을 받고 네이버에 매각했다. 게임 제작 명가를 이루기 위해 2007년에 크래프톤을 창업했다. 크래프톤은 수없이 실패를 반복했지만 언제 무너질지 모른다는 불안감을 극복하고 전 세계 가입자 10억 명을 돌파하게 될 배틀그라운드로 축포를 터뜨렸다. 크래프톤은 증권거래소에 상장해서 현재 시가총액 26위의 기업이 되어 있다.

1995년 세르게이 브린(Sergey Brin)과 래리 페이지(Larry Page)는 미국에서 검색엔진을 만들었다. 3년 뒤 그들은 허름한 차고에서 구글을 창업했다. 오늘날 모바일 검색과 동영상 콘텐츠에서 구글은 독보적 위상을 차지하고 있다. 20년 만에 이렇게 세계인의 생활에 영향을 미친 기업은 일찍이 없었다. 그 영향력과 함께 구글 창업자는 천문학적인 부를 거머쥐었다.

이처럼 과거에 없던 새로운 서비스를 공급하는 기업가들이 대거 출현하는 현상과 함께 지난 30년 동안 OECD 국가의 소득분배가 전반적으로 악화되었다. 하위소득군의 소득이 1.2배 증가하는 동안 상위소득군의 소득은 1.6배 증가했다([그림 12-1]). 증가 일로를 걸어 온 소득불평등은 상대적 박탈감과 함께 일자리에 관한 암울

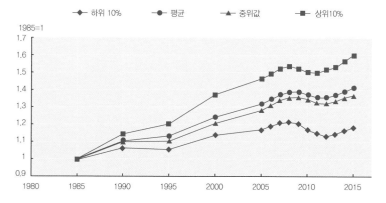

[그림 12-1] **OECD 17개국의 하위, 평균, 중위, 상위소득자 실질소득 추이**

주: 소득은 처분가능가구소득. 자료가 존재하는 OECD 17개국 단순평균(캐나다, 덴마크, 핀
란드, 프랑스, 독일, 그리스, 이스라엘, 이탈리아, 일본, 룩셈부르크, 멕시코, 네덜란드, 뉴질랜
드, 노르웨이, 스웨덴, 영국, 미국). 일부 데이터는 내삽한 값이거나 가장 가까운 연도의 값.
출처: OECD Income Distribution Database(http://oe.cd/idd.), OECD (2019)에서 재인용.

한 전망을 재생산하는 원천 역할을 하고 있다.

여기서 우리는 한 가지 질문을 해 볼 수 있다. 지난 30년간 산업
국가들이 겪은 소득분배 악화는 파급효과가 광범위한 범용기술
(general purpose technology)[1]이 확산되는 시기의 일반적 현상일까,
디지털 기술 심화에만 관련된 현상일까? 광범위하게 영향을 미치
는 성격의 기술 변화일수록 기술 진보의 초기 국면에서 소득분배
가 악화되는 기간이 상당기간 지속될 수 있으리라고 볼 요인들이
존재한다.

---

1) 범용기술이란 그 영향력이 일부 공정개선에 미치는 데 그치지 않고 경제의 제반 영역에 영
   향을 미치고 사회에도 광범위하게 영향을 미치는 종류의 기술을 가리킨다. 18~19세기의
   증기기관과 전기의 발명, 20세기 후반의 컴퓨터, 인터넷, 21세기의 인공지능 기술과 사물
   인터넷 기술과 같은 디지털 기술을 범용기술의 예로 들 수 있다.

극심한 변혁의 시기에는 적응력의 차이에 따라 부의 대규모 이동이 이루어진다. 그 이유는 영국에서 산업혁명이 전개된 과정이나 일국의 경제발전 과정을 돌아다보아도 알 수 있다. 산업혁명 초기의 부 축적과정은 농민들을 경작지로부터 쫓아내는 것이었지만 얼마 뒤 발명가들이 기업을 일구면서 전혀 다른 모습을 띠었다. 단순작업만으로는 꿈도 꾸지 못했던 도구를 발명해 농사나 목축을 하는 일에 비할 바 없이 생산성이 높은 공장을 하나 설립하여 큰 부를 거머쥐는 사람이 나타나기 시작했다. 그 후 더 많은 수의 기업가가 이를 모방하여 새로운 공장을 지었다. 이러한 일련의 과정을 통해 경제 전체의 소득 수준과 부가 증가하였다. 이때 소득분배 측정 지표로 농업사회 상태와 산업화 과정을 포착했다면 소득분배가 악화된 것으로 나타났을 것이다.

그런 선구적 기업 상품의 예가 240년 전의 영국에서는 제임스 와트(James Watt)와 매튜 볼턴(Mathew Boulton)이 하나의 원동기를 써서 여러 개의 작업기를 동시에 가동시킨 복동회전 증기기관이었다. 120년 전의 미국에서는 토머스 에디슨(Thomas Edison)이 발명한 전구와 축음기였고 그것을 상품화한 기업이 GE였다. 60년 전의 한국에서는 정주영, 이병철이었고 20여 년 전에는 김범수와 장병규였다. 40년 전의 미국에서는 빌 게이츠(Bill Gates)와 스티브 잡스(Steve Jobs)였으며 20년 전에는 제프 베조스(Jeff Bezos)와 래리 페이지(Larry Page)였다. 그들이 발명한 것이 동력기관이나 방적기가 아니라 전자제품, 유조선이었고, 컴퓨터 운영체계, 디지털기기, 인공지능을 활용한 검색기, 메신저인 것이 달랐을 뿐이다.

한 사회의 제도 발전은 경제 현장의 혁신과정에 비하면 몹시 더디다. 그래서 새롭게 등장한 기업들은 자신을 키우기 위한 활동에 매진한다. 그중 어떤 것은 공정해 보이지도 않고 상식적이지 않은 것도 있을 수 있지만 과거의 규제와 제도로는 그러한 일탈을 막기 힘들다. 이를 막아야 한다는 문제 제기를 하는 사람들이 없지는 않지만 활발한 경제활동으로 부의 증진에 기여하고 있다는 그 이유만으로 대부분의 사람들과 정부는 이런 상황을 관대하게 보아 넘기는 경향이 있다. 설사 개입한다고 하더라도 구두 호소나 매우 미약한 벌칙에 그친다. 가끔씩 대형 스캔들의 형태로 그 부작용이 명백하고 공정성이 심하게 도전받는 경우가 생겨 이를 규제하는 제도를 도입하지만 그런 조치가 이미 진행된 소득불평등화 과정을 되돌리는 데까지 이르지는 못한다.

그와 상반되게 불평등을 완화시키는 현상도 진행되었다. 범용 기술이 각 산업부문에 단절적 영향을 미치며 엄청난 부를 축적하는 기회를 제공하는 시기를 지나고 기술과 지식이 평준화되자, 학교에서의 교육훈련 내용이 산업화 과정에 부응하게 되었다. 그에 따라 중간 숙련 및 저숙련 노동자 친화적인 기술 진보가 진행되었다. 사회불안을 불식하기 위해 소득불평등을 완화시키는 획기적 재분배 정책도 도입되었다(예컨대 강화된 누진세제, 소득에 연동해서 지급하는 각종 복지수당 등). 시장의 기득권자들이 독점 등 불공정한 방법으로 부의 집중을 추구하는 행동을 규제하는 제도도 도입되었다(예컨대 독점금지법).

1955년 사이먼 쿠즈네츠(Simon Kuznets)는 경제가 발전함에 따라 처음에는 소득불평등이 증가하다가 산업화가 진전되고 도시가 발달한 후에는 사회의 전반적인 경제적 불평등이 감소한다는 가설을 주장했다(Kuznets, 1955). 경제의 초기 발전 단계에는 새로운 투자 기회가 많아 이미 투자할 자본을 갖고 있는 사람들이 자산을 늘릴 기회가 많다. 반면, 농촌에서 이탈하여 도시로 유입된 노동자들의 임금은 낮아 소득 격차가 확대되고 불평등이 심화된다. 경제가 발전하면서 노동자가 더 나은 임금을 받는 일자리를 찾고 복지제도가 발달함에 따라 소득불평등이 줄어든다. 이로 인해 1인당 소득과 경제적 불평등은 역 U자 모양의 관계를 갖게 된다는 것이다([그림 12-2]).

이후 경제발전 초기에 증가하다가 다시 감소하는 소득불평등 현상을 경제학자들은 '쿠즈네츠 곡선'이라고 부르고 있다. 쿠즈네츠 곡선 안에는 산업화 과정에서 일반적으로 일어난 정치경제학적 과

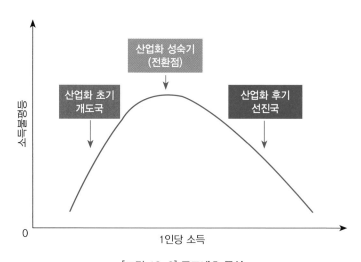

[그림 12-2] **쿠즈네츠 곡선**

정이 응축되어 있다. 농업사회에서 산업사회로 이행한 국가들은 소득불평등이 증가하는 일련의 기간을 거친 후 소득불평등이 감소하는 기간을 경험했다.

쿠즈네츠 곡선이 발표된 이후 60년 이상이 흐른 지금 상위소득자 1% 혹은 10%의 소득 비중 추이를 100년 안팎의 장기간에 걸쳐 관찰하면 오히려 역U자 모양이 아닌 U자 형태가 두드러진다. 이를 '피케티 곡선'이라고 부르기로 하자. Piketty(2013)는 소득불평등도 추이가 20세기에 U자 형태였다는 통계자료를 제시하며 경제발전과 소득불평등에 관한 쿠즈네츠 곡선 관계에 강한 의구심을 제기했다. 자본주의 경제는 불평등을 강화하는 내재적 경향을 지니고 있고, 1910~1950년 사이의 불평등 감소는 전쟁의 충격을 극복하기 위해 채택한 정책들이 불러온 결과이며 1970년대까지의 소득불평등도 감소는 예외적이라는 것이다. Piketty(2013)는 양극화 경향은 언제라도 우위를 되찾을 가능성이 있으며 그것이 현재 자본주의 국가들이 마주하고 있는 현실이라고 본다.

어디를 보느냐 그것이 문제로다

피케티 곡선을 20세기 초부터 1950~1960년대까지에 한정해서 보면 역U자형 곡선이라고 볼 수 있다. 특히 소득분배 자료를 구할 수 없는 19세기 후반의 소득분배 상황이 20세기 초보다 나은 상태가 아니었다면 확연히 19세기 후반부터 20세기 중반까지 산업국가들의 소득분배 추이는 역U자형 곡선을 보일 것이다([그림 12-3]).

하지만 피케티 곡선에서 1980년대 이후만을 분리해서 보면 1980년대는 또 다른 역U자 곡선이 시작되는 시기라고 간주할 수

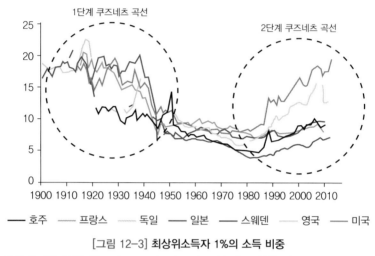

[그림 12-3] 최상위소득자 1%의 소득 비중

출처: The World Wealth and Income Database, http://wid.world/data/

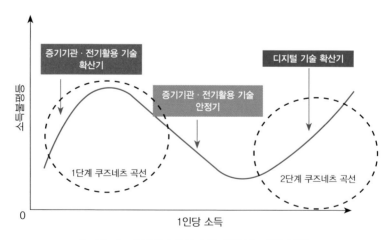

[그림 12-4] 피케티 곡선과 두 개의 쿠즈네츠 곡선

도 있다([그림 12-4]). 1980년대는 범용기술인 디지털 기술이 발달하고 확산되기 시작한 시기, 혹은 클라우스 슈밥이 3차 산업혁명이 시작되었다고 본 시기와 일치한다. 이전의 범용기술이었던 전기와 관련 기술이 만들어 낸 초기 불평등 확산 시기가 19세기 후반과 20세기 초라면, 다른 범용기술인 디지털 기술이 만들어 내는 초기 불평등 시기가 1980년대 이후 지금까지의 시기라고 볼 수도 있는 것이다. 즉, 쿠즈네츠 곡선 관계를 경제발전 단계에 따른 소득불평등도 변화곡선이 아니라 범용기술(general purpose technology)이 등장하고 확산되는 데 따른 소득불평등도 변화추이를 보여 주는 곡선으로 간주하면 다른 해석이 가능하다. 피케티 곡선은 쿠즈네츠 곡선과 상충된다기보다 서로 다른 시기를 고찰하는 데 따른 해석의 차이일 뿐이다.

물론 이러한 가설은 앞으로 두 세대 이상의 시간이 흐른 뒤에야 검증될 수 있을 것이다. 하지만 범용기술이 사회전반에 영향을 미치는 기술이고 기술이 안정화 단계에 이르기 전에 거침없이 확산되는 시기에 소득분배 상황을 악화시키는 여러 요인이 작용할 수 있음을 생각해 보자. 그러면 Piketty(2013)가 주장한 것처럼 1910~1950년 사이의 불평등 감소 시기가 자본주의의 예외적 시기라기보다는 피케티 곡선과 두 단계의 쿠즈네츠 곡선이 결합된 시기를 관찰한 결과라고 보는 것이 타당해 보인다.

4차 산업혁명 기술은 유죄인가

현재 우리가 경험하고 있는 디지털 혁명의 진행이 제공하는 새로운 기업 활동 기회와 부의 축적도 농업사회가 산업사회로 전환되던 시기와 유사하게 소득불평등을 악화시키는 결과를 낳을 수 있다. 새로운 기회에 뛰어난 순발력과 적응력을 갖춘 사람들은 기술 변화가 제공하는 사업 기회를 보는 눈이 다른 사람들보다 밝다. 변화의 초기에 이러한 사람들은 항상 소수이다. 그래서 남다른 부를 축적하고 부의 편중은 당분간 지속된다.

새로운 기술을 활용하는 기업들은 전혀 새로운 방식으로 기업 활동을 한다. 그중 어떤 것은 공정해 보이지 않은 것이 있을 수 있지만 과거의 규제와 제도로는 그것을 막기 힘들어서 정부도 관찰만 하거나 방관할 뿐 적극적 개입을 하지 못한다. 새로운 부의 원천을 보고 새로운 비즈니스 모델로 도전하는 기업가들을 아직 실현도 하지 않은 미래 결과에 대한 예단만으로 규제당국이 규제할 수는 없기 때문이다. 기존의 법이 금지한 활동이 아니라면, 법이 범죄로 정하고 있는 범죄에 대한 증거 없이는 형사처벌을 할 수 없듯이 규제 대상이 아닌 기업 활동에 대한 명확한 증거 없이는 기업 활동에 불이익을 줄 수 없는 것은 자유시장경제의 규범이기도 하다.

충격적인 사건(scandal)이 발생하기 전에는 규제가 동력을 얻기 어렵고 적절한 규제 방안이 마땅치 않은 점도 새로운 사업 모델로 기업을 하는 사람이 규제당국의 간섭을 받지 않고 부를 축적하는 또 다른 이유가 된다. 과거에는 적절한 규제 방안을 갖지 못하던 규제당국이지만, 사회적으로 커다란 문제가 되는 사건이 터지고 그 부작용이 명백하고 공정성이 심하게 도전받았다고 많은 사람이 공감할 즈음에는 이를 규제하는 제도를 도입할 수 있는 조건이 마련된다. 미국에서 반독점법, 주식시장의 각종 규제와 의무가 도입된 역사에는 그런 계기들이 존재했다. 가상화폐를 둘러싸고 벌어진 규제와 반규제 논의와 가상화폐 테라와 루나의 가치가 불과 며칠 만에 0원이 된 뒤의 규제당국의 움직임을 보아도 과거에 없는 새로운 기술을 응용한 상품이나 서비스가 등장할 때의 규제를 둘러싼 이해당사자들의 역학 관계가 어떻게 변화하고 새로운 패러다임에 맞는 규제가 도입되는 과정이 어떠한지를 짐작할 수 있다.

이런 일련의 과정이 진행된 후에 시장에 진입하는 후발자는 변혁의 초기에 선발자가 누렸던 무규제 내지 규제 부재 상태를 누릴 수 없는데, 물론 그와 반대되는 경우도 존재한다. 이미 복잡해진 산업사회에서 만들어진 여러 가지 규제가 존재한다. 이들 중 어떤 것들은 변모하고 있는 경제상황에서 무의미하기 짝이 없는 규제이지만 지속되어 새로 시장에 진입한 기업가가 그 규제에 질식해서 성장하지 못하고 고사하는 경우도 있다. 후발자는 애초부터 이러한 실패를 극복할 방안을 찾은 후 시장에 진입함으로써 후발자의 이익을 누린다.

극심한 변혁의 시기에는 기업가뿐만 아니라 노동자 간 적응력 차이도 소득 기회의 극심한 차이로 이어진다. 자동화가 진행됨에 따라 어떤 노동자들은 일자리를 잃고 어떤 노동자들은 생산성 향상으로 소득 증가를 누린다. 자신의 업무가 자동화의 대상이 된 노동자들은 달리 새로운 업무를 찾거나 부여받지 못하면 일자리를 잃는다. 반면, 자동화가 업무를 보완하는 일자리를 가진 노동자들은 자동화로 생산성이 증가함에 따라 높은 소득을 누릴 기회를 갖는다.

경제 전반적으로 일자리가 늘어나더라도 자동화로 인해 일자리에서 배제된 전통산업 노동자가 새로운 산업에서 일자리를 갖는 것이 언제나 쉬운 것은 아니다. 불가피하게 일부는 일자리를 찾지 못하거나 예전의 일자리보다 현저하게 소득이 낮은 곳에 불안정한 지위로 취업하기도 한다. 오랜 기간 일하던 곳에서 다른 직장으로 옮길 때에 소득 저하를 겪는 일은 일상적 현상이다. 한국은 특히 주된 경력을 쌓았던 회사에서 일하다가 다른 곳으로 전직해야 할 경우 현저하게 낮은 보수를 감수해야 하는 노동시장 특성을 갖고 있다(이를 두고 외부노동시장이 발달되지 않았다고 한다. 물론 스카웃되어 가는 경우처럼 협상력이 있는 경우는 예외이다).

축소되는 전통산업에서 쫓겨난 노동자들만큼 새로운 산업이 새로운 노동자를 고용하고, 그곳에서 제공하는 일자리의 보수가 전통산업에서 없어진 일자리의 보수 수준과 일치하거나 더 높다면 경제 전체의 소득분배 상황은 악화되지 않을 수 있다. 하지만 현재 진행되고 있는 디지털 기술 혁신으로 만들어지고 있는 일자리들은 일부 현저히 높은 수준의 보수를 얻는 일자리와 나머지 전통적 일자리가 제공하던 보수보다 높지 않은 일반적 일자리로 나뉘어 있어 대다수의 사람들은 과거보다 보수가 높지 않은 일자리 중에서 골라야 한다.

한국에서는 지난 20여 년간 대기업 일자리 비중이 지속적으로 감소했다. 기업 규모 간 임금격차는 증가했다. 제조업 일자리는 줄어들고 서비스업 일자리는 늘어났다. 서비스업 종사자의 임금 수준은 제조업 종사자의 임금 수준보다 낮다. 근속 증가에 따른 생산성 향상도 제조업보다 서비스업이 낮아서 근속에 따른 임금 증가도 제조업보다 서비스업이 낮다.

한국에서는 저임금근로자의 상대임금이 감소했더라도 실질임금까지 감소하지는 않았다. 하지만 미국에서는 1970년대 이래 아예 저임금근로자의 실질임금 자체가 하락했다. 특히 저숙련 남성노동자의 실질임금이 유의하게 하락했다. J. D. 밴스(2016)는 이들을 가장으로 두고 있는 남부 백인 위기 가정의 얘기를 『힐빌리 애가(Hillbilly Elegy)』라는 책에서 담담하게 전하고 있다. 이들의 불만은 트럼프의 대통령 당선과 가짜 뉴스가 횡행하는 정치가 확산된 배경이기도 하다. 미국에서는 지난 30년간 중간 숙련 범주의 일자리는 감소하고 고숙련 일자리와 저숙련 일자리가 증가했다. 이런 일자리 양극화 현상은 중간 숙련 노동자가 수행하던 업무에서 노동을 자본으로 대체할 수 있는 신기술이 신속하게 확산되고, 특정 업무를 해외 외주(off-shoring)하여 외국노동이 국내노동자를 대체하는 일을 가능케 한 기술 발달을 배경으로 하였다(Acemoglu & Autor, 2010). 자동화가 일자리를 없앨 수도 있고 새로운 일자리를 만들고 생산성을 높이기도 하지만 경제 전체에 대해 그 효과가 어떤 결과를 초래할 것인지에 대해서는 사전적으로 단언할 수 없다. 특히 과거와 단절적인 성격의 범용기술이 확산될 때에는 기업, 노동자, 정

부, 제도가 어떻게 그러한 변화에 적응하느냐에 따라 결과가 상이
하게 나타난다. 그런데 지난 30년간 진행된 경제 변화의 내면을 실
증적으로 들여다보았더니 대부분의 OECD 회원국에서 소득분배
가 개선되기보다는 악화된 것으로 나타난 것이다.

　로봇이나 인공지능과 보완적인 업무를 수행하는 노동자라고 하
더라도 임금이 오르지 않을 수 있다. 생산성 향상이 임금상승으로
이어질는지는 노동공급 탄력성에도 달려 있기 때문이다. 생산성
이 향상되는 노동자라도 그곳에서 일할 만한 사람이 많아서 노동
공급이 대량 증가한다면 생산성 향상만큼 임금이 증가하지 않는
다. 또한 특정 제품이 소득 증가에도 불구하고 그 수요가 늘지 않거
나 오히려 줄어드는 특성을 갖는다면 자동화로 제품 생산이 증가
하고 가격이 하락하고 사람들의 소득이 증가하더라도 해당 생산물
소비가 크게 늘지 않는다. MP3 플레이어, 콤팩트 디지털 카메라,
PDA(Personal Digital Assistants: 개인용 휴대단말기), PMP(Portable
Multimedia Player: 휴대용 멀티미디어재생기)처럼 아예 소비가 줄어
들 수도 있다. 사회 전반적으로 소득이 증가할 때에도 그 생산물 수
요보다는 다른 생산물 수요가 상대적으로 더 증가한다. 그러므로
자동화로 경제 전반의 생산성이 향상될 때 해당 산업 종사자의 상
대소득은 오히려 감소할 수도 있다. 스마트폰이 출현한 후의 PDA
나 PMP처럼 소득이 증가할 때 해당 제품 수요가 증가하지 않으면
이 산업 종사자가 열심히 일하더라도 상대 소득은 낮아질 것이다.

　물론 이러한 상태가 영원히 지속되지는 않을 것이다. 사양산업
이나 정체산업의 수요에 차이가 있고 임금 수준도 여타와 차이가

나면 이들 사양산업이나 정체산업에서 일하던 사람들은 다른 산업으로 이동해서 일한다. 사양산업이나 정체산업 종사자는 줄어들고 종사자 간 또는 산업 간 임금 차이는 줄어든다. 하지만 이러한 과정은 단기간에 일어나지 않고 시간이 걸리는 일이다. 과거나 지금이나 '과도적으로' 기술적·마찰적 실업이 존재하는 것이지만 그 기간이 통상적으로 과거에 겪던 기간보다 길어지면 그것은 단순한 기술적·마찰적 실업이 아니라 구조적인 것이 된다.

디지털 기술은 발전 속도가 유례없이 빠르고 그 영향력이 여러 분야에 걸쳐 있다. 파급력의 범위가 크고 속도가 빠른 탓에 시장 불확실성과 고용불안이 널리 퍼지고, 많은 사람들이 소득과 일자리 기회에서 과거에 비해 불안을 느끼고 있다. 도입되는 기술과 직무의 대체성 또는 보완성에 따라 일자리의 기회와 보수가 줄어들거나 늘어나서 시장에 있는 일자리들 사이의 보수 격차는 확대되었다. 디지털 기술에 대해 높은 수준의 적응력을 가진 노동자와 기업의 수는 소수이고 적응력 격차는 막대한 소득 격차로 이어져 소득 분배 악화 경향이 세계적 현상이 되어 있다.[2]

생산성을 높이는 과학기술 응용이 산업별로 다른 효과를 가져오고 부와 소득의 불평등한 분배를 낳았다. 그에 따라 디지털 기술로

---

2) 지속가능하도록 사회제도를 조율해 온 역사적 경험에 비추어 보면, 이러한 경향이 항구적으로 지속되지는 않을 것이다. 하지만 디지털 기술과 같은 범용기술 발달의 초기 단계에서 이런 현상은 불가피하게 나타나는 측면이 있다. 세계 경제사 속에서는 내연기관과 전기를 활용하는 기술이 급속히 확산되며 산업지형을 변모시키던 19세기 말 20세기 초에도 유사한 현상이 나타났지만, 독점을 금지하는 경쟁규범, 사회보장제도 확충, 경기변동에 적극적 개입하는 정부와 중앙은행의 역할과 같은 제도를 통해 새로운 사회구조를 만들어 내었다.

인해 새롭게 등장한 서비스와 사업 모델이 시장에서 공정하게 경쟁하게 하고 재분배정책을 적절히 해야 하는 일의 중요성도 대두되었다.

미국에서 2차 산업혁명이 진행되고 인수합병을 통한 기업의 집중이 진행될 때 상원의원 존 서먼의 제안으로 제정된 1890년 서먼법(Sherman Anti-Trust Act)은 기업의 독점을 막는 데 중요한 역할을 했다. 미국은 이 법을 통해 기업의 독점이 야기할 수 있는 폐해와 부작용을 막아 냈다. 반독점법에 의해 20세기 초에는 스탠다드 오일이 분할되었다. 1980년대에는 통신서비스가 분화하여 다양하게 발전하고 있는데 망을 독점하고 있는 기업이 독점력으로 새로운 서비스 공급자의 출현을 방해하자 미국 정부는 통신기업 AT&T에 분할 명령을 내렸다. 1980년대의 망(網) 산업(철도, 전력, 통신 등 망을 기반시설로 필요로 하는 산업)들은 그렇게 탈규제(deregulation)와 민영화(privatization)의 대상이 되었다. 1998년 운영체제인 Windows에 인터넷 내비게이션 소프트웨어인 익스플로러를 끼워 팔기 한 혐의로 마이크로소프트가 미 법무부의 반독점 심사를 받았고 최근 페이스북, 애플, 구글 역시 독점규제의 대상이 되어 있다. 한국의 공정거래위원회가 구글의 인앱(in-app)결제를 불법화한 것도 그 연장선상에 있다.

프랭클린 루스벨트(Franklin Roosevelt)가 32대 미국 대통령으로 취임했을 때 미국은 새 대통령의 취임을 축하할 여유가 없었다. 미국은 대공황의 한복판에 있었다. 주식시장 붕괴의 여파로 기업들은 노동자들을 해고하거나 임금을 삭감했다. 소비와 투자는 모두

침체했다. 은행들은 대출금을 회수하지 못해 파산했다. 가뭄과 식량 가격 하락이 겹쳐 농업경제도 파탄이 났다. 1933년 한 해에만 4천여 개의 금융기관이 문을 닫았다. 경제성장률은 마이너스 30%, 임금도 전년 대비 42.5%나 떨어졌다(강준만, 2010).

취임 후 그는 의회에 비상 임시의회 개회를 요청한 뒤, 1933년 3월부터 6월까지 100일간에 걸쳐 구제(relief)·부흥(recovery)·개혁(reform)을 내세운 '뉴딜(New Deal) 정책'을 구성하는 법령들을 제정해 나갔다. 1933년 상반기에 대통령에게 통화·신용·금에 대한 광범위한 권한을 부여한 「비상은행구제법」, 모든 신주를 일정 기간 동안 공시한 후에 발행할 수 있게 한 「연방증권법」, 금본위제 정지, 상업은행과 투자은행의 업무를 엄격히 분리한 「글래스 스티걸법(Glass-Steagall Act)」을 통과시키고, 생산·노동·원가를 정부가 강력하게 통제하게 하는 「전국부흥법(National Recovery Act: NRA)」 등으로 기존의 정부 운영에 일대 변화를 가져왔다. 예금자 보호를 위한 연방예금보험공사(The Federal Deposit Insurance Corporation: FDIC)를 발족시키고, 연방긴급구제국(Federal Emergency Relief Administration: FERA)을 신설하여 빈곤층에 연방 구제 기금 5억 달러를 배정하고 연방복지제도를 출범시킨 것도 기존의 정부 운영방식과는 현저히 달랐다.

루스벨트는 공산주의자라는 비난과 파시스트라는 비난을 동시에 받았다. 보수파들은 상류층의 배신자라고 낙인찍고 미국 사회당(American Socialist Party) 대표 노먼 토머스(Norman Thomas)는 뉴딜 정책의 개입주의적 특성을 파시즘적이라고 보았다(강준만, 2010).

뉴딜 정책은 작은 정부를 국민의 삶 곳곳에 영향을 미치는 거대한 정부로 변모시키는 일대 혁명이자 긍정적이든 부정적이든 미국인들의 삶 속에 유례가 없을 만큼 깊숙이 연방 정부를 침투시켰다(케네스 데이비스, 2004). 뉴딜은 산업혁명을 겪으면서 미국이 기존의 자본주의 시장경제 운영방식을 획기적으로 수정한 계기이자 20세기 미국의 부흥을 이끈 변곡점이었다.

피케티 곡선의 뒷부분을 새로운 쿠즈네츠 곡선이 시작되는 시기라고 볼 수도 있다는 가설이 언젠가 불평등이 저절로 완화되는 시기가 온다는 것을 의미하지는 않는다.

자유방임형 시장경제는 그것이 드러낸 취약정보뿐만 아니라 사회주의라는 외부의 위협으로부터 자유시장경제를 지키기 위해서도 변화하지 않을 수 없었다. 150~200년 전 중기 · 전기 기술과 같은 범용기술 발달이 촉진한 소득불평등을 제어 관리하기 위해 20세기 초의 산업국가 정부가 획기적인 접근을 하지 않을 수 없었듯이 디지털 혁명도 그런 단절적 제도 변화를 요구할 수 있다.

니얼 퍼거슨(Niall Ferguson)은 전쟁이나 팬데믹 같은 재난은 반복되고 재난에 효과적으로 대응하려면 회복 재생력과 함께 위기에 강한 사회정치적 구조를 만들어야 한다고 한다(니얼 퍼거슨, 2021). 기술 발달이 비록 재난은 아니지만 산업혁명이나 디지털 혁명과 같은 범용기술이 확산될 때 나타나는 사회의 요동에 대해서도 마찬가지의 얘기를 할 수 있다. 사회의 불안정에 효과적으로 대응하려면 회복 재생력과 위기에 강한 사회정치적 구조가 필요하다.

── 13 ──

또는 기업
지는 기업

추락하는 기업

PDA, PMP, 전자계산기, 전자사전, 네비게이터와 같은 상품은 20세기의 마지막 20~30년 동안에 등장하고 자리 잡은 상품들이다. 2007년에 등장한 스마트폰은 이들 PDA, PMP, 전자계산기, 전자사전, 네비게이터 시장을 현저하게 축소시키거나 아예 시장에서 축출했다. PDA는 일부 산업용이 명맥을 유지하고 있을 뿐 그마저도 사라질 날이 머지않아 보인다. 통신속도가 느린 2G 시대에 동영상을 볼 수 있는 매력을 제공했던 PMP도 지금은 스마트폰과 차별화할 요소를 갖고 있지 못하다. 이공대생의 필수품이었던 공학용 계산기는 스마트폰 앱이 대신한 지 오래다. 스마트폰은 전자사전보다 더욱 풍부한 어휘와 뜻을 제공하고 발음까지 들려준다. 그렇게 전자사전의 대표업체였던 카시오는 더 이상 신모델을 출시할 필요가 없게 되었고, 샤프전자도 전자사전 시장에서 손을 뗐다.

　MP3플레이어 또한 스마트폰 등장으로 타격을 받은 대표적 IT 기기이다. 저장 용량이 훨씬 큰데다 스트리밍 서비스를 통해 사용자가 인터넷으로 음악을 감상할 수 있는 스마트폰은 MP3플레이어 시장을 순식간에 잠식했다. 아이리버는 2011년 이후 대중화 목적의 MP3플레이어 생산을 중단했다. 삼성전자도 MP3플레이어 엡(YEPP) 생산을 2012년을 끝으로 중단했다.

　아이리버는 2000년 세계 최초로 MP3플레이어를 출시하며 한국 벤처의 신화가 되었다. 당시 빌 게이츠 마이크로소프트(MS) 창업자는 아이리버의 MP3플레이어를 "세계를 바꿀 제품"이라고 극찬했다. 아이리버는 2000년대 초 MP3플레이어, PMP 등을 앞세워 음향기기 시장을 제패하며 한국을 대표하는 정보기술(IT) 기업으로 부상했다. 당시 국내 시장 점유율 70%, 세계 시장 점유율 25%를 차지할 정도였다. 하지만 2001년 10월 애플이 1,000곡의 음악을 저장하고 10시간을 지속할 수 있는 배터리 성능을 가진 MP3플레이어 아이팟을 선보인 3년 후부터 아이리버는 사양길로 접어들었다. 2007년 스마트폰이 출시된 이후 아이리버의 매출은 급격히 감소했다. 매출액이 2004년 4,500억 원을 넘던 수준에서 2009년에는 1,441억 원으로 추락했다. 아이리버가 잘 만들던 세 가지 제품이 MP3, 전자사전, PMP였다. 하지만 스마트폰으로 인해 이들 제품 모두가 한꺼번에 설 자리를 잃었다. 엄청난 호평을 받으며 열심히 일하고 있었는데, 어느 날 보니 하던 일을 열심히 할수록 망하는 길에서 있음을 체감하는 상황에 처해 있었다. 2천 명이 넘던 아이리버의 직원 수는 100명 이하로 줄었다. 중국 공장도 매각해야 했다.

적자에 허덕이던 아이리버는 2009년 '궁극의 음질로 눈물을 흘릴 만큼 감동을 줄 수 있는 플레이어를 만들자'는 '티어 드롭(Tear Drop)' 프로젝트를 시작했다. 그로부터 3년 후 고음질 휴대용 플레이어 '아스텔앤컨 AK100'을 처음 세상에 선보였다. 부피가 큰 고가의 기기로만 듣던 고해상도 음원(Mastering Quality Sound: MQS) 파일을 휴대전화보다 작은 포터블 기기로 자유롭게 들을 수 있게 해주자 해외 박람회에서 디자인상과 기술상을 휩쓸었다. 영국의 오디오 전문지 『사운드앤비전』과 오디오 마니아 커뮤니티 '헤드파이(Head-Fi)'는 아스텔앤컨을 "최고의 소리를 내는 음향기기"라고 평가했다. 제품 출시 3개월 만에 약 100억 원의 매출을 기록하며 아이리버는 회생했다. 하지만 10년 전의 영광에 미칠 수는 없었다.

스마트폰 내장 카메라만으로 촬영한 영화가 등장할 정도로 날이 갈수록 고급화되고 있는 스마트폰 카메라 기능은 디지털 카메라 시장 또한 고사시키고 있다. 디지털 카메라 출하량은 2010년에 1억 2,000만 대로 사상 최대를 기록한 후 계속 줄어들어 2021년에는 800만 대 수준에 그쳤다. 20년 전 수준보다 더 줄어든 것이다. DSLR(Digital Single Lens Reflex: 디지털 일안반사식)카메라나 미러리스카메라 정도에서만 명맥을 유지하고 콤팩트카메라는 시장에서 자취를 감추었다. 차량용 내비게이션도 2012년 최대출하량을 기록한 후 콤팩트디지털카메라와 유사한 경로를 겪었다.

일본 게임은 대부분 비디오게임 플랫폼에서 개발되었다. 그러나 스마트폰이 모바일 플랫폼의 주류가 됨에 따라 게임시장의 판도는 완전히 변화했다. 스마트폰의 앱스토어에는 스마트폰 출현 후 3년 만에 이미 십만 개가 넘는 게임이 등장했고, 지금은 천만 개를 넘는다. 스마트폰용 게임은 초기에 유통구조 단순화로 인해 같은 게임이더라도 휴대용 게임기의 1/5 가격에 팔렸다. 지금은 훨씬 흥미진진한 게임이 무료로 제공된다. 같은 게임을 휴대용 게임기보다 훨씬 고급 사양의 스마트폰에서 더 싸게 혹은 무료로 즐길 수 있게 되었으므로 닌텐도DS와 같은 휴대용 단말기 게임을 구입하려는 사람이 짧은 시간에 급감한 것은 매우 자연스런 일이었다. 2012년 이후 일본 게임 개발사들은 심각한 위기에 봉착했다. 닌텐도가 증강현실 기술을 이용한 '포켓몬 고'를 출시하기 전까지 고전을 거듭했다.

아마존이 서점 사업에 진출하자 작은 동네 서점은 물론 반스앤드노블과 같은 대형 서점도 도산했다. 아마존이 유통업에 진출하자 토이저러스 등 미국을 대표하는 유통점이 도산했다. 아마존이 어떤 시장에 진출해서 기존의 시장이 초토화되는 현상을 두고 블룸버그는 2019년에 "아마존되었다(to be Amazoned)"는 신조어를 선보였다.

부상하는 기업

한 나라가 저소득국에서 고소득국으로 이행하는 과정에서 관찰할 수 있는 특징 중 하나는 서비스업 비중 증가이다. 소득이 증가할수록 사람들이 유형의 상품보다는 무형의 서비스재화에 대한 소비를 상대적으로 더 많이 하기 때문이다. 지금은 소프트웨어 기술에 기반한 서비스가 폭발적으로 증가하는 시대이다. 디지털 기술을 응용한 제품은 그것을 개발하는데에는 처음에 막대한 자금이 소요되지만, 일단 개발이 끝나면 생산을 하는 데는 비용이 거의 들지 않는다. 이런 제품은 일단 시장 교두보가 확보되어 임계점을 넘으면 수익이 폭발적으로 증가한다. 특정 임계 수준 이상의 사용자가 모이면 네트워크 효과가 생기기 때문이다.

카카오톡, 위챗, 워츠앱 등의 메신저 앱과 유튜브, 스포티파이 등 동영상 내지 스트리밍 서비스는, 사용자들이 생산해 내는 빅데이터를 통해 끊임없이 더 나은 서비스를 제공하고, 그렇게 무한히 향상되는 품질과 커지는 네트워크 효과를 겨냥해서 커 나가는 사업들이다. 그것이 새로운 시장을 만들고 다시 새로운 시장에 진출하는 경쟁력의 기반이 되는 현상이 디지털 전환시대의 특징 중 하나다. 카카오가 수십 개의 계열사를 거느리게 된 것은 과거 재벌기업이 사업 다각화를 한 방식과는 본질적으로 차이가 있다. 기술기업들은 비슷한 크기의 수익을 내는 전통적 기업에 비해 유형자산의 비중이 현저히 낮다. 유형자산이나 매출에 비추어 볼 때 기술기업의 가치가 높다는 사실은 투자자들이 유형자산이 적은 기업을 오히려 미래 발전성이 높다고 보는 것을 의미한다. 물론 유형자산 대신 다른 어떤 능력을 갖추고 있어야 그런 평가를 받을 수 있다. 그게 무엇일까?

월마트는 매출액, 순이익, 시장점유율에서 아마존보다 앞선다. 하지만 기업가치는 아마존이 월마트의 4배 이상이다. 오프라인 구매를 선호하는 고객층을 기반으로 하고 있는 월마트가 전통기업에서 디지털 기업으로 거듭나기 위해서 기울인 노력의 분투기는 눈물겹다. 월마트는 오프라인만 믿다가는 결국 토이저러스나 베스트바이와 같이 문을 닫는 처지로 전락할 것이라고 생각했다. 그리하여 2005년에 이미 디지털 변신을 모색하기 위해 실리콘밸리에 월마트 랩(Labs)을 세웠다. 제트닷컴이라는 전자상거래업체를 인수하기도 했다. 인도에서 전자상거래 1위 기업인 플립카트(Flipkart)를 인수해서 아마존과 대결을 펼치기도 했다. 중국의 전자상거래 기업 징둥닷컴에도 지분 투자를 했다. 2020년에는 틱톡 인수에 참여하고자 오라클과 파트너십을 맺었다. 미주 틱톡이 장래에 전자상거래 기능을 도입할 경우 파트너로 참여하기 위해서였다. 이렇게 수없이 실패하면서 아마존을 추격한 끝에 월마트는 드디어 2020년에 전체 매출의 11%를 온라인에서 올리고 미국 온라인 거래 전체의 5%를 차지하는 데 이르렀다.

그럼에도 불구하고 월마트의 기업가치는 현재 4,000억 달러에 미치지 못한다. 반면, 아마존의 기업가치는 1.6조 달러를 상회한다. 월마트는 직원 유지에 들어가는 비용이 막대하다. 로봇과 인공지능을 사용해 전자상거래를 위주로 하는 아마존은 인건비 지출 비중이 월마트보다 훨씬 낮다. 아마존은 오프라인 상점도 철저히 데이터 기반으로 매장을 열거나(Amazon Books) 무인기술을 활용해서 매장을 연다(Amazon Go). 월마트의 유형자산과 오프라인 매장 직원의 수는 압도적으로 많다. 거대한 항공모함과 같다. 과거에는 항공모함이 회전하는 데 수 시간이 걸렸다. 최근에는 첨단기술을 결합하면서 3~4분이면 회전할 수 있게 되었다. 월마트는 앞으로 있을 미래 유통업 전장에서의 전투를 위해 항공모함에 심을 첨단기술이 온라인 비즈니스 역량이라고 보았다.

하지만 월마트 사례에서 단순히 온라인 거래 자체에만 주목하면 핵심을 놓치는 것이다. 웹에서 수없이 나타났다가 없어지는 군소 쇼핑몰과 차별화하는 점이 있다. 그것은 부단히 데이터에 의존하는 사업모델을 가꾸는 것이다. 이는 스타트업 기업들의 특성이기도 하다. 예컨대 강아지 코 지문을 판별하는 펫나우는 1,000만 반려견 시대에서 시장을 발견하고 출발한 스타트업이다. 펫나우가 성공한다면 그 이유는 반려견이 1,000만이나 되는 데에 있다기보다 그 잠재시장을 데이터로 관리하며 접근하는 데에서 시장의 경쟁력을 확보하고 시장을 확대할 수 있어서일 것이다.

정부가 스마트팩토리화를 지원하지만 단순히 ERP(경영활동 데이터를 통합·관리하는 전사적 자원관리 시스템)나 MES(제조 데이터를 통합·관리하여 고장관리, 품질관리, 창고관리, 설비관리, 금형관리 등 제조 현장에서 필요로 하는 다양한 기능을 지원하는 시스템)를 도입한다고 스마트팩토리가 되지는 않는다. 데이터에 기반해서 생산관리, 재고관리, 판매관리 등을 하는 기본 인식이 결여되어 있으면 ERP, MES도 무용지물이 된다. 사용할 줄 모르는 기계를 들여놓는 것과 같다. 그것을 활용할 만큼 일하는 방식과 정보관리방식이 바뀌어야 하는 것이다.

전 세계적으로 1년에 1억 개의 스타트업이 생겨난다. 1초에 3개 꼴이다. 국내에서도 거의 1분에 하나씩 새로운 법인이 태어나고 있고 그 중 상당수는 스타트업이다. 벤처캐피탈이 투자결정을 할 때 스타트업들이 목 좋은 곳에 땅을 갖고 있다고 투자하지는 않는다. 데이터를 활용하여 시장을 만들어 갈 수 있는지가 중요한 판단기준 중 하나이다. 배달의 민족, 야놀자, 우버, 에어비앤비가 혁신적 특허를 갖고 있어서 커진 것이 아니다. 데이터 기반으로 비즈니스를 하려다 보니 특허도 등록할 일이 생기고 기업가치도 높아진 것이다.

새로운 생태계

디지털 기술 발달로 가능해진 새로운 비즈니스 모델은 기존 사업의 존립기반을 뒤흔들고 기존 기업들의 서비스에도 변화를 가져오고 있다. 새로운 사업방식과 경쟁력으로 무장한 기업에 경쟁기반을 잠식당한 전통 기업들은 주력 사업분야를 바꾸고 있다. 크로아티아의 스타트업 '리막'이 전기차 브랜드의 다크호스로 등장하고, 삼성과 엘지는 자동차 전장사업을 미래 먹거리로 삼고 있다. 아이팟과 스마트폰의 등장으로 MP3플레이어 시장을 빼앗긴 아이리버가 아스텔앤컨이라는 하이파이 오디오로 회생하고, 소니는 미디어 기업이 되었고 후지필름은 헬스케어 기업으로 전환했다.

전통적으로 제조품을 판매하는 기업은 자신이 해당제품 제조 영역의 특정 영역에서 강점을 지니고 있었다. 하지만 지금은 제조능력이 전혀 없는 기업도 자신의 브랜드로 제조품을 판매할 수 있는

시대가 되었다. 과거에 숙박업은 숙박시설을 갖고 있는 업체들만
이 할 수 있는 비즈니스였다. 하지만 에어비앤비는 숙박시설 하나
없이 세계 최대숙박업체가 되었다. 전통적 유통업은 창고에 재고
를 쌓아 두고 사업을 경영하며 유통 마진을 챙겼다. 재고를 최소화
하며 영업하는 것은 해당 유통업의 성패를 결정하는 요소였다. 하
지만 세계 최대의 상점 알리바바에는 상품 재고가 없다. 우버는 자
동차를 소유하지 않고 택시운송업을 하고 있다. 유튜브와 페이스
북은 스스로 콘텐츠를 생산하지 않는다. 하지만 콘텐츠가 끊임없
이 공급되고 있다. 2021년 세계 게임 매출의 1, 2, 3위는 텐센트,
소니, 애플이었다. 모두 게임 제작이 본령인 기업들이 아니다. 애
플은 자체 게임 제작이 하나도 없다. 그럼에도 세계 게임시장에서
3위의 매출 실적을 올렸다. 앱 장터 수수료로 올린 수입 덕분이다.

애플은 아이맥, 아이패드, 아이폰 등 제조업 제품을 판다. 하지
만 제조공장을 소유하고 있지 않다. 연구개발과 디자인은 미국의
애플이 하지만 애플의 최종제품은 중국에 공장을 둔 대만기업 폭
스콘이 만든다. 애플사가 발표한 2019년 '공급자 책임' 보고서에 의
하면 2018년도 애플 제품을 만드는 가치사슬에는 45개국 1049개
기업이 참여했다. 이 중 상위 200개 공급기업의 국적은 대만 46개,
중국 41개, 일본 38개, 미국 37개, 한국 13개 순이었다. 생산공장
은 809개였다. 중국 380개, 일본 126개, 미국 65개, 대만 54개, 한국
35개였다. 스마트폰 경쟁업체인 삼성전자(9개)와 삼성SDI(5개) 공
장도 참여했다. IHS Markit에 의하면, 아이폰X 소매가격 1,200달러
중 부품비용은 370달러이다. 부품 중 단일비용으로 가장 큰 것은

삼성디스플레이의 액정화면이다. 부품비용 370달러 중 110달러가 삼성에게 지불되었다. 부품비용 중 가장 큰 액수는 일본으로 갔다. 아이폰의 최종 완제품은 폭스콘이 조립하지만 폭스콘이 받는 조립 비용은 제조비용의 6%, 제품가격의 2%에 불과했다.

면도기를 숫돌에 갈아쓰는 시대에서 면도날을 갈아 끼우는 시대를 연 질레트는 115년간 면도기 부문에서 부동의 1위를 차지하고 있었다. 2010년 질레트의 시장점유율은 70%에 육박했다. 2011년 달러셰이브클럽(Dollar Shave Club)이라는 스타트업이 등장한 5년 후 질레트의 시장점유율은 54%로 급감했다. 달러셰이브클럽을 창업한 마이클 더빈(Michael Dubin)은 "왜 몇 번 쓰지 못하는 면도기를 수십 달러씩 지출해서 사고, 청소하고 갈아 끼우는 번거로움을 감수해야 하고, 사러가기 귀찮아도 사러 가야 하는가?"라는 질문을 던졌다. 창업 후 그는 홍보를 위해 공들여 각본을 쓰고 가다듬은 다음, 속성으로 홍보 영상을 찍었다.

창고에서 직접 모델로 나서 "한 달에 1달러만 내면 품질 좋은 면도기를 문 앞까지 배달받을 수 있습니다." "유명 상표를 부착한 면도날을 사용하느라 매달 20달러를 쓰고 싶으신가요? 그중 19달러는 로저 페더러(질레트 광고 모델)에게 갑니다. 면도하는 시간을 아끼고 돈도 절약합시다."라고 외치는 날것 그대로의 메시지에 대중은 환호했다. 4,500달러를 들여 제작한 90초 광고 6시간 만에 모든 물량을 판매했고 이틀 만에 구독자 1만 2,000명이 몰렸다. 비싼 질레트 면도기 대신 도루코와 손잡고 한 달에 한 번 면도날을 회원 등급에 따라 월 1달러(이중날 면도기+면도기 5개), 월 6달러(4중 면도날

4개), 월 9달러(6종 면도날 4개) 가운데 하나를 선택하면 정기적으로 배송해 주는 서비스를 시작했다. 한국의 와이즐리(Wisely)나 레이지소사이어티(Lazysociety)도 유사한 비즈니스를 하고 있는 중이다.

질레트는 고가의 면도날을 만드는 기술력을 갖고 있었지만 달러셰이브클럽은 제품 기술이 아닌 제품 선택의 편리함을 제공하는 기술력을 갖고 있을 뿐이었다. 달러셰이브클럽이 등장했을 때 오래가지 못할 것이라며 코웃음을 친 질레트는 이제 달러셰이브클럽의 비즈니스 모델을 본떠 질레트셰이브클럽(Gillette Shave Club)을 운영 중이다.

2012년 독일에서는 지멘스, 보쉬, SAP 등이 주도하여 '인더스트리 4.0 워킹그룹'을 구성했다. 2014년 이를 '인더스트리 4.0 플랫폼'으로 확장했다. 자신들의 강점인 제조 현장 역량을 바탕으로 생산과정의 효율성과 함께 생산의 유연성(다품종 소량생산) 양립을 추진하기 위한 기획의 일환이었다. 현실과 가상을 융합하는 CPS(Cyber Physical System)가 중심 개념이었다. 당시에는 가상세계가 클라우드(cloud)를 염두에 둔 것이었지만 요즘이라면 메타버스를 포함하는 방식으로 개념화되었을 것이다. 디지털 공장이 가상의 공간에서 생산공정을 시뮬레이션하고, 스마트 공장은 시뮬레이션 결과를 바탕으로 생산과정을 최적화하는 것. 이런 개념에 입각해서 독일 남부 암베르크에 위치한 지멘스의 스마트 공장은 불량률을 40분의 1로 줄이고 에너지 소비를 30% 절감하고 제품 출하 기간을 절반으로 단축했다.

판교에 있는 한 바이오 기업에 감기에 효과가 좋은 새로운 물질

을 찾는 과업이 주어졌다. 당연히 기존 감기약보다 효과는 좋고 부
작용은 작아야 했다. 예전에는 이런 물질을 찾는 데 2~3년씩 걸렸
다. 그로부터 약이 탄생하는 데까지는 다시 10년 이상 걸렸다. 여
러 실험과 임상 단계를 거치면서 신약 하나가 나오기까지는 그야
말로 천문학적인 자금이 들었다. 그래서 신약개발은 다섯 손가락
안에 드는 세계 굴지의 제약회사(빅 파마)가 아니면 도전하기 힘들
다는 인식이 일반적이었다. 2000년대에 3세대 인공지능 기술이 등
장한 이후에는 상황이 달라졌다.

　인공지능으로 약물을 개발하는 미국의 아톰와이즈사(社)는 에볼
라 바이러스를 억제할 수 있는 물질을 찾는 작업을 가상으로 진행
했다. 미국의 글로벌 제약회사 MSD사(社)가 재정적 지원을 했다.
아톰와이즈사는 에볼라 바이러스 억제 물질 2개를 4개월 만에 찾
아냈다(Atomwise, 2015). 그중 대부분은 검색 모델을 만드는 데 든
기간이고 물질 검색은 단 이틀 만에 이루어졌다. 검색할 수 있는 로
직을 만든 후 기존에 알려진 화합물 중에서 에볼라 바이러스를 억
제할 수 있는 물질을 찾는 방법으로 이루어 낸 개가였다.

　인실리코메디신(Insilico Medicine)사(社)는 인공지능을 이용해
21일 만에 섬유증 치료제 후보물질을 찾아내었다(메디포뉴스, 2019.
9. 4.). 후보물질 검증까지 걸린 시간까지 합쳐도 46일에 불과하였
다. 과거의 전통적인 과정으로는 8년이 걸리는 일이었다. 완전히
새로운 초기 물질을 찾는 일에서도 획기적으로 기간을 단축해 물
질을 찾아낸 사례이다. 과거에는 전문가의 사전 지식으로 1,000개
의 후보 물질로 출발해서 실험을 해 보면 그중 1개도 적절한 물질

을 찾지 못했다. 지금은 10개 중 1개를 맞추는 수준까지 와 있다.

이런 상황에 힘입어 거대 제약회사가 굳게 위상을 차지하고 있는 영역 밖에 스타트업들이 둥지를 틀 틈새시장을 열고 있다. 후발 제약회사들이 신물질 발굴과 임상실험기간을 획기적으로 줄여 신물질과 신약개발에 뛰어들 여지를 만들어 주고 있다. 한국의 바이오 기업들이 과거에 꿈꾸기 힘들던 신성장 산업부문을 열고 고생산성 일자리를 만들 희망을 가질 수 있게 된 것이다.

그뿐만 아니다. 인공지능은 환자의 치료기간을 획기적으로 단축하고 급박한 상황의 환자를 구하는 데에도 기여하고 있다. 성인의 경우 평시에도 당뇨·혈압·신경통 치료제, 신경안정제 등 한두 가지 약을 복용하고 있는 경우는 허다하다. 이런 환자에게 새로운 병이 발병하면 알려진 약 중에서도 그 환자에 가장 적합한 약을 찾아야 한다. 그런데 급성혈액암과 같은 병은 1~2주 만에도 상황이 급격히 안 좋아질 수 있다. 그래서 환자 본인이나 가족은 물론 처방을 하는 의사도 피가 마르는 시간을 보낸다. 그런데 유전자 검사, 혈액 검사를 해서 어떤 생체지표(biomarker)가 나오면 적합한 처방을 찾는 시간을 획기적으로 단축할 수 있다. 인공지능을 이용하면 여러 약물들의 효과를 동시다발적으로 볼 수 있어 종래처럼 약을 쓰고 경과를 관찰하는 기간을 줄일 수 있는 것이다.

빅데이터를 이용하여 이처럼 가능성을 탐색하고 예측하는 연구에 많은 기업들이 투자하고 있다. 인공지능 기술은 한국의 바이오 기업들이 과거에는 넘볼 수 없었던 기회를 제공하며 일자리 기회도 늘리고 있다. 환자들에게 과거와 비교할 수 없이 질 높은 치료서비스를 제공할 수 있게 해 주고 있다. 바이오 기업만이 아니다. 한국의 가수(K-pop), 웹툰과 같은 토종 한국 서비스의 세계적 확산은 사실 인터넷, 유튜브와 같은 플랫폼이 없었다면 가능하지 않았을 가능성이 높다. 4차 산업혁명 기술의 확산은 한국에 과거에는 감히 상상할 수 없었을 새로운 경제영역과 끼를 발산할 장을 확대 제공해 주고 있다.

일의 변신

생산과정의 변화와 표리를 이루는 현상이 노동과정의 변화이다. 일자리에서 직무 내용이 현저하게 변화하고 있다. 대표적인 예로서 데이터를 이용한 생산 현장의 변화를 들 수 있다. 클라우드 컴퓨팅과 빅데이터 수집·처리·분석 기술의 발달은 클라우드를 매개로 한 데이터 원격 조종을 통해 분산된 형태로 작업과정을 조직할 수 있게 하였다. 그로부터 나오는 데이터를 클라우드에 보관하고 다시 이를 꺼내 분석하고 고도화시켜 생산효율을 높이는 경향이 점점 확산되고 있다.

세계적인 ODM 화장품 업체인 코스맥스는 각종 설비가 작동하는 현황을 제어실에서 실시간으로 관찰하며 관련 데이터를 축적한다. 그뿐만 아니라 한국의 공장과 중국, 미국, 인도네시아, 태국 공장에서 진행되는 생산과정을 한국에서 감독할 수 있다. 원료를 배합할 때에도 칭량(秤量)과정을 디지털 정보로 만들어 바코드로 만들고 이를 PDA로 읽을 수 있게 한다. 이 정보는 다시 자재관리 시스템과 연동된다. 이러한 디지털화를 통해 과거 수동으로 무게를 잴 때보다 현저하게 정확도가 증진되었을 뿐만 아니라 원료물질 관리의 효율성도 증진되었다. 과거에는 불량품이 나왔을 때 불량의 원인이 원료의 칭량에 있었는지 제조과정에 있었는지 알 수 없었다. 하지만 지금은 어디에 문제가 있었는지를 명확하게 식별해낼 수 있다.

이러한 생산공정의 변화는 일관생산공정 라인에 배치된 근로자 수를 점점 더 적게 필요로 하지만 사무실에서 데이터 프로파일링, 레이블링, 인공지능을 학습시키는 인력에 대한 수요를 늘리고 있다. 이처럼 데이터 과학이나 로봇 기술의 발전은 과거와는 다른 숙련을 요구하는 영역으로 새로운 업무를 정의하고 해당 인력에 대한 수요를 증대시키고 있다. 컨베이어 벨트에서 일하는 노동자도 일부는 여전히 과거의 방식으로 일해야 하지만, 많은 공정에서 기계가 일하는 것을 관찰하며 필요한 때에만 개입해서 일하는 형태로 변화하고 있다. 또한 공장제어, 제품 개발뿐만 아니라 생산관리의 마지막 단계인 제품 성능 시험 과정에서도 사람들이 점점 더 데이터에 친숙하게 일할 것을 요구받고 있다.

지능정보 기술은 과거와는 차원이 다른 자동화 가능성을 제공하고 있다. 기계학습에 기반한 인공지능 기술의 발달은 정신노동의 영역 업무까지 대체하면서 인간 노동의 업무 영역을 현저히 변화시키고 있다. 힘들고 위험한 업무를 대신하고, 과거에는 사람이 일일이 꼼꼼하게 살펴야 했던 업무를 현저하게 단순화시키는 한편,

인공지능 기술과 협업하거나 신기술 활용을 위해 필요한 데이터를 생성, 처리, 분석하는 업무 수요를 늘리고 있다.

아마존은 2015년 11월 시애틀에 오프라인 서점 Amazon Books를 열었다. 아마존은 20년간 온라인으로만 책을 팔던 기업으로, 온라인에 서점을 열어 오프라인 서점들이 줄줄이 문을 닫게 만들었다. 그런 아마존이 시애틀에 오프라인 서점을 연 것이다.

아마존 오프라인 서점에서는 진열할 책을 데이터에 따라 선택하고, 이용자 리뷰에 기초해서 간단한 설명을 붙인다. 5점 만점에 4점 이상의 이용자 평점을 담은 안내문을 두고, 킨들판(Kindle edition) 전자책에서 많은 사람들이 공통으로 줄을 그은 '인기 하이라이트'를 소개한다. 분류, 등급 매기기 등은 인공지능이 하지만 그 결과를 선택하는 일은 아마존의 직원이 한다. 아마존의 온라인과 오프라인 서점에서 점원이 하는 일을 보면, 서점 점원의 직무가 전통적 서점에서와 어떻게 달라지는지와 함께 인공지능과 인간이 어떻게 협업하는지를 엿볼 수 있다.

아마존은 고객이 쇼핑을 하면 그 이력을 데이터로 저장하고 다시 이 데이터를 활용해서 다시 자신들의 제품을 판매하는 데 이용한다. 이렇게 데이터를 계속 축적하면서 아마존의 데이터 자산은 점점 커진다. 그 데이터를 이용한 강력한 영업성과 때문에 고객과 광고주는 포획된다. 아마존의 도서추천 알고리즘은 고객이 산 책과 비슷한 주제의식을 가진 책들을 해당 고객에게 추천한다. 사실, 이 기능은 초기 아마존 서점 고객들을 열광시킨 요소이기도 했다. 서적뿐만이 아니다. 이제는 집에 세제가 떨어질 즈음이면 세제 구입을 추천하고, 내가 들은 음악과 비슷한 장르의 음악을 추천한다. 기저귀를 사는 사람에게 아이를 위한 보험을 추천한다.

온라인 비즈니스는 이제 데이터 기반 비즈니스를 의미하기에 이르렀다. 데이터에 기반한 온라인 기업의 '점원' 역할은 전통적 점포에서와 다르다. 매장에 서 있다가 고객이 찾는 서적이 위치한 서가나 상품이 진열된 매대를 구두로 가르쳐 주는 것이 점원의 주 역할이 아니라 고객의 구매정보에 기초해서 맞춤형 추천을 해 주고 서비스해 주는 것이 점원의 역할이다. 점원의 직무가 고객 질문에 대한 응대와 어떤 서가·매대에 고객이 찾는 상품이 있는지 가르쳐 주는 수동적 역할에서 고객 정보를 수집하고 분류하고 저장하고 가공하는 일로 바뀐 것이다. 이러한 현상이 일자리 세계 직무 전환의 특성이다. 그것은 과거에 영광을 누리던 기업에서든 새로이 창업한 스타트업에서든 마찬가지다.

네이버는 일찍이 배달음식점 정보에 관한 양질의 검색결과를 위해 2017년 11월 '배달의민족'에 350억을 투자했다. 아마존은 디지털 기술의 진전과 빅데이터의 중요성을 간파하고 15년간 벌어들이는 돈은 모두 빅데이터를 활용하여 영업방식을 개선하는 데에 투자했다. 이처럼 데이터가 얻어지는 플랫폼을 확보하려는 노력이 기존의 기업 간 경쟁 위계를 뒤흔들고 있다. 비즈니스의 지속가능성을 데이터과학에서 찾고 인공지능 기술을 응용하는 기업들이 급속히 늘고 있다.

10년 전 새로운 결제수단으로 무장한 기술기업의 등장과 함께 수수료 인하 압력으로 인해 한국의 카드사들은 그야말로 한없는 수렁으로 빠져들고 있었다. 지자체가 만든 수수료 없는 결제수단 도 등장했다. 그런 진창에서 헤매다가 현대카드사는 업계 1등 기업 들과 제휴해서 PL카드(Private Label Credit Card)를 만든 후 고객도 늘리고 수익성도 회복했다. PL카드의 핵심에도 데이터가 있다.

국내에서 일찍이 남성용 셔츠 맞춤 시장을 전통적이지 않은 방 식으로 개척한 스트라입스(Stripes)라는 스타트업이 있다. 스트라입 스에 고객이 셔츠를 처음으로 주문하면 그 고객에게 직원을 보내 치수를 재고 주문을 받았다. 하지만 그다음 주문부터는 온라인으 로 색상과 원단을 선택하면 이미 저장하고 있는 치수에 맞춰 셔츠 를 만들어 배달해 준 것이 초기 사업모델이다. 동대문 시장에는 옷 을 재봉하는 가게, 원단을 공급하는 가게가 많다. 옷을 만드는 일은 이런 가게들에 맡기면 된다. 스트라입스는 한국인 남성의 체형을 잰 치수를 갖고, 그것을 경쟁력 원천으로 삼았다. 지금은 남성 정장 코디 서비스까지 한다.

미국의 스티치 픽스(Stitch Fix)는 의상 코디 서비스를 업역으로 하는 스타트업이다. 고객이 원하는 옷을 위해 선택사항들을 표시 하면 원하는 옷으로 3개를 보내지 않고 5개를 보내서 고르게 한다. 아마존은 창업 후 10년간 이익 낼 생각을 하지 않고 고객이 클릭하 면 스타벅스 커피 상품권을 보내 주는 행사를 했다. 이런 비즈니스 방식의 배경에도 데이터에 대한 주목이 있다.

자영업의 활로

신도시가 만들어지고, 신규 주택단지가 들어서면 상가가 생기고, 식당과 미용실과 상점 등 자영업이 자리를 튼다. 화환으로 둘러싸이고 '대박 내라'는 덕담이 쏟아진다. 그러나 희망에 찬 시간은 얼마 못 가 끝난다. 대박을 내기보다는 2/3가 3년을 넘기지 못하고 문을 닫는다. 빚만 남은 자영업자들의 한숨 소리는 전혀 낯설지 않다. 그럼에도 불구하고 자영업 개업 행렬은 그치지 않는다.

상시근로자 수 5인 미만(제조·건설·운수업은 10인 미만) 사업장을 운영하는 고용주를 소상공인이라고 한다. 이 기준에 의하면 국내 경제활동인구 2,800만 명 가운데 630만 명이 소상공인이다. 종사자 수가 전체 취업자의 25%에 달한다. 미국 6%, 일본 10%, 유럽연합(EU) 16% 수준인 것을 감안하면 한국은 그 비중이 매우 높다. 이들 소상공인에게 스마트공장이나 인공지능은 공허한 얘기다. 소상공인들은 지속가능한 비즈니스 구조를 추구할 수 있을까?

소상공인들은 자신이 데이터를 관리할 능력이 없으니 데이터를 이용해서 사업을 운영할 생각을 하지 못하는 경향이 있다. 하지만 마음만 먹으면 그런 일을 대신해 줄 협력업체가 동대문시장의 원단 도매상만큼이나 많다. 앱을 제공하며 사업하는 많은 플랫폼 사업자들은 저렴한 가격에 매출관리, 세무, 금융 서비스를 제공하면서 자료를 축적하고 그것에 기반해서 새로운 서비스를 개발하려는 목표를 갖고 있다. 입점 브랜드와의 동반성장을 목표로 하는 플랫폼 기업들도 다수 있다. 플랫폼 기업 '무신사'가 대표적이다. 이런 스타트업을 자신의 사업을 지원하는 인프라로 활용할 필요가 있다.

전통적 제조업체가 반도체, 센서 등이 중요해진 시대 변화에 부응하기 위해 기술기업과 합작을 하는데 이런 협업이 대기업만의 전유물은 아니다. 맞춤형 양복점, 신발 가게도 '기술기업'과 합작할 수 있고 그래야 한다. 일방적으로 주어진 수수료로 이용할 수밖에 없다는 생각에서도 벗어날 필요가 있다. 자신의 매출과 비용합리화 속에서 수수료 협상 여지를 제공하는 플랫폼 사업자를 찾아 나설 수 있어야 한다.

동네 무인상점 관리도 옛날 자판기 설치 개념으로 접근하면 그리 오래가지 못할 것이다. 금세 진입자가 늘어나 레드오션이 될 것이기 때문이다. 데이터 기반의 분석을 통해 중간재 주문과 고객만족도를 높이는 '서비스'에 주목해야 한다. 빅데이터에 익숙해지고 인공지능에 익숙해지는 출발점은 거창한 투자가 아니라 그런 일부터 시작하는 것이다.

과거부터 비즈니스를 하고 있는 기업으로서 전환의 시대에 새로운 길을 모색하고자 한다면 자신이 지금 '데이터 관리 개념 없이도 기존 고객을 잘 관리하고 있다.'고 생각하거나 양복점 주인처럼 '데이터를 관리할 능력이 없어서 데이터 기반으로 사업을 운영할 수 없다.'고 생각하고 있을 경우 그 생각들로부터 벗어나야 한다.

사물인터넷, 클라우드, 인공지능 등등, 뭔가 기술기업 냄새를 풍기는 기술을 활용해 투자를 유치하고 두각을 나타내는 기업들이 많아지고 있다. '내가 운영하는 기업, 가게도 그 정도는 아니어도 흉내라도 내고 싶다. 하지만 어떻게 해야 하는지는 모르겠다.'는 사람이 많다. 기회의 창을 붙잡은 듯한 기업들 같은 비즈니스 모습을 갖추고 싶다면 데이터로부터 시작해 볼 필요가 있다. 사물인터넷, 클라우드, 인공지능과 같은 기술을 자영업에 도입한다는 건 막연할 수 있다. 하지만 데이터 기반으로 생산과 판매를 해 보겠다고 시작하면 뭔가 해 볼 수 있을 것 같은 생각이 들 것이다. 바둑에서도 수순이 중요하듯 디지털 전환이 주는 기회를 포착하는 데도 생소한 기술용어나 장비에 주목하기보다 자신의 사업에 데이터를 활용하는 방법으로부터 시작한다는 견지에서 지금 운영하고 있는 사업을 바라볼 필요가 있다.

14

벌어지고 있는
일들

좌절하는 사람들: 기술적 실업

'고용증가율 둔화나 일자리 양극화 경향이 궁극적으로 어떤 상황
에 이를 것인가?'보다 더 주목해야 할 점이 있다. 우리는 일자리가
궁극적으로 없어지기보다는 적절한 이행과정을 거쳐 사람들이 하
는 일이 변화하고 새로운 일자리가 생기는 것이 현실적으로 일어
날 미래라고 예상할 수 있다. 하지만 그 과정이 원활하고 원만할 수
만은 없다. 산업혁명 이후의 역사를 보면 고통스러운 적응 과정을
수반하는 경우가 일반적이다. 개인의 처지와 여건에 따라 변화에
적응하기도 하고 그렇지 못하기도 한다. 전환기에는 정보의 비대
칭성으로 말미암아 어떤 사람은 큰 노력 없이도 커다란 행운을 거
머쥐기도 하고 어떤 사람은 노력을 기울이더라도 변화과정에서 커
다란 어려움을 겪기도 한다. 전체적으로 보면 한 사회 내에는 항상

적응과정이 원활하지 못하거나 적응에 실패하는 집단이 있고 고통을 겪는 집단이 있다. 궁극적으로 불안정한 상황을 극복할 줄 알더라도 그 과정에서 어떤 대가를 치러야 하는지는 개인들에게는 현실적 삶의 문제이고 정부에게는 정책적 도전이다.

기술 변화는 먼저 기존에 수행하던 작업 혹은 직무에 눈에 띄는 변화를 일으킨다. 그 정도가 현저하게 다르면 일자리 유지 여부에 영향을 미치고 직업명이 바뀌기도 한다. 그리하여 기업 내 노동자가 새로운 기술을 이용하여 생산성을 올리며 일할 수 있는 적응력을 갖추고 있는지 여부에 의존해서 각 노동시장 참여자의 일자리 기회와 소득 기회가 달라진다. 이러한 특성으로 말미암아 경영 환경이 급변하고 기업의 수명이 짧아지면서 노동이동이 증가하는 현상과 맞물려 어떤 근로자는 일자리를 잃을 수 있다. 다른 어떤 근로자는 일자리를 유지할 뿐만 아니라 생산성 증가의 혜택을 누릴 수 있다.

기술 발전으로 인해 경제 전체의 일자리 수가 증가하더라도 자동화로 대체된 공장 근로자들이 새로운 사업에서 일자리를 찾는 것이 항상 용이하지는 않다. 기존의 기업과 새로운 ICT 서비스 기업이 요구하는 직무나 기술 간에는 현저한 차이가 있는 경우가 많다. 이 때문에 전통산업 종사자들이 신속히 재취업하는 데 어려움을 겪을 수 있다. 예컨대, 15년 전에는 존재하지 않던 앱 개발자라는 직업이 수천만 개나 생겼지만 철강, 조선, 화학 회사에서 일자리를 잃은 노동자들이 재교육을 통해 앱 개발자로 거듭나기는 어렵다.

2015~2016년에 수주 감소와 인도 지연으로 말미암아 조선산업

이 어려움을 겪고 20만이 넘던 조선업 종사자들이 14만 명 이하로 줄어들었던 과정을 보면 이를 짐작할 수 있다. 조선업 생산직 근로자의 상당수가 건설업 등으로 이동하고 엔지니어 중 일부는 항공산업으로 이동했지만 성장하는 데이터 산업으로 이동한 사람은 거의 없었다. 건설업이나 다른 제조업으로 옮아 가지 못한 조선업 근로자들 중 상당수는 자영업을 하거나, 귀농하거나, 비경제활동인구화하였다(허재준 외, 2016).

경영 환경이 급변하고 과거에 비해 기업부침이 잦아짐에 따라 이러한 현상은 과거보다 빈번해지고 속도도 빨라졌다. 전통산업 부문과 신흥산업 부문 사이의 직능 혹은 직무 내용 차이가 커서 전통적인 산업에서 이직한 노동자가 새로운 기술을 기초로 성장하는 기업에서 금세 일자리를 구하기는 힘들다. 이처럼 기술 진보 속도가 일시적으로 일자리 창출 속도를 능가하면 기술적 실업(technological unemployment) 현상이 생겨난다. 구 산업에서 필요한 숙련을 지닌 노동자가 신 산업에서 필요한 숙련을 쉽사리 익힐 수 없음으로써 나타나는 현상은 흔히 숙련미스매치라고 불러 왔다. 숙련미스매치나 기술적 실업이나 일시적 부적응 상태(a temporary phase of maladjustment) 때문에 초래된 현상으로 보는 점에서는 마찬가지이다. 하지만 기술적 실업은 기술 변화가 일으키는 거대한 조류를 염두에 두고 하는 말이다.

기술적 실업이 나타나는 시대에 전통적 산업에서는 노동공급 압력으로 임금상승도 제약된다. 쇠퇴하는 기업들에서 과거형 숙련을 가진 사람들이 나와 일자리를 찾기 때문이다. 일자리 기회가 제약되었다고 느낀 기존 노동자들은 과거에 비해 고용불안을 겪는다. 이로 인해 기술 진보가 노동을 대체 내지 배제하는 측면에만 주목하게 되고 기업 차원의 보완효과와 전체 경제 차원의 생산증가 효과를 간과하게 된다. 다른 한편에서는 새로운 노동시장 진입자와 적응력 높은 노동자들이 새로운 사업모델에서 직업 기회를 갖고 높은 소득도 누리는 현상은 쉽사리 간과된다.

기술적 실업이 생기는 이유는 노동이 동질적이지 않기 때문이고, 고용불안 심리가 확산되는 이유는 모든 사람의 적응력이 무한히 높지 않고 사람마다 적응력이 다르기 때문이다. 기계의 도입 혹은 자동화로 업무가 변화할 때 어떤 노동자들은 일자리를 잃고 어떤 노동자들은 생산성 향상을 경험한다. 일반적으로 학력이 낮은 사람보다는 학력이 높은 사람이, 나이가 많은 사람보다는 젊은 사람이 새로운 작업환경 변화에 대한 적응력이 높은 경향이 있다. 상이한 상품이나 서비스를 생산하는 데에 필요한 직업능력 간에 그다지 차이가 없다면 고용이 줄어든 부문에서 나온 노동자는 새로운 수요가 있는 부문에 가서 일하면 된다. 그럴 수 있다면 자신이 지금 일하고 있는 기업에서 노동수요가 줄어들더라도 직업을 잃을 염려는 없다. 하지만 현실은 그와 다르다. 그로 인해 기술적 실업이 발생하게 된다.

흔히 젊은 근로자들은 새로 출현한 직업에서 더 잘 관찰된다(비교적 새로운 직업군인 웹디자이너, 앱 개발자, 데이터 과학자 등의 연령구성을 보면 알 수 있다). 그들은 기술 습득이 쉽고 직능 개발이 용이한 도시에 밀집하는 경향이 있다. 그래서 젊은 노동력이 있는 도시

는 일반적으로 혁신적이다(판교나 성수동에 모인 사람들의 연령 구성
과 판교나 성수동의 혁신성을 보면 짐작할 수 있다). 이처럼 새로운 세
대는 기업이 필요로 하는 직업능력을 갖추어 노동시장에 나오거나
노동시장에서 나와 새로운 형태의 업무에 금세 적응한다. 그러므
로 기술적 실업은 한 세대 이상 광범위하게 지속되기는 어렵다. 만
일 새로운 기술로 이행하는 시기가 지난 후 실업이 만연한 현상이
있었다면 그것은 젊은 세대가 신기술에 적응하는 것을 효과적으로
촉진하지 못한 정부 실패에 기인했을 것이다.

　하지만 한 세대 이상의 시간지평 속에서 생각해 보면, 기술적 실
업은 그다지 문제가 되지 않는다. 기술적 실업이 한 세대를 넘어 지
속되지 않을 것이라는 점을 뒷받침하는 현상에도 불구하고 기술
적 실업의 확대가 고용불안 '우려'를 낳는 강한 요인이 되고 있다
는 점에는 주목할 필요가 있다. 공정에 점진적 변화를 가져오기보
다는 전혀 새로운 사업 모델로 기존 기업의 도태나 극심한 구조조
정을 강요할 수 있는 디지털 기술의 발전은 기술 진보의 새로운 차
원이다. 경제에서 새로운 일자리가 만들어지는 과정은 본질적으로
산업구조조정 과정이기도 하다. 산업구조조정 과정은 노동자의 기
업 간 그리고 산업 간 이동을 수반한다. 제조업 노동자들이 노동이
동 과정에서 과거보다 더 어려움을 겪고 그 어려움의 본질이 기술
적 실업이라는 점은 고용불안 우려를 낳는 강력한 요인이다. 새로
운 차원의 기술 진보 속에서 기술적 실업 가능성에 효과적으로 대
응할 수 있다면 고용불안에 대한 우려도 줄일 수 있을 것이다.

갈등하는 사람들: 과거 규범과 미래 헤게모니

디지털 혁명은 시장에 근본적인 변화를 가져올 것이라고들 한다. 이는 많은 과거 규정이 더 이상 효과적이지 않거나 과거의 규제로 공정한 경쟁을 보장하지 못하는 영역이 커지고 있음을 의미한다. 과거와 전혀 다른 방식의 사업 기회는 시장의 이해관계자, 신기술을 갖춘 진입자, 기득권을 잃을 것으로 위협받는 기존 시장참여자 사이에 갈등을 일으키고 있다. 선진국과 개발도상국 모두가 현재 이러한 상황에 직면해 있다. 한국에서 관찰된 이러한 유형의 갈등은 2019년 10월부터 2020년 4월까지 '타다'와 택시 기사 및 운수사업법에 따른 면허를 갖고 택시 사업을 운영하는 택시회사 사이에 나타났다. 한쪽 당사자는 전통적인 규범에 따라 사업을 경영하는 자이고, 다른 쪽 당사자는 디지털 플랫폼을 지니고 소위 '파괴적인 혁신'을 가져온 새로운 신생 기업이다.

법률서비스 분야와 의료서비스 분야는 인공지능 기반 법률서비스 내지 의료서비스가 한국의 기존 「변호사법」 및 「의료법」 규범에 의문을 제기할 때 향후 새로운 갈등과 심각한 도전의 원천이 될 수 있다. 현재는 「변호사법」에서 정한 면허를 소지한 변호사만 법률서비스를 제공할 수 있고, 의사 면허를 소지한 의사만 진료를 할 수 있다. 그러나 이제는 변호사 자격증 없는 법률 전문가가 제공해도 무방한 법률서비스가 점점 늘어나고 있다. 인공지능과 협력하여 클라이언트의 요구를 충족하기 위해 알고리즘을 사용하여 대량의 데이터와 규정을 통합하는 기계와 함께 일하는 전문가가 제공해도 되는 서비스가 증가하고 있다. 최근 변호사를 연결해 주는 모바일 플랫폼 '로톡'을 둘러싼 대한변협과 로톡 간의 갈등(중앙일보, 2021. 6. 1.)은 아주 초보적 형태의 갈등일 뿐이다.

역사적으로 많은 기업(교통, 법률, 의료, 은행 서비스 등)을 위한 인허가 시스템은 소비자 보호와 공정한 경쟁을 보장하기 위해 정부 규제 기관에 의해 도입되었다. 하지만 이제는 디지털 플랫폼이 정부 개입보다 더 효과적인 대안을 제공할 수 있다. 정보의 비대칭성을 극복하게 해 주는 앱을 제공하는 스타트업이 하루가 다르게 늘고 있다. 소비자 보호가 인허가나 자격증 제도 도입보다는 소비자의 평판체크에 의해 이루어지는 새로운 길이 열리고 있다.[1]

국제적으로 이해관계가 대립했던 갈등도 있다. 그 배경에는 아마존(Amazon), 구글(Google), 애플(Apple), 페이스북(Facebook) 및 디지털 플랫폼에서 국경을 넘나드는 기업과 같은 혁신적인 비즈니스 모델에 대해서 독점을 통제하기 위한 전통적인 규정에 많은 허점이 존재한다는 사실이 있다. 이는 공정 경쟁 및 조세에 관한 과거 규정의 기준을 검토하고 개선할 필요성을 제기하고 있다. 이는 국제협력을 필요로 하므로 쉽지 않았지만 최근 영국 콘월에서의 G7 회의를 계기로 국제적 공조의 기반이 마련되었다.

---

1) 생활밀착형 온디맨드(On-Demand) 보험 플랫폼 '토글'은 스타트업 '오픈플랜'이 소비자와 공급자 간 보험정보 비대칭성 극복에 착안하여 만든 앱이다. '한손5'은 인테리어 업자 정보 비대칭성 극복에 착안하여 스타트업 '안가본길'이 만든 앱이다. 그 외 '청소연구소'는 청소 서비스, '카툴'은 중고차거래의 정보 비대칭성에 착안한 비즈니스 스타트업이 만든 플랫폼이다.

전통적으로 규제당국과 비정부공익조직에 의해 수행되었지만, 상품시장, 노동시장, 조세 규제, 소비자 보호에 관한 이슈 중 상당수는 전혀 새로운 도전이다. 반면, 디지털 변혁의 새로운 환경에서 이해관계자의 이익을 조화시키는 새로운 규제를 도입할 필요성은 날로 증가하고 있다. 자격과 인허가 규범은 경쟁, 조세, 소비자 보호 규범과도 관련이 있기 때문이다.

급격한 변화는 한 사회와 그 사회 속에서 살아가는 사람들에게 항상 고통을 요하는 도전이다. 즉, 과거보다 갈등관리를 각별히 필요로 하는 상황을 초래한다. 새롭게 부상하는 강대국과 기존의 패권국가가 '투키디데스(Thucydides)의 함정'에 빠질 가능성이 높은 만큼이나, 4차 산업혁명 기술과 같은 범용기술의 확산은 과거 규범과 미래 규범, 과거 권력과 미래 권력이 갈등하는 계기가 된다.

새로운 플랫폼으로 무장한 기업에게는 기존의 경쟁 규범이 불공정한 규범일 수 있다. '타다'의 사업모델은 기존의 택시사업자에게는 위협이지만 기존의 택시사업 허가방식은 역으로 '타다'와 미래 소비자에게는 불공정한 규범일 수 있다. 기존「변호사법」으로 보호받는 변호사에게 로톡의 사업모델은 위협적이지만 '로톡'과 유사한 사업모델과 그런 서비스를 저렴한 가격에 필요로 하는 법률서비스 소비자에게는 기존의「변호사법」자체가 구시대적이다. 의료서비스 업계에도 로톡과 같은 비즈니스 모델을 가진 사업자가 나타나지 말라는 법이 없다. 미래형 의료서비스 기업과 의료서비스 수요자에게 현행의 의료서비스에 관한 법률이 매우 시대착오적으로 보이는 날이 머지않아 올 것이다.

범용기술의 확산은 이처럼 구(舊) 규범과 미래 규범 사이에 긴
장관계를 낳고 어느 한쪽에 생계와 경제적 이익이 달린 사람들 사
이에 갈등을 촉발할 수 있다. 4차 산업혁명 기술이 낳는 급속한 사
회 변화가 사회갈등을 유발하더라도 그것이 수습되는 경로는 다양
하다. 갈등관리는 합리적으로 미래형 규범을 만드는 제도 적응력
과 정치적 능력에 의존한다. 유연하게 변화에 적응하는 능력을 개
인 · 사회 · 제도가 갖고 있는지가 갈등을 슬기롭게 극복하고 도약
할지 여부와 파국에 이르거나 엄청난 비용을 치를지 여부를 결정
한다.

회색인: 임금근로자도 아닌 자영업자도 아닌

기술 자체가 제공하는 가능성과 기업의 생산활동 방식 변화는
다양한 고용계약 형태와 근무 방식을 확대하고 있다. 디지털 기술
로 인해 생산요소의 특이성과 거래의 복잡성이 줄어듦에 따라 기
업들은 핵심인력을 제외하고는 비정규직 직원을 사용하거나 외주
에 의존하여 생산과정상의 유연성을 높이고 있다.

적시 생산(just-in-time)이나 주문형 거래의 확산은 기간제 노동
자, 파견 노동자, 호출형 노동자, 시간제 노동자, 독립 계약자 등 다
양한 유형의 고용을 확대하고 있다. 한 노동자가 여러 고용주에게
서비스를 제공하는 사례도 증가하고 있다. 종속적 노동과 독립적
노동을 겸하는 사례도 빈번해지고 있다. 전통적 고용관계가 현저

히 느슨해지면서 해체되고 있다.

과거에는 기업만이 생산과 유통을 담당했지만 이제는 개인도 생산과 유통을 하는 주체가 될 수 있고, 실제 생산과 유통을 직접 하는 개인이 현저하게 늘어나고 있다. 대기업 정규직 일자리는 20세기 중엽에만 지배적으로 존재했던 고용형태이다. 뉴욕대 스턴경영대학원 석좌교수인 아룬 순다라라잔(Arun Sundararajan)과 같은 이는 큰 조직에서 이루어지던 생산이 분산된 방식으로 변화함에 따라 향후 20년 후엔 미국 취업자의 절반이 자영업자일 것이라고 전망하기도 한다.

'플랫폼 경제'의 성장과 그 영향력으로 인해 소비자와 생산자의 경계가 모호해지고 고용주를 식별하기 어렵거나(예컨대, 배달 플랫폼 안에서 일하는 배달노동자) 전통적 규범에서는 고용주 의무를 부과하기 어려운 계약(예컨대, 골프 보조원, 중개형 플랫폼의 플랫폼 노동자와 가사노동자)도 증가하고 있다. 다수의 사업자와 거래하지만 노동권 보호가 필요함이 분명한 노동시장 참여자(예컨대, 택배기사)도 늘어나고 있다.

온라인 업무, 재택 근무, 원격 근무의 확산으로 인해 업무와 여가의 경계, 업무 공간과 비업무 공간의 경계가 모호한 노동도 증가하고 있다. 근무일과 비근무일이 거의 다르지 않은 사람들, 특정 공간에 얽매이지 않고 일하는 사람들, 과업을 수행하는 과정에서 업무 지시를 받지 않고 독립적·개별적으로 일하는 사람들이 증가하고 있다.

작업장 내의 업무 지시에 따라 일하는 대신, 점점 더 많은 사람이 결과물에 대해서 합의를 하고 작업 수행 방법은 스스로 결정하는 환경 속에서 일하려 하고 있다. 이에 따라 보상 방법도 시간급 대신 성과급이 확산되고, 주어진 직무나 과제를 완수하는 데 대한 보상이 더욱 중요해지는 경향이 있다.

반면, 예컨대 1시간을 일하기 위해 4시간을 기다려야 하는 노동 등 최저임금 규정도 적용하기 어려운 일의 형태도 증가하고 있다. 기업은 핵심 인력을 중심으로 슬림화되고, 임금근로자와 자영업자의 특성이 혼합된 계약 유형이 늘어나 '종속적 자영업자'가 증가하고 있다. 감독, 감시, 보안 및 개인정보보호 분야에서 새로운 문제가 발생하고 있다.

소정근로시간, 감독·감시 등 산업화 과정에서 확립된 작업조직과 제정된 노동규범의 변화가 불가피해진 시대가 된 것이다. 여전히 전통적 사용−종속 관계에 의존하는 임금근로자의 비중과 진성 자영업자의 비중이 지배적이지만 비전통적 고용계약 아래서 일하는 비정규직과 종속적 자영업자 비중 또한 늘어나고 있다.

전체 일자리 중 시간제와 임시직 일자리가 증가하고 있다. 지난 15∼20년간 OECD 35개국 중 28개국에서 시간제 근로자 비중이 증가했다. 임시직 근로자가 증가한 나라도 32개국 중 20개국에 달한다(허재준, 2018). 단기계약 증가는 여성과 고령자의 노동참여 증가와도 관련이 있지만 기업의 경영 환경이 급속히 변화하는 것도 원인이 되고 있다. 기간의 정함이 없이 전일제로 일하는 근로 비중이 점점 감소하고 있다는 징후는 여러 나라에서 확인되고 있다([그림 14−1]).

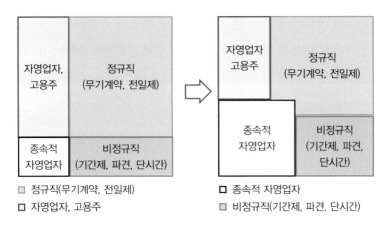

정규직(무기계약, 전일제)　　　□ 종속적 자영업자
자영업자, 고용주　　　　　　　■ 비정규직(기간제, 파견, 단시간)

[그림 14-1] 비전통적 고용관계 확산과 고용형태 다양화

주: 종속적 자영업자는 전통적 임금근로자와는 달리 자기 책임 아래 독립적으로 일하는 노동
시장 참여자이다. 하지만 사업매출의 지배적인 부분을 특정 기업 또는 개인에게 의존한다는
점에서 해당 기업 혹은 개인에게 경제적으로 종속적이다.

　정홍준, 장희은(2018)에 의하면 진성 임금근로자와 진성 자영업
자를 제외한 나머지 노동시장 참여자를 종속적 자영업자로 정의할
경우 한국의 종속적 자영업자 규모는 전체 취업자의 8.2%인 220만
명 내외에 이른다고 추산하고 있다. 이러한 결과는 박호환 등
(2011)이 조사한 130만 명에 비해 크게 늘어난 수치이다. 종속성이
다소 약한 특고 종사자까지 합하면 최소 221만 명에 이른다고 보고
하고 있다. Katz와 Krueger(2016)에 의하면 지난 2005~2015년간
미국에서는 파견 노동, 주문형 노동, 계약노동, 독립계약자, 프리랜
서 등 대안적 노동형태(alternative work arrangement)에서 일자리가
많이 창출되고 그 비중이 2005년 10.1%에서 10년 만에 15.8%로 증
가하였다. 미국 Bureau of Labor Statistics(2018)에 의하면 2017년
5월 현재 총취업자의 13.9%인 약 2,150만 명이 비정규직이거나 대

안노동자였다. 유럽의 종속적 자영업자는 취업자의 약 2.9%로 추정되고 있다(ILO, 2017). 종속적 자영업자는 플랫폼 노동자를 포함하는 개념이다. 장지연(2019)은 한국의 플랫폼 노동자가 종속적 자영업자의 30.2%, 즉 전체 취업자의 2.5% 정도로 추산하고 있다.

고약한 문제들

TaskRabbit과 같은 플랫폼에서 주문형(on-demand)으로 노무거래를 하는 독립노동자(종속성을 갖고 일하는 1인 자영업자)는 노동법의 보호를 받을 수 있을까, 보호를 받는다면 어느 만큼 받아야 할까, 1시간을 일하기 위해 10시간을 기다려야 하는 근로자에게 최저임금을 적용해야 할까, 적용한다면 어떻게 적용해야 할까? 과거의 규범에도 호소할 수 없고, 새로운 규범은 마련되지 않아 비전형적인 근로자들은 과거의 노동법 규제를 벗어나고 있는 반면, 새로운 규제가 마련되지 못하면서 보호의 사각지대에 놓여 있다. 그중에는 프리랜서형 독립노동자로서 고수익에 자유로운 노동을 만끽하는 사람도 있지만 보호받고 있지 못하다는 박탈감 속에서 일하는 사람이 훨씬 많다.

비전통적 고용계약과 종속적 자영업자 증가는 산업화 국가들에서 공통적으로 나타나고 있는 현상이다. 많은 국가에서 노동 규범은 전통적 접근의 틀 안에 남아 있으며 시장에서 새로운 노동계약 관행 출현에 효과적으로 대응하지 못하고 있다. 플랫폼 노동자를 포함한 종속적 자영업자 증가는 노동 규범, 사회보장, 교육체계에 새로운 차원을 제기하고 있다. 우리나라에서는 다른 많은 국가와 마찬가지로 자영업자 또는 공연 근로자와의 계약은 노동법이 아닌 「민법」이나 「상법」의 규정을 받아 왔다.

비전통적 노동계약이 증가하고 노동이동이 빈번해짐에 따라 노동권 사각지대를 줄이는 문제가 부각되고 기존 사회보장제도를 보완할 필요성이 증가하고 있다. 사회보험을 근간으로 하는 사회보장제도를 갖고 있는 나라들에서 비전통적 노동계약 증가가 사회보장의 사각지대를 키우고 있기 때문이다.[2) 소득이전 프로그램을 통해 사회적 보호의 사각지대에 있는 노동시장 참여자를 보호하는 일은 많은 국가에서 공통적인 과제가 되었고, 기존의 사회보험 기여금보다는 일반조세에 의한 소득이전의 역할이 커져 대체 재원을 찾는 일도 새로운 도전이 되고 있다.

한국의 경우 세법은 근로소득과 사업소득을 명확하게 구분한다. 노동자는 근로소득세를, 자영업자는 사업소득세를 납부한다. 현행 노동법은 임금근로자와 자영업자를 배타적으로 구분한다. 노동자는 단결권, 단체협상권, 파업권을 갖는다. 반면, 임금근로자가 아니면 이러한 노동3권 중 어떤 것도 보장받지 못한다. 그러나 가까운 장래에 특정 노동시장 참여자 그룹에 대해 세 가지 노동 권리를

---

2) 국내에서는 2000년 초 이후 특수형태업무종사자의 노동법적 보호에 대한 논의가 지속적으로 이루어졌다. 하지만 특수형태업무종사자의 개념, 이들에 대한 보호의 접근방식, 적용범위, 보호정도에 대한 노사 및 이해관계자의 견해차로 인해 특수형태업무종사자에 대한 보호대책을 마련하는 데에는 이르지 못하였다.

모두 보장하거나 이들 권리를 전혀 보장하지 않는 전통적인 접근 법은 점점 더 무기력해질 것이다. 그로 인해 단체 교섭권이 있는 조직의 구성원이 자신의 소득을 사업소득으로 신고하거나 사업소득에 대한 세금 신고를 제출할 수 있지만 노동법 일부를 적용받을 수 있도록 시장 규범이 변화해야 할 필요성이 점증하고 있다. 하지만 현재 규범 설계자인 정부는 비즈니스 기회를 보장하는 동시에 근로자를 보호해야 하는 복잡한 문제에 직면해 있다. 이 문제에 대처하기 위해서는 노동·경쟁·조세 전문가가 협력하며 비전통적인 해법을 도출해야 한다. 이러한 종류의 도전은 논의만으로도 사회적 논란과 갈등의 배경이 되고 있다.

소비자의 개인정보를 이용해 소비자에게 맞춤형 서비스를 제안하는 광고를 접할 때의 소비자 기분은 이율배반적이 된다. 초기 아마존 서점의 추천 서비스가 소비자가 관심 가졌던 책들에 관한 정보에 바탕해서 그 소비자가 미처 알고 있지 못했던 책들을 추천해 주자 이용자들은 열광했다. 이런 초기 단계를 지나 분유와 기저귀를 장바구니에 담는 주부에게 아동용 보험을 추천하고, 제주도를 검색하자 제주행 항공권 광고가 팝업되는 경험은 이제 환호보다는 꺼림칙한 기분을 안겨 주고 있다.

2022년 2월 16일 구글은 안드로이드 운영체제(OS)에 프라이버시 샌드박스(Privacy Sandbox)를 도입할 계획이라고 발표했다. 구글은 2021년에 '웹 방문기록 파일(쿠키)'을 단계적으로 폐지하고 추적 기술을 사용하지 않겠다는 개인정보 강화 정책을 밝혔다. 이를 안드로이드로 확장한다고 발표한 것이다. 개인정보를 사용자도 인식하지 못하는 사이에 수집해서 사생활 침해 논란을 일으키고 있는 맞춤형 광고를 웹(PC · 인터넷)에서뿐만 아니라 모바일(스마트폰 · 앱)에서도 중단하겠다는 선언이었다. 애플은 2021년부터 아이폰 사용자들이 개인정보를 제3자에게 제공할 것인지 선택할 수 있도록 함으로써 자사 운영체제인 iOS 앱 생태계에서 맞춤형 광고를 차단했다. 구글과 애플의 새로운 정책은 소비자 입장에서는 사생활 침해 우려를 상당히 줄이겠지만, 광고업체나 광고주는 '맞춤형 광고'의 판을 처음부터 다시 짜야 한다. 마구잡이 개인정보 노출을 방지하는 의미도 있지만 연간 700조 원에 이르는 세계 디지털 광고 시장에서 구글이나 애플의 광고 시장 장악력이 더욱 높아지는 결과로 이어질 것이라는 우려가 제기되고 있다. 개인정보보호와 독점규제 필요가 상충하는 이러한 정책에 대해 경쟁당국은 어떻게 대응해야 할까?

디지털 혁명이 진행되면서 부상한 플랫폼 기업들은 데이터 기반으로 사업을 영위하며 수익모델도 만든다. 데이터는 권력이 됐다. 사용자 정보와 기록을 서버에 모아 이를 기반으로 맞춤형 광고를 내보내며 돈을 벌고 있다. 사용자의 정보를 이용해서 돈을 버는 기업에게 사용자는 보상을 요구할 수 있을까? 그 거래 관계가 일방적이지 않으려면 어떤 기술이 필요하고 어떤 종류의 규제가 필요할까?

인터넷에 처음 등장한 웹(웹1.0)은 단순히 보여 주는 수단에 그쳤다. 그다음에는 양방향 소통이 가능한 웹2.0이 등장해 세계를 연결하고 소셜미디어, 전자상거래 등 혁신 서비스를 만들어 냈다. 이제 거대기술기업들이 그 데이터를 기반으로 알고리즘을 만들어 소비자의 행동을 조정하려고 한다. 이들이 데이터 통제권을 지니게 되면서 개인정보 침해, 시장 독점, 정보 손실 가능성 등의 문제가 증가하고 있다. 이런 상황으로 인해 현재 사용하고 있는 인터넷(웹2.0) 대신 새로운 웹이 모색되고 있다. 소수가 데이터를 독점하는 형태가 아니라 개개인이 직접 데이터를 소유하고 블록체인 기술을 통해 연결하는 '웹3.0'이 그것이다.

이처럼 디지털 혁명은 도처에서 새로운 규범과 규제방식에 대한 수요를 낳고 있다. 19세기부터 본격화된 산업화는 노동계약, 노동조합, 노동법을 탄생시켰다. 새로운 차원의 기술을 동인으로 하는 4차 산업'혁명'이라는 용어가 시사하는 한 가지 다른 점은 지금 우리가 새로운 사회 변혁의 극히 초기 단계에 있다는 사실이다. 우리가 갖고 있는 제도는 모두 과거 산업화 시대의 진화와 함께 정비되어 온 것이다. 단순화해서 말하자면, 1, 2차 산업혁명이 초래한 공장조직에 맞춘 노동법이자 인적자원형성시스템이다. 생산방식과 생산조직이 변화함에 따라 직무, 노동계약이 변혁을 겪으면서 기업조직, 직업, 일자리의 수와 양이 변혁을 겪고 사회 변혁이 본격화하고 있다. 노동법을 포함한 제반 사회제도가 변혁에 적응할 채비를 해야 하는 순간이 오고 있다.

산업혁명과 마찬가지로 디지털 혁명이 가져올 변화의 결과는 예전과 마찬가지로 기술 진보에 맞추어 사회제도를 어떻게 조율해나가는가에 달려 있다. 근대화와 산업화에서 한발 뒤처졌던 한국은 산업화 시대의 조직·제도 규범을 단기간에 성공적으로 구축하였다. 하지만 이러한 성공 경험이 지능정보기술 확산 과정에서 적응지체를 초래하는 요인이 되고 있기도 하다.

산업화 시대의 조직·제도 규범이 지능정보기술 확산 과정에서 포지티브리스트 방식의 규제를 해 온 한국과 같은 규제 규범을 갖는 나라에서는 적응지체를 보이고 '단기적' 부정적 영향이 더 두드러질 수 있다. 더군다나 현재 진행되는 기술 진보의 성격이 패러다임 전환적 특성을 지닌 변환기에는 부정적 영향이 단기적인 것처럼 보일지라도 실제로는 항구적 영향을 미칠 수 있어 막연히 장기적으로는 다 좋아질 것이라고 낙관할 수 없다. 그만큼 정부, 기업, 근로자 모두 기술 진보가 연 새로운 상황에 대한 적응력을 갖추는 것이 시급하다.

─── **15** ───

무엇을
할 것인가

데이터 장인의 시대가 온다

18세기부터 20세기 초까지의 산업혁명시기에는 증기기관과 전기가 새로운 기계에 동력을 제공하였다. 생산과정에서 이용하는 주요 동력원을 인력과 축력에 의존하는 상태에서 벗어나게 되었다. 그와 함께 다수의 사람들이 모여서 일하는 대규모 공장이 확산되고 분업이 고도화되었다.

모든 산업에서 데이터를 가공해 생산한 지능(Intelligence)을 활용해서 다시 이를 생산활동에 투입하는 인공지능팩토리화가 진행되고 있다. 디지털 혁명은 '인공지능팩토리'의 엔진을 제공하는 기업들의 급속한 증가와 함께하고 있다. 그러한 엔진을 사용한 새로운 생산방식이 기존의 농업, 제조업, 유통업에서 확산되며 과거에 사람이 하던 장치조작마저 스스로 하고 있다. 20세기 초 헨리 포드

(Henry Ford)는 컨베이어 벨트를 이용한 일관작업 공정을 도입하여 획기적으로 저렴한 가격의 자동차를 공급했다. 당시는 컨베이어 벨트 주변에 사람이 서서 각자가 담당하고 있는 조립공정의 한 부분을 수행하였다. 21세기에는 사람이 컨베이어 벨트에서도 해방되어(어떤 사람들은 해방되었다고 표현하지만 다른 사람들은 쫓겨났다고도 표현한다) 외딴 공간에서 모니터링하거나 공정과정에서 나오는 데이터를 수집 · 저장 · 분석하고 있다.

변화는 제조업 공장에서만 일어나는 것이 아니다. 편의점 CU는 사물인터넷 기능이 탑재되어 가맹점주가 매장에 상주하지 않아도 스마트폰 등 모바일 기기를 통해 매장 관리를 할 수 있는 판매시점 정보관리시스템(POS)을 전국 매장에 도입했다. 가맹점주가 해외에 나가더라도 모바일로 상품 발주도 할 수 있고 스마트 폐쇄회로화면(CCTV)을 통해 매장 영상 정보를 즉시 확인할 수 있다.

농업에서도 과거에 볼 수 없었던 변화가 일어나고 있다. 농산물 재배과정부터 유통과정까지 농장을 운영할 때 일반적으로 필요한 모든 의사결정을 도와주는 '팜모닝'이라는 앱이 있다. 날씨는 물론 보조금과 금융 정보까지 제공한다. 국내에 약 100만 농가가 있고, 약 200만 명의 농민이 있다. 이들 농민에게 약 40만 개의 팜모닝이 보급되어 사용되고 있다.

경기도 포천에 있는 '포천딸기힐링팜' 대표의 하루 일과는 새벽 5시에 스마트폰 앱으로 농장의 온도, 습도, 일사량을 확인하는 것부터 시작한다. 그다음, 적절한 양의 햇빛이 들어오도록 센서를 조정해 보온 커튼을 걷고, 광합성을 위해 해가 뜬 방향으로 상하 이동이 가능한 화분(행잉베드) 높이도 조절한다. 출근은 7시 30분에 하지만 기상 직후부터 원격으로 농장을 미리 점검한다. 물에 흡수될 비료 배합, 온실 환경, 화분 높이 등을 원격으로 제어한다. 작물의 생장정보의 대한 데이터를 쌓고, 이를 바탕으로 최적의 생장환경을 조성한다.

디지털 기술이 없었을 때는 농부가 본인의 경험에만 의존해서 농장을 실시간으로 관리해야 했다. 그러나 이제는 빅데이터를 기반으로 농부들이 좀 더 안정적으로 농가를 꾸려 갈 수 있고 경험축적시간을 현저히 단축하고 있다. 클라우드 기술은 단지 거대기술기업만이 아니라 동네 편의점과 교외의 원예농가를 바꾸고 있다.

대규모 농지를 관리하며 농사를 짓는 미국에서는 대규모 농지관리를 위한 농기계 기술, 원격 기술로 농장을 운영하는 농부들이 늘어나고 있다. 농업에서 촉발된 경험과 연구개발 수요는 제조업과 서비스업에 새로운 파급효과를 낳기도 한다. 네덜란드 기업 프리바(Priva)는 1960년대부터 농업용 온실에 필요한 난방 시스템을 보급했다. 1977년에는 온실에서 원예 작물을 관리할 수 있는 컴퓨터 기반 시스템을 개발했다. 그 후 현재에는 세계 최고 수준의 온실 환경제어 시스템 기업으로 자리 잡았다.

과거에는 생산직이든 사무직이든 일 속에서 개인적으로 경험을 쌓고 시행착오를 거치면서 선임자의 멘토링 아래 하나씩 숙련을 축적했다. 하지만 이제는 데이터를 생산하고 저장하거나 데이터를 분석하거나, 데이터를 이용하는 등 데이터와 함께 일하는 사람이 늘어나고 있다. 데이터를 잘 활용해서 공장을 가동하고, 가게를 운영하고, 농사를 짓는 '데이터 장인'의 시대가 열리고 있다.

전 세계 모든 기업이 '인공지능팩토리'를 만드는 과정에서 고속 처리가 가능한 그래픽 칩과 데이터센터에 대한 수요가 엄청난 속도로 증가할 것으로 예상되고 있다. 실제 세계와 연결된 가상세계[디지털 트윈] 서비스의 증가는 데이터와 소프트웨어 등 모든 것을 가상세계[메타버스]로 결합하여 현실세계를 모델링하고 시험하게 될 전망이다. 공장도 상점도 농장도 디지털 트윈으로 모델링하고 시험하며 탐색이나 시제품 생산에 필요한 기간을 줄이고 있다. 소비자 반응을 확인하는 시간도 줄이며 불필요한 투자를 줄이고 있다. 생산기간을 단축하고 불필요한 투자를 줄임으로써 과거보다 높은 생산성을 달성하는 기업이 증가하고 있다.

4차 산업혁명과 함께 장치를 조작하던 정형화된 노동은 점점 똑똑한 기계에 자리를 내어 주고 데이터 노동, 데이터 장인의 시대가 열리고 있다.

종업원은 알고 있다

어려워진 경영 환경에 대응하기 위해 '기술력을 올리고 생산비용을 줄이는 투자로 경쟁력을 높인다, 시장점유율을 높인다, 향후에 늘어날 시장영역에 주목한다.' 정도는 알겠는데 구체적으로 무엇을 어떻게 할 줄 모르겠다는 기업들이 많다.

사람이 금속을 자르고 깎고 문지르는 일을 하던 금형공장에서조

차도 신세대 밀링머신이 스스로 공구를 바꿔 끼워 가며 밤새 자동으로 금속을 가공한다. 과거에는 사람이 정한 순서대로 드릴을 끼워 구멍을 뚫다가 드릴 순서가 잘못 지정된 경우 가공되던 금속 덩어리를 통째로 망치는 경우도 있었다. 하지만 지금은 구멍과 드릴 사이즈를 비교하며 드릴을 잘못 끼웠는지까지 점검하면서 작업을 할 정도로 똑똑해졌다. 그러니 제조를 주된 생산활동으로 하는 기업이라면 비용을 줄여 주는 자동화 기술을 채택해야 한다. 다른 기업들도 사용하는 범용화된 기술을 도입하는 것은 판로를 만들어 주지도 못하고 경쟁력을 높여 주지도 못하므로 선제적 투자가 중요하다. 하지만 수요량이 일정 수준 이상이 되어야 그런 투자를 할 가치도 있다. 혁신적 기술을 갖춰야 한다고 말들 하지만 그건 교과서에나 있는 얘기다. 사실, 돈 되는 혁신 기술을 갖고 있었으면 어려운 시기를 타개할 방안에 대해 고민하고 있지 않을 것이다.

자동차산업 협력업체는 웬만큼 규모도 있고 연구개발조직도 있다. 그러나 이들 협력업체의 연구개발은 주로 완성차 업체가 어떤 스펙을 정해서 물량을 발주하면 공정혁신을 하기 위한 기능 위주의 연구개발조직이다. 신소재, 신제품을 개발하는 연구개발조직을 갖춘 중견기업들은 거의 없고 있더라도 극히 적다. 이들이 갖춘 기술이란 획기적으로 비용을 절약하거나 시장을 확대시킬 기술과는 거리가 멀다. 예컨대, 늘어나는 고령인구에 주목하여 업종전환을 하거나 품목 변경을 해 보려는 생각을 해 보았더라도, 자신은 완성품을 만드는 회사가 아니어서 딱히 시장이 보이지 않았거나 이미 오랜 기간의 업력으로 경쟁력을 갖춘 기업들의 영토만 보여 더 이상 생각하지 않았을 가능성이 높다. 진입도 어렵지만 리스크는 높은데 기대 수익이 크지 않은 레드 오션에서 처음부터 시작할 처지가 아니라고 보았기 때문이다. 국내에서도 쉬운 일이 아닌데 외국으로 눈을 돌려 남의 시장을 빼앗아 오기 위해 해외 시장으로 눈을 돌리는 것도 녹록지 않은 일이다. 내연기관차에서 전기차로 이행하고 있는 자동차 부품업체의 처지가 이렇다.

'기술력을 올리고 생산비용을 줄이는 투자로 경쟁력을 높인다, 시장점유율을 높인다, 향후에 늘어날 시장영역에 주목한다.'는 고려가 잘못된 것은 아니다. 하지만 그 방법은 문제적일 수 있다. 과거와 같은 방식으로 대안을 모색하면 디지털 전환시대가 제공하는 기회를 놓치기 쉽다. 방법에 소홀하면 대안 모색이 막막해지거나 잘못된 투자를 할 수도 있다. 기존의 업역에서 쌓은 노하우에 주목하되 기존의 틀을 깨는 생산·마케팅 방식을 모색하는 일에도 방법론적 고려가 중요하다. 경쟁자와 같은 방식으로 생산하는데 판매가격을 낮춰 시장을 빼앗는 것이 아니라 잠재적인 새로운 수요를 발굴해서 내 상품과 서비스로 사람이 오게 만들려고 할 때에도 마찬가지이다. 새로운 수요를 창출하면 소비자들이 그 수요에 열광해서 다른 기업에 가 있다가도 내게로 오는 것이지 다른 기업과 같은 방식으로 유사한 상품이나 서비스를 파는데 다른 기업 고객이 내게로 오는 일은 거의 없다. 방법론적 고려에 따라 생산공정과 작업조직의 변화에 주력할 수도 있고, 사업모델이 달라질 수도 있다.

기업 규모의 대소를 막론하고 생산성 향상을 위한 기업의 노력은 신기술의 잠재력을 충분히 활용하는 방식으로 작업조직을 변화시키고 있다. 테일러리즘(Taylorism)이나 포디즘(Fordism)은 20세기 초에 장인(匠人)을 숙련이 많이 필요 없는 공장 노동자로 대체하는 기술 변화가 일어나는 과정에서 정착되었다.[1] 지능정보기술의 잠재력을 충분히 활용하는 21세기의 작업방식 변화가 동작분석에 기초한 테일러 방식이나 일관작업 개념에 입각한 포드 방식은 아닐 것이다. 생산과정에서 효율성 제고나 리드타임 축소를 겨냥하더라도 센서들을 활용하고 인공지능을 활용하는 사물인터넷을 이용하는 것과 같은 접근법이 디지털 전환 시대의 특징이다.

데이터에 주목하기 위해서 당장 인공지능을 갖춘 시스템이나 데이터과학자가 필요한 것은 아니다. 클라우드 서비스를 직접 이용하고 매장에 인공지능시스템을 갖추어야 한다면 세상에 기업을 운영할 사람은 지극히 적을 것이다. 그러한 시스템을 이용할 줄 알아야 한다고 하더라도 데이터를 읽는 일은 궁극적으로 인공지능이 아니라 사람의 몫이라는 데에 확신을 가져야 한다. 회사가 어떤 문제의식을 갖고 있는지도 모르는데 인공지능이 그것까지 알아서 찾아 주는 것은 아니다. 외부의 전문가를 이용하기만 하면 되는 것도 아니다. 내 회사의 업무를 모르는 사람이 내 회사의 고객 데이터를 잘 읽어 내는 데에는 한계가 있고 시간도 오래 걸린다. 데이터를 알기 때문에 일반적으로 할 수 있는 해석이 가능하고 그만큼이라도 상당히 도움이 되는 것은 사실이다. 하지만 그 데이터를 정말 회사

---

1) 테일러리즘은 과업 수행의 분석과 혼합에 대한 관리 이론이다. 포디즘은 일관 작업으로 작업과정을 개편하여 노동생산성을 증대시키는 것이다.

에 도움이 되게 읽을 수 있는 사람은 결국 그 회사의 종업원일 가능성이 높다. 기업가라면 이 점에 주목해야 한다. 그런 종업원이 사내에 있다면 어떻게 해서든 모실 줄 알아야 한다. 그 종업원이 회사의 활로를 개척하고, 이익을 남겨 줄 보물인 시대가 되었다. 종업원이 여의치 않다면 소비자로 방향을 틀어 볼 필요가 있다. 자영업자 소상공인이라면 반드시 소비자에서 답을 구해야 할지 모른다.

주어진 상황과 맥락에 따라 같은 대상을 보고도 우리는 다른 생각을 한다. 전통적인 생각과 현재 벌어지고 있는 상황과 미래에 벌어질 일에 대한 길은 그 생각의 차이에서 달라진다. 웹, 앱, 사회관계망서비스(SNS) 등 사람들의 신상정보, 관심사, 일상사, 담론까지 모두가 데이터화되고 있다. 빅데이터를 통해 소비자의 수많은 다채로운 흔적을 있는 그대로, 그것도 실시간으로 파악할 가능성이 열려 있다. 소비자들의 삶 속으로 들어가 빛나는 일상의 모든 순간에 함께하려는 열정이 있는 종업원을 모시고 회사를 운영할 마음만 낸다면 어려운 고민의 많은 부분이 해결되는 시대가 열렸다.

영국에서 급성장한 가구업계의 스타트업인 메이드닷컴(made.com)에는 가구 제작 공장은 물론 디자이너도 없다. 디자인도 전속 디자이너를 두는 것이 아니라 외부 프리랜서 디자이너들이 디자인해서 제안한 것들 가운데서 택하는 방식을 취한다. 프리랜서 디자이너가 회사의 온라인 홈페이지에 자신이 디자인한 가구를 게시하면, 이를 보고 소비자들이 선택을 한다. 메이드닷컴은 소비자 선택을 많이 받은 디자인들을 제조를 값싸게 하는 (흔히 중국이나 베트남) 명품 가구 제작 공장에 발주한다. 생산된 가구는 유통매장을 거치지 않고 소비자에게 직배송된다. 이렇게 소비자는 원하는 제품을, 판매자는 더 큰 마진을, 생산자는 더 많은 일감을 챙긴다.

제조업자가 유통업자의 플랫폼을 통하지 않고 온라인을 통해 제품을 직접 판매하는 D2C(Direct to Customer) 사업모델은 판매하는 품목이 새로운 것이 아니다. 메이드닷컴처럼 디자인하고 제작하는 방법, 판매하는 방법이 기존의 전통적 기업과 다르다. 수요를 실시간으로 파악해서 제조업자와 직접계약을 해서 발주하면 재고 부담으로부터 자유로울 수 있다. 제조업 상품을 판매하는 데 재고 없이 장사할 수 있다는 것은 높은 마진과 지속가능성을 의미한다. 정보와 데이터의 흐름을 재조직해서 공급사슬을 재조직하는 것, 여기에 활로가 있다. 소규모 기업이 대규모 기업으로 성장하고, 동네 소규모 상점이 대규모 온라인 기업으로 성장할 수 있는 가능성이 여기에 있다. 플랫폼 기업의 고객 맞춤 역량은 이렇게 탄생하고 진화한다.

데이터를 아무리 그러모으더라도 데이터는 불완전하다. 이러한 불완전성은 종업원의 통찰이 해결해 주는 경우가 많다. 데이터는 기업이 새로운 요구에 대처하고 전환하는 방법을 모색할 때 결정적 역할을 하지만, 변화에 어떻게 적응하고 또 무엇을 해야 하는지는 알려 주지 않는다. 이때에도 종업원의 중지를 모으면 해결의 실마리가 잡히는 경우가 많다. 변화한 데이터의 맥락과 그 기반이 되는 변화를 통찰하는 데 종업원의 직관이 기여할 수 있다. 문과생 출신의 수요가 적다고들 하지만 이런 해석의 코드는 문과적 감수성과 접근법이 큰 역할을 할 수 있다.

기업가와 경영진이 세운 비전과 전략 아래 돌격하는 데 익숙한 대기업도, 그저 하던 대로 하는데 매출이 늘지 않는 소기업도 과거와 다른 경영방식을 모색할 때 종업원의 이러한 잠재력을 활용하지 못하고 있는 건 아닌지 생각해 보아야 한다.

새로운 숙련의 여정

변화는 고통을 요구한다. 기술 변화의 내용이 획기적이고 그 속도도 빠른 디지털 혁명 시기를 거치면서 숙련공급이 기업의 숙련수요에 적절히 부응하면 적응과정은 원활해지고 사회적 갈등과 고통은 경감된다. 하지만 전환에 성공하지 못하면 사회갈등과 고통은 커지고 그것을 극복할 비용은 커진다.

기술 진보가 빠를수록 적응력이 높지 않은 사람은 빠르게 대체되고 적응력이 낮은 기업은 도태된다. 기존 기업이 생존하면서 산업구조조정이 이루어지면 기술 진보 속도가 빠르더라도 고용조정은 커다란 사회적 갈등을 수반하지 않는 형태로 진행될 수 있다. 하지만 회사가 문을 닫는 형태로 구조조정이 이루어지면 고용조정이 갈등을 낳고 사회적 충격도 크다. 사실, 디지털 시대에 접어들면서 기업들의 수명은 과거보다 현저히 짧아졌다.

"태풍의 길목에 서 있으면 돼지도 하늘을 날 수 있다." 샤오미 CEO 레이쥔(Lei Jun)이 한 말이다. '대세를 따르면 순조롭게, 혹은 훨씬 쉽게 일을 이룰 수 있다.'는 의미인데 디지털 혁명의 거대한 태풍 속에서 기회를 포착한 CEO다운 외침이다. 이 명제는 변혁의

시대에 새로운 숙련을 필요로 하는 개인들, 어디 취업하더라도 그
곳에서 미래의 직장에도 통용될 숙련을 쌓기 어렵다고 생각하는
노동시장 참여자에게도 해당된다.

　학습은 학교에서만 이루어지는 것이 아니다. 기초역량과 생산활
동이 상호작용하면서 생산성으로 연결되는 학습은 기업이라는 조
직에서도 이루어진다. 학교와 기업에서 배우는 숙련에는 중첩되는
영역이 있다. 하지만 경제활동을 위한 숙련이 모두 학교에서 완성
될 수는 없다. 그런 의미에서 일은 실행에 의한 학습과정(learning
by doing)이기도 하며 기업은 그 과정의 가장 중요한 학습조직이기
도 하다. 한국의 성인 학습시간이 적다고 알려져 있음에도 한국 기
업이 그간 괄목할 만한 성과를 이룬 것도 이처럼 기업 내에서 암묵
적으로 진행된 학습과정의 역할이 컸기 때문이다.

　지금처럼 숙련수요 변화가 급격히 진행되는 환경에서는 자신이
일하던 기업이 어려운 처지에 빠져 도산하고 근로자가 실직하면
근로자는 구직활동을 하면서 자신이 취업하고자 하는 기업들이 필
요로 하는 숙련을 갖추는 노력도 해야 한다. 이러한 과정은 보통의
경우, 특히 40대 이후의 근로자에게는 지난한 과정이거나 크게 낮
아진 임금을 감수해야 하는 형태로 이루어진다. 하지만 변화에 부
응하기 위해서 변화를 모색하는 기업 안에서 동료들과 함께 새로
운 숙련을 모색하는 편이 개인적으로 홀로 떨어져서 모색하는 것
보다 훨씬 쉽다. 소득 상실 가능성도 줄어든다. 그러다가 새로운
스타트업을 창업하거나 스톡옵션을 받아 레이쥔의 말처럼 하늘을
나는 기회를 잡을 수도 있다.

한편, 기업은 현재 생산과정에 참여시키면 바로 생산성으로 연결되는 역량을 지닌 인적자원을 원한다. 기술과 시장 환경의 변화가 빠른 시기에는 불확실성이 높고 신속한 대응이 필요하기 때문에 경력자를 선호하는 경향이 있다. 디지털 전환과 탄소중립 전환의 필요가 큰 기업과 산업 분야일수록 이러한 경향은 더욱 강하다. 그러나 구직자 풀에서 발견할 수 있는 인적자원의 디지털 역량은 이들을 생산활동에 즉각적으로 참여시켜서 전환을 모색할 자신감을 주지 못하고 있다. 이러한 기업의 채용관리관(觀)을 단순히 경쟁환경이 과거보다 극심해지고 불확실성이 커진 탓만으로 돌리기는 힘들다. 그만큼 대학 등 교육훈련기관의 변화가 요구되고 있다고도 볼 수 있다.

인공지능 기술 시대의 작업방식은 인간—네트워크, 인간—기계 사이의 역동적 협력 형태를 포함하는 작업방식이다. 로봇이 스스로 알아서 하는 일이 늘어나고 있다. 동시에 로봇이 인간과 함께 일할 줄 아는 영역도 늘어나고 있다. 네트워크 속에서 빅데이터를 생산하고 가공하며 거기서 부가가치를 만들어 내는 과정에서 인간과 인공지능이 협업하고 있다. 제조과정에서 전반적 인력수요가 줄고 있지만 서비스업에서는 인력수요가 지속적으로 늘어나고 있다.

이러한 제반 전환기적 특성은 다른 각도에서 보면 디지털 기술이라는 범용기술(general purpose technology)이 급속히 확산되고 있는 시기일수록 일과 학습이 더욱 분리되기 어렵고 그 병행이 절실한 시대가 도래해 있음을 알려 준다. 반면, 한국의 성인 학습시간은 OECD 국가 중에서도 유난히 낮다. 판교발 개발자 부족과 연봉상승이 보여 주듯 숙련수요는 디지털 문해력을 갖는 사람을 필요로 하는 시대로 접어들었다. 그러나 학교의 변화는 더디다. 그로 인해 기업은 쓸 만한 인력을 구하기 힘들다고 호소하고 구직자는 경력개발을 해 줄 일자리가 부족하다고 호소하고 있다.

기업들이 현장에서 체감하는 변화에 비추어 인적자원의 숙련 변화는 더디다. 교육기관에서 네트워크, 코딩, 데이터, 인공지능에 관한 숙련은 현저히 과소공급되고 있다. 전통적 기업 내의 변화는 초기 단계여서 노동시장 내에서 경험을 쌓은 인력의 공급도 수요에 비해 과소하다. 학습에는 디지털 전환에 적응하느라 시행착오를 겪는 과정도 필요하다. 그러므로 인력공급 상황은 개선되겠지만 기업들이 필요로 하는 인력공급이 부족한 상황 또한 지속될 것이다.

디지털 숙련인력에 대한 구인난이 지속되고 있지만 수도권 대학들은 정원규제에 막혀 디지털 역량을 가진 인재를 공급하지 못하고 있다. 정부가 지원하는 직업훈련 공급자 시장에서는 과거형 규제가 지속되며 스타트업의 최일선 숙련 전수가 파급될 여지가 가로막혀 있다. 지방대학들은 학령인구 감소의 파도를 온몸으로 맞고 있다. 그럼에도 불구하고 각자의 전공역량을 갖고서도 인공지능, 빅데이터, 코딩에 관한 지식을 함께 공급하는 학교 개혁을 시도하지 못하고 있다. 예외가 없는 것은 아니다. 서울대－경북대－전남대가 업무협약을 맺고 AI인재를 함께 양성해 보려는 시도가 그 예이다.

사회적 공헌을 천명한 IT 서비스업들도 디지털 인재 양성에 나서

고 있다. 하지만 여전히 시장에는 관련 인력공급이 부족하다. 전국적으로 취업자가 감소한 2020년에도 이미 개발자 인력이 부족해서 500~2,000만 원씩 연봉 인상 뉴스를 판교의 '멋진' 기업들이 내보내더니 개발자 품귀에 연봉 경쟁이 가속되어 1년 만에 30~40%나 급증했고 네이버, 카카오가 이익률을 감소시키더라도 인재 유치에 사활을 걸고, 삼성SDI와 같은 IT서비스업체들에게도 비상이 걸렸다. 충격과 혼돈은 변화가 시작되는 최고의 시기라고만 하기에는 정부의 일자리 정책과 ICT기업들의 사회공헌이 어디에 방점이 두어야 하는지는 명확해진 셈이다.

다시 돌아보는 사회보장

코로나19가 확산되고 방역 통제가 근 2년이 지속되고 있던 2020년 2월부터 2021년 12월까지 산업별 취업자 수 추이를 고찰해 보면, 두 범주가 눈에 띈다. 출판영상방송, 보건복지, 운수, 사업서비스, 전문서비스 산업의 고용은 2021년 들어 코로나19 대감염 이전 수준을 넘어서며 증가 추세를 보였다. 하지만 제조업을 비롯하여 도소매, 음식숙박, 예술여가, 개인서비스 부문은 여전히 코로나19 발생 이전의 고용 수준을 회복하지 못하였다([그림 15-1]).

부정적 충격의 강도가 강한 영역이 항공사·공항·공항협력업체 종사자·여행사·통역·관광 가이드 등의 프리랜서, 예술·스포츠 종사자, 음식숙박업 종사자, 의류·신발·건강제품 등 전문

소매점 종사자, 음료·의류·신발 등의 경공업 종사자, 건물외벽 관리 등 일부 사업지원서비스업 종사자는 비대칭적으로 고용불안 정을 겪었다.

비대면 기술을 활용한 각종 새로운 사업의 증가도 동시에 진행

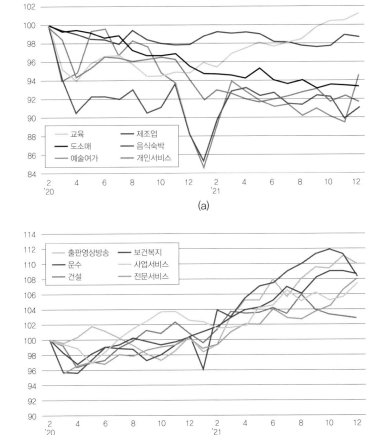

[그림 15-1] **산업별 고용동향(2020년 2월=100): 비대칭적 충격과 비대칭적 회복**
출처: 통계청. 경제활동인구조사.

되었지만 2020년의 전체 고용효과는 21.9만 개의 일자리 감소와 전반적 고용불안이었다. 2021년에도 2019년도에 비해 전체적으로 15만 개의 일자리가 늘긴 했지만 전 취업자의 절반 이상이 종사하고 있는 부문에서는 여전히 2019년에 비해 고용 사정이 나아지지 않은 상태였다.

실직과 소득 감소의 충격은 저숙련·저임금 취약계층에 집중되어 발생하였다. 2019~2021년의 기간 동안 전체 취업자 수는 0.6% 증가하였다. 하지만 고졸 이하 학력자의 고용은 감소하였고 전문대졸 이상 학력자의 고용이 늘었을 뿐이다. 보다 구체적으로, 초졸 이하 학력자는 5.0%, 중졸자는 5.1%, 고졸자는 0.8% 감소했다. 전문대졸자는 1.9% 증가하였고 대졸자는 3.9% 증가하였다(〈표 15-1〉).

코로나19 대유행은 청년층, 여성을 포함한 취약계층에게 더 큰 부정적 영향을 미쳤다. 청년층은 일자리 기회 축소의 타격을 받았다(중앙일보, 2020. 10. 7.). 재택근무로 생산성을 유지할 수 있는지

〈표 15-1〉 **교육 수준별 취업자 수 변화(2019~2021 연평균)**

	2019년 (천 명)	비중 (%)	2021년 (천 명)	비중 (%)	증감 (천 명)	2019년 대비 증감률 (%)
초졸 이하	1,896	(7.0)	1,802	(6.6)	-94	-5.0
중졸	2,078	(7.7)	1,971	(7.2)	-107	-5.1
고졸	10,299	(38.0)	10,220	(37.5)	-79	-0.8
전문대졸	3,644	(13.4)	3,713	(13.6)	69	1.9
대졸 이상	9,205	(33.9)	9,566	(35.1)	361	3.9
전체	27,123	(100.0)	27,273	(100.0)	150	0.6

자료: 통계청. 경제활동인구조사.

에 의해 일자리가 차별화되면서, 근로계약의 안전성이 낮은 비정규직 노동시장 참여자, 중소기업에 고용된 사람들이 고용불안을 겪었다. 저소득층, 청년, 여성 중에는 원격 근로가 어려운 환경에 놓여 있는 사람이 많고(IMF, 2020) 그만큼 더 코로나 팬데믹의 충격을 받아야 했다.

코로나19 대유행은 인적자본 축적 과정에도 심대한 영향을 미치고 특히 노동시장 취약자에게 불리한 영향을 미친 것으로 판단된다. 코로나19 대유행과 같은 환경에서 돌봄 환경 격차는 부모, 특히 엄마의 근로능력을 제한하고, 자녀의 학교생활을 방해하여 학습 기회를 감소시킨다. 자녀들에게 보충교육을 제공할 수 있는 부모를 갖지 못한 학생들은 중단 기간에 따라 학습 손실이 증가한다(Quinn & Polikoff, 2017). 온라인과 원격 학습이 임시 교량 역할을 할 수 있지만 그 차이를 메꿀 만큼 효과적이지는 못하다(Baytiyeh, 2018). 원격 수업이 어려운 환경에 놓여 있는 저소득층도 상당수이다(중앙일보, 2020. 12. 14.). 부모의 돌봄을 받지 못하는 환경에 있을수록 학교에서 집으로 돌아온 학생들이 학습을 방해하는 환경에 더 노출되었다(중앙일보, 2020. 12. 2.). 학교 폐쇄는 취약계층의 인적자본 축적을 방해해서 장기적으로 미래 사회적·경제적 결과에 영향을 미쳤다. 경제학자들의 연구결과에 의하면 학업 기간이 짧으면 평생 소득이 감소하고(Card, 1999), 학교 교육 감소는 소득 감소로 귀결된다(Holmlund, Liu & Skans, 2008; Light, 1995). 이러한 요인들이 다시 경제 전체의 생산성을 둔화시키고 복지지출 수요를 증가시키고 있다.

빈곤을 구제하는 제도는 나라의 동서나 시대의 고금을 막론하고 있었다. 농업 위주의 시대와 산업화 시대에는 그 모습과 방식이 다른데, 산업혁명이 시작된 영국 「구빈법」의 역사를 보면 철학적 배경에 따라 빈곤 구제에 접근하는 방법 또한 많이 달랐다. 빈곤을 자기 책임으로 보는 데에서 나아가 사회의 책임으로 인식하는 과정이 제도 진화의 한 특징이었고, 사회의 책임으로 보더라도 공리주의적 접근에서 공동체주의를 지향하는 방식으로 변화하는 것 또한 제도 진화의 다른 특징이다.

코로나19 대감염은 비대면 활동을 급진적으로 추진시키는 계기를 제공함으로써 디지털 혁명이 가져오는 사회보장제도 보완 필요성을 부각시켰다. 사회정책은 사회적 위험에 대응하기 위해 준비된 프로그램들을 수단으로 갖고 있다. 이들 관련 제도를 고찰하는 방법은 다양하다. 한 가지 방법은 경제활동기의 소득 상실 위험에 대응하는 급여를 제공하는 안전망을 중심으로 살펴볼 수도 있다. 현재 고용보험 실업급여와 국민기초생활보장제도, 그리고 2021년부터 시행되고 있는 국민취업지원제도가 노동시장 참여자에 대한 안전망을 제공하고 있다. 경제활동기의 근로능력이 있는 사람들을 대상으로 하는 프로그램은 정도의 차이가 있지만 모두 노동시장 참여를 염두에 두고 운영된다. 그런 점에서 이들을 고용안전망이라고 정의할 수 있겠다.

한국 노동시장정책의 근간이자 고용안전망의 대표적 제도는 고용보험이다. 임의가입하고 있는 일부 자영업자를 제외하면 그 가입 대상은 임금근로자로 한정되어 있다. 우리나라 고용보험의 실업급여가 전통적 실업보험을 모델로 하여 도입되었기 때문이다. 그만큼 '전체 노동시장 참여자'의 소득 상실에 대한 안전망이라는 견지에서 보면 보호범위가 제한적이다. 이 점에서 고용보험은 국민기초생활보장제도나 2021년부터 도입된 국민취업지원제도와 구별된다.

지난 20년간 고용보험의 가입률이 지속적으로 증가하고 국민기초생활보장제도 수급가구도 증가하였지만 주로 노동시장 취약자가 속한 사각지대가 획기적으로 줄어들지는 못하였다. 이는 취업성공패키지사업이 도입되었던 배경이자 국민취업지원제도가 도입된 배경이기도 하다.

2020년 2월 코로나 위기 발생 직후 4월까지의 두 달 동안 취업자는 102만 명 감소하고 일시휴직자는 99만 명이 증가했다. 노동시장이 받은 충격의 크기는 이처럼 유례가 없었지만 소득 상실을 보전받은 사람은 극히 일부에 불과했다. 노동시장 충격을 반영하기에는 턱없이 부족했다. 이로 인해 긴급재난지원금 지급이 결정되고, 노동시장 참여자의 소득 상실에 대한 안전망 필요성이 크게 제기되었다. 고용안전망 확충 필요성도 제기되었다. 사실, 이는 노동시장 취약자일수록 소득 상실 위험에 크게 노출되었다는 점에서 안전망 격차가 축소되어야 한다는 문제 제기이기도 했다(허재준, 2020).

전체 노동시장 참여자에 대한 고용안전망 사각지대라는 관점에서 사각지대를 고찰하면 세 가지 유형을 구분할 수 있다.

첫째 범주는 법이 정한 바에 따라 고용보험 적용대상에서 제외되는 집단이다. 이는 다시 두 종류로 나뉜다. 비임금근로자 집단이

한 축이고, 가사노동자, 주 15시간 미만 시간제근로자 등이 다른 한 축이다. 특수직역 연금 가입자 집단은 해당 직역 내에서 이미 안전망(특수직역 연금과 직장안전성)이 존재하므로 이들은 고용안전망의 사각지대에서 제외하는 것이 타당하다.

둘째 범주는 법적으로 적용대상임에도 불구하고 가입이 누락되어 있는 집단이다.

셋째 범주는 고용보험 가입자 가운데 존재하는 사각지대이다. 수급요건이 까다롭거나 수급요건을 충족시키지 못하여 급여를 받지 못하는 경우(고용보험의 피보험단위기간을 충족하지 못한 사람과 자발적 이직자)[2]도 있고 실업기간이 수급기간을 넘어 지속되는 실업자와 비경제활동인구화한 가입자도 있다.

전체 노동시장 참여자의 어느 정도가 고용안전망의 보호 범위에 들어 있는지를 보면 셋째 범주를 제외하더라도 전체 경제활동인구의 46.9% 혹은 전체 취업자의 45.2%가 사각지대에 있다. 고용안전망 사각지대 구성 요소 전부가 그 자체로 모두 문제적이지는 않다. 예컨대, 15시간 미만 근로자의 대부분은 매우 주변적으로만 노동시장에 참여하고 있고 자발적으로 초단시간을 하는 경우도 많아서 그 모두를 고용안전망에 꼭 포함시켜야 하는 것은 아니다. 노후소득보장이 충실하고 제도가 성숙해 있다면 사실 65세 이상자에 대

---

2) 예컨대, 2014년 피보험자격 상실자 584만 명 중에서 구직급여를 신청할 수 있는 고용보험 가입기간 및 이직사유 충족자의 비중은 24%에 불과하였다(한국고용정보원, 2015). 이는 금번 코로나 위기에서도 노동시장 충격에 비해 실업급여 수급자가 적게 증가한 배경이기도 하다.

한 고용안전망 필요성도 없어진다. 가사노동자나 5인 미만 농림어업은 행정력의 우선순위에서 밀려 적용대상으로 삼고 있지 않다는 점에서 성격이 다르다.

자영업자들도 스스로 적절한 안전망을 갖추고 있다면 고용보험과 같은 고용안전망에 꼭 포함되어야 하는 것은 아니다. 하지만 자영업자 중에도 안전망이 필요하다고 판단이 되어 현안이 되고 있는 집단이 있다. 형식적으로 임금근로자는 아니지만 경제적으로는 종속되어서 일하는 집단이다. 전통적으로 취업자를 임금근로자와 자영업자로 양분해서만 바라보았고 자영업자는 자기 책임 아래 사업을 운영한다고 간주되었기 때문에 이들은 종속적 위치에서 노동시장에 참여하면서도 특별히 안전망에 포괄할 대상이 되지 못하였다. 안전망이 필요하다면 동업자끼리의 조합이나 공제회 형식으로 만들 책임도 이들 스스로에게 있는 것으로 간주되었다.

외환위기 이후 다양한 형태의 고용계약이 늘어나면서 특수형태업무종사자라는 종속적 자영업자 집단에 관한 노동법 적용 여부와 이 집단에 적합한 사회안전망에 관한 논의가 진행된 바 있었다. 이들을 고용보험 적용범위에 포함시켜야 한다는 주장이 그중 하나인데 기업의 노동비용 증가(사회보험료, 퇴직금 등) 우려, 조세 및 사보험 행정 개편 의지 부족, 특고와 비정규직 근로자의 요구 부재 등으로 인해 논의가 실질적으로 진전되지는 못하였다.

2016년부터 일기 시작한 4차 산업혁명의 영향에 관한 논의 확산과 디지털 기술을 활용한 플랫폼 노동의 출현은 경제적 종속성이 강한 노동에 대한 대응이 필요하다는 주장이 강하게 제기되는 계기가 되었다. 미래 노동시장에서는 '전통적 고용계약 형태를 띠지는 않지만 인적용역 형태를 띠는 계약으로서 경제적 종속성이 강한 계약'이 더욱 증가하리라는 예상이 널리 퍼졌기 때문이다.[3]

코로나19 대감염으로 인한 위기는 이 종속적 자영업자 집단에 관한 소득보장제도 필요성을 극명하게 부각시켰다. 노동시장에서 취약한 위치에 있고, 코로나19 대유행으로 인한 경제 위기로 소득 상실을 많이 경험한 집단이었기 때문이다. 그뿐만 아니라 음식숙박업, 예술·스포츠·여가 관련 서비스업, 교육서비스업의 영세자영업자까지도 보호 필요성을 제기하였다. '전 국민 고용보험제도' 라는 표어는 기존의 고용보험제도를 말 그대로 전 국민에게 적용한다는 점보다 코로나19 대유행과 같은 성격의 위기가 닥칠 때를 대비하여 전방위적인 소득보장제도가 필요함을 환기한 것이라고 볼 수 있다.[4]

디지털 전환시대라는 특성은 단순히 사각지대 축소와 소득불평등을 개선하는 과정을 노동시장 참여자 능력 배양과 병행할 것을 요구하고 있다. 소득분배를 개선하기 위해 가구단위의 근로장려금, 개별 근로자 최저임금, 구직자에 대한 실업급여제도, 국민취업

---

3) 행정상의 판단을 위한 정의는, 예컨대 '매출의 50% 이상이 한 개인 혹은 기업과 이루어지는 형태로 인적용역을 제공하고, 사업상의 주요 결정을 내릴 수 없으며, 종업원을 고용하고 있지 않은 자영업자'와 같은 방식으로 정의할 수 있다.

4) 한국에는 2021년까지 상병급여제도가 도입되지 않아 기업이 취업규칙이나 단체협약으로 소득을 보전하지 않는 한 개별 근로자가 소득 상실을 오롯이 부담해야 했다. 즉, 노동시장에서 취약한 위치에 있는 취업자일수록 질병으로 인한 소득 상실의 부담이 오롯이 개인의 부담으로 주어져 있었다. 코로나19 대유행은 질병으로 인한 일시적 소득 상실에 대한 안전망 필요성도 제기하였다. 2022년 7월 4일부터 서울 종로구, 경기도 부천시, 충남 천안시, 경북 포항시, 경남 창원시, 전남 순천시의 6개 지역에서 시범사업이 실시되고 있다.

지원제도, 적극적 노동시장정책의 최적조합(optimal mix)을 통해 양극화를 완화하되, 고용서비스와 복지서비스를 융합한 사회서비스 제공으로 노동시장 참여 능력과 여건을 배양해야 하는 시스템을 구축하기 위해 교육기관—기업—적극적 노동시장정책 이해당사자가 과거보다 적극적으로 나서야 하는 시대가 되었다.

일의 미래

2010년 이후 산업화 국가들인 OECD 국가들에서 일자리 증가율이 이전에 비해 둔화하고 있다. 소득분배 상황도 2010년대에 개선되고 있지만 1980년대 이후 지속적으로 악화되었던 수준을 상쇄할 정도에는 크게 미치지 못한다. 여러 나라의 소득분배 추이를 살펴보면 소득분배는 여러 가지 요인에 의존해서 변화함을 짐작할 수 있다.

급격한 변화가 특징인 새로운 범용기술 확산 초기에는 시장의 힘이 불평등을 확산시키는 방향으로 작용하리라고 예상할 근거가 존재한다. 적응력에 따라 소수의 기업과 개인은 엄청난 기회를 포착하지만 변화에 대한 적응력이 떨어지는 다수의 기업과 개인에게는 변화란 흔히 난감하거나 재난적 상황이 되기 십상이기 때문이다. 그만큼 커다란 기회와 부를 거머쥐는 소수와 그렇지 못한 상황에 처하는 다수는 불평등 악화로 이어지기 쉽다.

역사적 경험에 비추어 보면 소득분배가 악화되는 시기가 있지만 일정 시간이 흐른 후에는 악화되던 소득분배 상황이 다시 개선되는 시기가 도래했다. 기술과 지식이 확산되고 평준화되는 한편, 사회안정을 희구하는 사회구성원의 여망을 반영한 정부가 악화된 소득분배 상황을 타개할 규범 · 제도 · 정책을 도입하기 때문이다. 하지만 그런 일이 수년 안에 매듭지어질 것이라고 보기는 힘들다. 세대를 넘는 기간에 걸쳐서 일어날 변화이다. 그러므로 우리가 지금 겪고 있는 디지털 혁명의 영향과 대응 정도를 판단하려면 적어도 두어 세대 이상의 시간 지평 속에서 고찰하고 판단해야 할 것이다.

비록 4차 산업혁명 기술 확산 시기가 과거보다 일자리 기회가 제약되고 있는 시기와 맞물려 있다는 사실에 입각해서 4차 산업혁명의 진전이 일자리를 제약한다고 간주하더라도, 이러한 현상은 항구적이라기보다는 잠정적 현상일 가능성이 높다. 범용기술의 확산은 정의상 항상 일어나는 일이 아니기 때문이다. 마찬가지 이유로 4차 산업혁명의 확산이 소득불평등을 악화시키는 방향으로 영향을 미치고 있다고 하더라도 그 또한 항구적이라기보다는 과도적 영향일 가능성이 높다.

하지만 이러한 낙관이 현재의 불안정을 불식시켜 주지는 못한다. 과도 기간이 2~3년 내에 끝나는 짧은 기간이 아니고 적어도 수십 년에 걸치는 성격의 것이기 때문이다. 현실에서는 과거와 다른 사업 모델들이 등장하면서 숙련수요의 변화가 대대적으로 일어나고 전통적 산업에서 노동자들이 수행하던 어떤 '직무'는 줄어들거나 없어지고 있다. 그런가 하면 개발자 숙련수요가 대폭 늘어나고 일하는 방식도 급격히 변화하고 있다. 이런 패러다임 변화에 적응하지 못하는 기업은 도태하고 변화를 거부하는 개인은 일자리를 잃고 있다.

공급사슬과 가치사슬의 변화는 공장 입지의 개념도 바꾸고 있다. 자동차나 가전제품과 같은 내구성 소비재와는 달리 신발과 같은 소비재는 통상적으로 임금이 저렴한 곳에서 생산해서 소득이 높은 나라로 수출하였다. 이제는 소비지 가까운 곳에 전자동 생산 시설을 두고 소비자 맞춤형 제품을 생산하는 기업이 늘어나고 있다.

자동차 산업의 대전환이 진행되고 관련 생태계가 변화하고 있다. 전통적으로 완성차기업－1차협력사－2차협력사로 구성되어 있던 생태계에 기술력으로 무장한 디지털 전장기업과 기술전문 협력사가 주된 행위자로 등장하고, 기술력 없는 1, 2차 협력사는 바람 앞의 등불 신세가 되어 있다.

규제의 변화도 변화무쌍하다. 플랫폼 비즈니스가 형성되던 초기와 달리 플랫폼을 독점해서 단순히 통과세를 받는 플랫폼은 현재 세계 각국에서 반독점법으로 규제 대상이 되거나 감시대상이 되어가고 있다.

이런 변화의 와중에서 디지털 혁명이 세계 경제와 노동시장에 가져올 변화를 정확히 예상하고 준비하는 것은 어렵다. 어느 정도 컨센서스가 확립된 방향도 돌출요인으로 인해 전혀 엉뚱한 방향으로 진행되기도 한다. 하지만 시장에 팽배한 우려의 근저를 살펴보면서 본질을 진단하고 일반적으로 미래 예측의 이름으로 행해지는 추론들의 타당성을 점검함으로써 미래에 대비하면 그러지 않았을 때 치르게 될 헛된 수고를 아낄 수는 있다.

에릭 브린욜프슨(Erik Brynjolfsson)과 앤드루 맥아피(Andrew McAfee)가 쓴 『제2의 기계시대』의 역자후기에는 이런 내용이 있다. "기자라는 직업 명칭만 같을 뿐 지금 후배 기자가 하는 일은 내가 입사했을 때 하는 일과는 전혀 다르다"(에릭 브린욜프슨, 앤드루 맥아피, 2014: 159).

기사를 작성하는 소프트웨어가 데이터를 기반으로 스포츠, 비즈니스, 정치 등 다양한 분야에서 이미 자동화된 기사를 쏟아내고 있다. 파파고나 구글번역기가 제공하는 번역의 질이 5년 전에 비교하면 상상할 수 없을 만큼 진화한 것을 보면 이러한 전망은 그리 놀랄 만한 것이 아니다. 사실, 기자 아닌 누구라도 많은 사람들이 지금 하고 있는 일이 이미 과거 그 직업을 가진 사람이 하던 일과 전혀 다른 일로 변했고 멀지 않은 장래에 또한 그렇게 될 것이다. 일을 잃는 사람과 지키고 개척하는 사람의 차이가 스스로 그렇게 달라질 수 있는지 여부에 의존할 것이다. 달라지는 일을 수용하는 과정은 자율적일 수도 있고 강요된 것일 수도 있다. 또한 적극적일 수도 있고 수동적일 수도 있다. 그러나 강요된 여가와 자발적 여가가 고통과 즐거움의 차이를 결정하듯 장래에 우리가 하게 되는 일도 그럴 것이다. 그것이 지금 인조인류(로봇, 인공지능)와 자연인류(사람) 사이에 벌어지고 있는 경쟁이 낳고 있는 현상이 시사하는 점이다.

지난 20여 년 동안 우리가 겪은 변화는 '어느 틈에 그렇게 될까?'라는 유보적 예상들을 일거에 날려 보냈다. 그와 함께 무슨 일을 성사시키기 위해 필요한 덕목이나 성공적인 인생을 살기 꼭 필요하다고 생각되어 왔던 가정들 또한 일거에 무너트렸다. 이를 통해 지금 일어나고 있는 변화를 무시하거나 가볍게 여기는 것은 여러 가지 점에서 위험하고 현명하지 못한 짓이라는 점을 깨닫게 해 주었다. 전문가로서의 식견을 위해서는 물론, 개인의 일상을 위해서도, 한창 커 나가고 있는 자녀들의 행복한 삶을 위해서도 그렇다. 과거에 통했던 방식이 미래에도 통할 것이라고 믿는 것 역시 현명하지 않은 시대가 되었다. 생각을 바꾸지 않으면 자신의 미래와 우리가 소중히 생각하는 사람들의 미래가 위험해진다.

하지만 이러한 가능성 많고 다양한 여행길을 가는 방법에 딱히 왕도란 없다. 모든 여행이 그렇듯이 그 여행길을 가는 방법은 모두가 스스로 선택해야 한다. 여행길을 떠날 때 배낭과 식량과 의복과 지도와 필기구를 준비해야 하듯 최소한의 준비를 해야 하고 무엇을 준비해야 하는지는 여행을 해 본 사람이 알듯이 우리는 과거의 경험으로 무언가를 준비할 수 있을 뿐이다. 준비를 했지만 예상을 깨고 반드시 준비했어야 할 것들 중 빠트린 것이 반드시 나타날 것이다. 하지만 그렇더라도 어찌할 수 없다. 우리는 우리가 준비한 것만을 활용할 수 있다. 하지만 그렇더라도 준비과정에서 암묵적으로 축적하게 된 대응력이 훨씬 용이하게 상황에 대처하게 해 줄 것이다.

애덤 스미스(Adam Smith)가 『국부론』에 기록한 공장에서는 한 공장에서 10명이 분업하며 생산성을 높였다. 지금은 각자가 집에서 협업하면서 그 이상의 효율도 성취할 수 있는 세상이다. 한 기업을 위해 일하더라도 과거에는 일벌이나 일개미처럼 분업을 했지만 지금은 거미처럼 망을 치고 그 망을 연결해서 분업에 참여하고 있다. 4차 산업혁명은 특정 산업의 부상이 아니라 제반 생산영역에서 4차 산업혁명 기술이 확산되는 것이다. 4차 산업혁명 기술을 활용하는 것과 마찬가지로 부작용을 방지하는 것도 미리 대비책을 마련할 수 있는 것이 아니다. 제반 영역에서 시행착오를 거듭하면서 진행될 것이다. 전능한 통찰력으로 미래에 대비하는 것이 아니라 끊임없이 현실의 부정합과 기존 규범의 부작용을 교정하면서 미래 규범, 즉 미래 노동시장정책의 틀과 정책항목을 만들어 가는 것이 디지털 전환에 부합하는 사회구조와 제도 확립 과정이다. 일의 변화든 여가의 변화든 그 이행이 폭력적 과정을 거쳐서 이루어질지 아니면 순탄한 과정을 거쳐 이루어질지가 바로 거기에 달려 있다.

힘들고 위험하고 고통스러운 노동은 종언을 고할 수 있다. 일과 여가가 구분하기 힘들고 놀이와 일이 구분되지 않는 시대가 오고 있는 징후도 있다. 하지만 일이 사라지는 것이 아니라 얼마간은 우리가 상상한 형태로, 얼마간은 전혀 짐작하지도 못한 형태로 일의 미래가 스스로의 모습을 드러내고 있다.

PART 4

사회서비스 전략 VS.
기본소득 전략

안상훈(서울대학교 사회복지학과 교수)

김수완(강남대학교 사회복지학부 교수)

16

사회서비스 전략과
사회투자 접근

새로운 사회적 위험론

그동안 복지국가의 사회경제적 변환에 따른 사회적 위험구조의
변화에 관한 논의는 상당히 활발하게 이루어져 왔다. 이 논의들의
핵심적인 내용은 산업사회에서는 노령, 실업 등 근로중단과 관련
된 위험이 주요한 사회적 위험이었지만, 탈산업사회로 전환하면서
는 노동시장 변화로 인한 불안정 고용과 미숙련 노동의 문제, 근로
빈곤층의 문제, 여성의 노동시장 참여 증대로 인한 일가족양립 및
돌봄의 공백 문제 등 신사회위험(new social risks)이 중요한 문제로
등장하고 있다는 것이다(Bonoli, 2007; Taylor-Gooby, 2004).

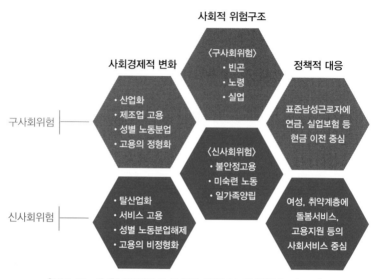

[그림 16-1] 후기산업사회 사회적 위험구조의 변화 논의 요약

산업사회에서 복지국가의 주된 정책적 대응은 1차 생산영역인 노동시장에서의 분배와 분리된 2차 분배기제로서의 복지에 초점을 맞추었기 때문에 주로 탈상품화를 위한 현금복지에 방점을 두었다. 반면, 신사회위험의 등장은 기존의 정책적 대응과는 다른 방식의 전략, 특히 고용과 복지를 융합하는 사회서비스의 중요성을 더욱 부각시키고 있다. 즉, 후기산업사회에서의 복지국가 전략은 일과 복지를 연계하고 생산과 복지의 상호작용을 강화하는 방식으로의 복지전략, 즉 사회서비스 전략에 방점이 찍힐 수밖에 없는 것이다.

더 나아가, 복지국가가 직면한 위험구조의 변화는 복지국가의 갈등균열을 구조적으로 변환시키면서 새로운 복지정치의 양상을 야기하고, 기존과는 다른 대응전략을 요구한다. 신사회적 위험구조에서는 여성, 청년층, 근로빈곤층과 고용불안정층이 위험집단으로 새롭게 등장하면서, 젠더·세대·노동시장 이중구조 등의 사회정치적 균열이 발생하는 한편, 기존의 소득보장 접근만으로는 해결되지 않는 문제들이 야기되고 있는 것이다.

후기산업사회의 새로운 사회적 위험에 대응하기 위한 사회서비스 전략은 사회투자 논의와도 관련된다. 한국 사회에서도 1997년 외환위기 이후 나타난 노동시장 양극화, 2000년대 이후 급속하게 진행된 저출산·고령화 현상으로 인한 위기감이 사회투자전략에 대한 관심을 고조시켰다. 역사적으로 케인지안(Keynesian) 패러다임과 신자유주의적 관점이 복지-성장-고용에 대해 대립적인 설명을 제공해 왔다면, 사회투자 관점은 사회투자정책이 변화하는 복지국가 환경에서 새로운 위험에 대응하고, 고용을 증진시키며 경제성장에 기여할 수 있는 복지전략이라고 역설한다(Esping-Andersen, 2002; Hemerijck, 2012; Morel, Palier, & Palme, 2012).

그러나 사회투자 관점은 아직 확고한 이론적 패러다임이라고 인정받고 있지는 못하며(Morel, Palier, & Palme, 2012, p. 14), 사회투자 정책과 경제성장의 선순환 관계에 대한 설명도 가설 수준에 머물러 있다. 복지국가에서 사회투자적인 요소를 구체적으로 어떻게 포착해 낼 것인가에 대한 답이 여전히 정리되지 않았고, 복지국가의 사회투자적 전략이 지니는 경제적 성과에 대한 경험적 증거가 여전히 부족하기 때문이다. 이 장에서는 사회투자 패러다임의 핵심적 기제로서 사회서비스가 갖는 거시적 효과를 실증적으로 검증한 결과를 제시하고자 한다.

압축적인 성장을 경험한 한국은 서구의 사회적 위험구조의 변환
과는 다른 양상을 지닐 것으로 보인다. 한국 사회는 구사회위험과
신사회위험의 복합적인 양상으로 인해 형성된 다차원적인 갈등과
다변화된 욕구가 분출되는 다중격차사회인 것이다. 그러므로 한국
의 복지정치를 소득불평등 현상으로 대표되는 계급적 균열만으로
는 파악할 수 없음은 자명하며, 갈등의 해결책을 기존의 복지국가
전략에서 찾으려는 정책적 관성은 이제 극복의 대상으로 부각되고
있다.

복지국가와 사회투자 접근

'구성원들의 복지가 생산적일 수 있는가?'는 복지국가에 대한 오
래된 질문이다.[1] 그러나 기존 논의들이 생산적 복지의 구체적 메
커니즘을 충분히 제시해 오지는 못했던 것도 사실이다. 현시점에
서 지속가능한 복지국가로의 재구조화를 위해 밝혀야 할 중요한
문제는 복지국가가 갖는 경제적 효과의 구체적 메커니즘, 즉 어떤
복지가 어떤 메커니즘에 의해 생산적으로 작동할 수 있는가라는
점이다.

이와 관련하여 첫째로 복지국가가 경제성장에 미치는 영향을 밝
히려는 일련의 연구들이 있다. 특히 복지국가의 공적 지출과 경제

---

1) 이 절과 다음 두 절의 내용은 Kim & Ahn(2020)의 내용을 바탕으로 논의를 수정보완하였다.

성장 간의 관계를 밝히려는 연구들이 이미 많이 이루어져 왔다. 이
들 연구결과는 복지가 경제성장에 순기능을 한다는 실증적 증거와
역기능으로 작용한다는 부정적 증거, 혹은 의미 있는 관계를 밝히
지 못한 연구 등 다소 상이하게 제시되어 왔는데, 최근에는 공적 지
출과 경제성장 간의 관계를 보는 데 있어서 공적 지출 수준 그 자체
가 아니라 '어떤 지출인가'라는 점이 더 중요하게 강조되고 있다.

복지의 생산적 기능에 관한 두 번째 연구 흐름은 경제학과 보건
학 등의 분야에서 진행된 교육과 건강서비스의 경제적 효과에 관
한 연구들이다. 공적 교육지출의 경제적 효과와 공적 건강서비스
지출의 경제적 영향에 대해서는 매우 유사한 구조로 논의가 진행
되어 왔다. 긍정적인 효과를 강조하는 연구들의 주요 논지가 '인적
자본 향상'을 통한 성장에의 기여라면, 부정적인 효과를 강조하는
연구들은 그 근거로서 '과도한 공적 지출이 가져올 수 있는 물적 자
본투자 구축효과'를 제시해 왔다.

세 번째, 최근에 부상하고 있는 사회투자 논의는 '사회투자적' 복
지가 경제에 긍정적인 영향을 미칠 수 있음을 강조하고 있다는 점
에서(Ahn & Kim, 2015; Deeming & Smyth, 2015; Kvist, 2015; Morel,
Palier, & Palme, 2012; Nelson & Stephens, 2012), 복지의 생산적 기능
에 주목해 온 기존 연구 흐름의 최근 버전이라 할 수 있다. 이들 논
의에서 사회투자는 인적자본을 향상시켜 개인의 경쟁력 향상을 가
져와 경제에 도움이 될 수 있다는 점이 주로 논의된다(Morel, Palier,
& Palme, 2012; Nelson & Stephens, 2012). 그러나 기존의 논의는 사
회투자가 작동하는 메커니즘, 즉 복지가 성장에 미치는 긍정적인

영향이 구체적으로 무엇인지에 대해 '인적자본' 논리 외에는 심층적인 논의를 해 오지 못하고 있다. 이러한 사회투자 논의의 한계는 축적된 복지국가 연구 성과의 유산을 포괄적으로 통합하지 못하고 이들과 단절되어 전개되는 것에 일정 부분 기인한다고 보여진다.

여기서는 복지국가의 '사회서비스'에 주목하는 일련의 연구 흐름을 사회투자 논의에 통합하고자 한다. 이들 논의에서 사회서비스는 지출규모에 있어서나 보편적인 사회권이라는 점에 있어 복지국가에서 이미 중요한 위치를 차지하고 있으며(Huber & Stephens, 2000), 최근에는 사회서비스를 기준으로 한 복지국가의 지출분석과 유형화 등의 논의가 점차 활발해지고 있다(Ahn, 2007; Bambra, 2005; Castles, 2008; Jensen, 2008; Kautto, 2002; Nikolai, 2012).

더 나아가, 일부 연구는 사회서비스가 사회투자의 핵심적인 기제임을 밝히고 있다(Ahn, 2000, 2007, 2011; Ahn & Kim, 2015; Esping-Andersen, 2002; Huber & Stephens, 2000). 복지국가에서 정부는 전통적으로 교육, 건강, 복지 등의 사회서비스에 가장 주요한 재정을 담당해 왔으며, 필수적인 사회적 욕구를 충족시키는 역할을 담당해 왔다. 시장의 불완전성으로 인해 사회적으로 적정한 수준만큼 사적 서비스의 제공과 투자가 이루어지지 못할 가능성이 높기 때문이다(Beraldo et al., 2009). 또한 교육, 건강 등에 대한 사적 지출은 계층 간 불평등을 강화하는 경향이 있는 반면, 공적 사회서비스 정책은 일반적으로 자원의 평등한 배분을 지향하는 평등주의적 정책(egalitarian policy)을 추구한다(Takii & Tanaka, 2009)는 점에서 사회투자로서의 의미가 크다. 최근 일부 연구들에서는 현금급여에 비해 사회서비스가 경제성장에 기여한다는 실증적 증거를 제시해 주고 있다(Ahn & Kim, 2015; Miyazawa, 2010).

사회서비스 전략이 사회투자 전략인 까닭

사회서비스 전략은 어떻게 사회투자 전략이 될 수 있을까? 대표적인 사회서비스인 교육, 건강, 복지 서비스에 대한 선행연구를 중심으로 살펴보자.

대부분의 국가에서 정부는 공식 교육에 대한 재정지원을 제공함으로써 인적자본 형성에 적극적인 투자 역할을 담당한다(Annabi et al., 2011; Blankenau et al., 2007; Blankenau & Simpson, 2004). 따라서 공적 교육지출은 '인적자본'을 향상시켜 성장에 기여할 수 있다고 논의된다. 그 구체적인 논리는 다음과 같이 제시할 수 있다. 첫째, 교육은 인적자본 향상을 통해 생산성을 증진시킴으로써 장기 성장에 기여할 수 있다. 교육이 개인의 인지기술을 향상시켜 노동자의 효율성을 높이기 때문이다. 둘째, 교육으로 인한 인적자본 향상은 결과적으로 실물 자본도 향상시킬 수 있기 때문에 성장에 간접적으로 영향을 미친다(Lucas, 1988). 셋째, 교육은 고용가능성을 높여 고용을 증진시킴으로써 성장에 기여할 수 있다(Nordlund et al., 2013). 특히 교육은 여성의 노동시장 참가에의 의지를 높임으로써 성장에 긍정적인 영향을 미칠 수 있다(Benavot, 1989).

인적자본 이론 외에도, 공식적 교육의 확대가 개인의 가치와 신념, 행동을 근대적으로 변화시킨다는 현대화 이론(modernization theory), 사회의 중요한 제도적 배열, 예컨대 가족관계와 사회적 의존성 등을 직접적으로 변화시킴으로써 성장에 기여할 수 있다는 제도주의적 관점과 같은 대안적인 설명도 존재한다(Benavot, 1989). 이들의 설명은 선진국보다는 특히 저개발국이나 개발도상국의 단계에 적합하다고 할 수 있다.

그리하여 일련의 기존 실증 연구들이 교육의 '인적자본 투자' 효과, 즉 공적 교육지출이 인적자본을 향상시키고, 이것이 장기적으로 경제성장을 가져옴을 실증적으로 밝힌 바 있다(Annabi et al., 2011; Blankenau 2005; Eckstein & Zilcha, 1994; Glomm & Ravikumar 1997).

그러나 교육이 성장에 미치는 영향이 반드시 긍정적이라고만 논의되는 것은 아니다. 성장에 대해 교육이 갖는 부정적인 효과로는 다음과 같은 측면들이 제기된다. 첫째, 교육을 증진시키기 위해 필요한 조세부담이 성장에 가져오는 왜곡이다(Annabi et al., 2011; Blankenau et al., 2007; Blankenau & Simpson, 2004; Sylwester, 2000). 즉, 공적 교육지출 자체는 성장을 촉진하더라도 조세부담은 민간투자 구축효과를 가져와 교육의 성장에 대한 긍정적 영향을 상쇄시킨다는 것이다(Beraldo et al., 2009).

둘째, 교육 수준의 증가는 기대에 부합하는 적절한 일자리를 찾기 어렵게 하고, 낮은 지위의 일자리에서 일하기를 꺼리게 됨으로써 오히려 실업을 증가시키고 결과적으로 경제성장에 부정적일 수 있다는 점이다(Benavot, 1989). 즉, 불필요한 학력주의, 교육 인플레이션 등이 발생할 수 있다.

이러한 논의들을 종합해 보면, 공적 교육지출과 경제성장 간의
관계는 단선적이지 않으며, 특히 공적 교육지출이 일정한 수준을
넘어서게 될 경우 경제성장을 저해할 수 있다(Blankenau & Simpson,
2004). 요컨대, "교육을 통한 인적자본 향상과 성장의 관계는 기존
에 가정했던 것보다 더 모순적이고 문제가 많다."(Benavot, 1989)는
것이다. Blakenau 등(2007)은 정부재정 제약을 통제할 때 비로소
선진국에서 공적 교육지출과 장기성장 간의 정적 관계가 유의미함
을 밝혔다. Blankenau 등(2007)은 교육증진을 위한 재정확보의 방
식이 중요하다고 주장하기도 한다. 또한 공적 교육지출의 인적자본
향상 가설은 '장기적'으로만 검증될 수 있다는 점에 주목할 필요가
있다.

공적 건강지출이 성장에 미치는 영향에 대해서도 상당한 연구가
이루어져 왔다. 첫째, 건강에 대한 투자를 인적자본 형성으로 이해
하는 관점은 이미 일반적으로 받아들여지고 있다. 건강의 인적자
본 증진 메커니즘은 다음과 같다. 건강 증진은 인지능력 향상을 통
해 교육효과를 증대시키고(Schultz, 1999), 노동자의 생산성 제고,
한계생산력 증대, 질병으로 인한 작업손실일 수 감소 및 은퇴 시기
연장 등의 근로의욕 고취에 의한 근로시간 및 생산활동 기간의 증
가를 가져와 개인 소득을 증가시키고 직접적으로 경제성장에 기여
한다는 것이다(Finlay, 2007; Gong et al., 2012; Muysken et al., 1999).
반대로 말하자면, 건강상태가 좋지 않으면 생산성이 낮고 근로시
간과 생산활동 기간이 짧아져 개인의 빈곤 위험을 증가시키게 되

어 결과적으로 경제성장을 저해시킨다.

둘째, 건강 증진은 기대수명 증가를 통해 미래에 대한 투자의 수익 증대를 가져와 각 개인의 교육과 저축에 대한 투자 확대 유인을 강화하고, 특히 제3국의 경우 외국인의 직접투자 증대를 통해 경제성장에 간접적으로 영향을 미칠 수 있다(Bloom et al., 2003; Finlay, 2007).

건강과 교육의 인적자본 효과를 비교한 일부 연구에서는 건강이 교육보다 투자 효과가 더 크다는 주장을 제기하기도 한다(Beraldo et al., 2009; Ranis et al., 2000). 대표적으로 Beraldo 등(2009)은 1971~1998년 OECD 19개국을 대상으로 건강과 교육 부문에서 공공과 민간의 지출(1인당 지출)이 경제성장(1인당 GDP)에 미치는 영향을 분석한 결과, 교육보다는 건강지출에서, 민간 지출보다는 공공 지출이 경제성장을 견인하는 것으로 나타났다.

그러나 건강투자가 성장에 긍정적이기만 하다고 논의되는 것은 결코 아니다. 건강투자는 물리적 자본투자에 대한 구축효과를 갖기 때문에 과도한 건강지출은 경제성장에 부적으로 작용할 수 있다고 논의된다(Gong et al., 2012). 특히 건강서비스는 필수적인 차원으로만 구매되는 것이 아니라 좋은 건강을 유지하려는 선호에 의해서도 이루어지기 때문에, 경제성장 과정에서 질 높은 서비스에 대한 욕구가 증가하여 인적자본 투자 차원을 넘어서는 수준으로 소비될 가능성이 있다(Gong et al., 2012; Hall & Jones, 2007; van Zon & Muysken, 2001). 이 경우 물적 자본투자에 대한 구축효과가 커질 수 있다. 또한 인구고령화는 건강지출을 증가시키는 경향이

있기 때문에, 건강지출의 증가는 오히려 경제성장의 둔화로 이어
질 수 있다는 점도 지적된다(van Zon & Muysken, 2001).

그리하여 실증분석을 통해 공적 건강지출이 경제성장에 유의미
한 영향을 미치지 않거나 국가마다 다른 양상을 나타냄을 보고한
연구들이 있다(Devlin & Hansen, 2001; Hartwig, 2010). Wang(2011)
은 건강서비스 지출과 경제성장 간의 관계는 장기적으로는 긍정적
이지만, 단기적으로는 건강지출과 성장의 인과관계가 각국의 성장
수준에 따라 다르다고 주장한다. 저개발국과 선진국의 경우 건강
지출이 성장에 도움이 되지 못한다는 것이다.

셋째, 복지서비스의 사회투자적 성격에 대한 선행연구들도 있
다. 이미 복지국가에 관한 거시적 연구들에서 복지서비스 확대의
사회투자적 효과에 대해서 주목해 왔음에도 불구하고(Ahn, 2000;
Esping-Andersen, 1990; Huber & Stephens, 2000), 최근 사회투자 논
의에서 이러한 흐름을 토대로 진행되는 후속 연구가 거의 없다는
것은 아이러니하다.

돌봄 등 복지서비스의 사회투자적 메커니즘은 다음과 같다. 복
지국가의 발전은 돌봄과 같은 사회서비스 부문의 팽창으로 이어졌
고, 이는 여성이 사회적으로 진출할 수 있는 요건이 되어 왔다. 전
통적으로 여성의 몫이었던 육아나 노인(더 나아가, 장애인) 부양의
의무가 사회화됨으로써 여성이 사회생활을 할 수 있는 배경이 됨
과 동시에, 여성을 위한 직업생활의 장이 확장되어 취업 기회가 확
대되었기 때문이다. 특히 '공공' 사회서비스의 확대는 이 분야의 여
성 고용을 증진시키고, 공공부문 여성 노동의 체계적인 조직화를

가져와 다시 공공복지서비스에 대한 강한 정치적 지지를 이끌어 낸다고 논의되어 왔다(Ahn, 2000; Huber & Stephens, 2000). 그리하여 복지국가의 서비스 확대는 여성의 노동시장 참여를 가져오고, 이는 다시 사회서비스의 공급에 대한 수요를 창출함으로써 피드백 효과를 갖는다(Huber & Stephens, 2000). 유사한 맥락에서 안상훈(2000)은 사회서비스의 확대는 여성의 복지수급자로서의 지위와 복지서비스 제공자로서의 지위를 강화하게 됨을 지적한 바 있다. 이처럼 사회서비스, 특히 돌봄 등의 복지서비스는 노동 동원(labor mobilization) 메커니즘을 통해 여성 고용을 증진시킴으로써 사회투자적 효과를 갖는다.

실제로 이러한 사회서비스를 중심으로 하는 사회투자 전략의 효과는 이미 역사적으로도 검증되어 왔다. 특히 노르딕 국가들은 인적자본 향상을 돕고 일가족양립을 가능케 하는 정책을 통해 노동시장 참여를 가능케 하는 동시에(노동공급 차원) 그 자체로 관련된 서비스 일자리를 창출하는(노동수요 차원) 접근을 취해 왔던 것이다(Esping-Andersen, 2002; Ahn, 2000). 그리하여 Huber와 Stephens(2000)는 공공 사회복지서비스를 확장시켜 온 사회민주주의 국가들을 '사회 민주적 서비스 국가(Social Democratic Service State)'라 명명한 바 있다. 이러한 전략은 결과적으로 여성 고용을 증진시킴으로써 여성친화적이라고 할 수 있다.

요컨대, 복지서비스의 사회투자적 메커니즘은 크게 두 가지다.

첫째, 노동시장 참여에 대한 지원, 즉 근로유인 제공이다. 사회서비스가 여성 고용에 미치는 긍정적 관계는 다양한 경험연구에 의해 실증적으로도 검증되어 왔다. 아동보육 서비스가 여성 고용에 긍정적이라는 일관적인 결과를 보여 주는 일련의 국가비교 연구들이나, 공식적 돌봄의 부재 및 비공식 돌봄 제공이 여성 노동시장 참여의 장애물이라는 연구들이 다수 존재한다. 이들은 공통적으로 돌봄을 사회화하는 복지서비스가 여성 고용의 장애물을 제거해 줌으로써 여성 고용을 촉진할 수 있다고 제안한다.

이는 복지와 노동공급의 관계에 대해서도 시사하는 바가 크다. 현금급여가 대체로 근로유인을 약화시켜 노동공급에 부정적인 것으로 논의되지만, 복지서비스는 오히려 적극적인 노동공급 유인효과를 지닐 수 있는 것이다.

둘째, 사회서비스는 일자리 창출을 통해 고용과 성장에 기여할 수 있다. 지식기반 경제하에서 교육 등의 사회투자가 인적자본을 향상시켜 더 나은 일자리를 창출할 수 있다는 사회투자론 주장이 대표적이다(Morel, Palier, & Palme, 2012; Nelson & Stephens, 2012). 그러나 인적자본 논리가 아니더라도 사회서비스의 확대는 서비스 일자리 창출을 동반하기 때문에 고용증진에 기여할 수 있다. 사회서비스 중에서도, 특히 복지서비스는 노동에 의해 제공되는 특성으로 인해 교육·보건 부문 서비스보다 고용유발계수가 높은 것으로 알려져 있다.

한편, 복지서비스도 인적자본 향상을 통해 고용증진에 기여할 수 있다. Nelson과 Stephens(2012)는 공적 교육지출보다는 보육 및 조기교육(ECEC) 지출이 고용에 더 유의미한 영향을 미친다고 분석하면서, 이들 프로그램이 아동기부터 숙련의 질을 향상시킴으로써

고용을 증진한다는 인적자본 메커니즘으로 이를 설명하고자 하였
다. 다만, 이 연구는 아동기의 보육 제공이 성인기의 고용에 미치는
영향을 분석할 수 있는 장기 시점의 연구가 아니라 한 시점에서의
국가비교 연구라는 점에서 그들이 제시한 '인적자본 향상' 가설을
검증하기에는 상당히 한계가 있다.

그렇다면 복지서비스의 부정적인 영향은 없을까? 기존에 '복
지'가 성장에 부정적인 영향을 미친다고 논의되어 온 대부분의 논
리들은 사실상 복지서비스보다는 현금급여에 적용된다. Ahn과
Kim(2015)은 현금급여의 비중이 높아지면 성장과 고용에 부정적인
영향을 미치지만, 사회서비스에 상대적으로 더 많이 투자하는 국
가는 성장과 고용에 긍정적인 사회투자적 효과를 가짐을 밝힌 바
있다.

또한 주류 경제학에서 현금이 서비스와 현물보다 더 효율적이라
고 논의되었던 것과는 반대로, Currie와 Gahvari(2008)는 현물이 현
금보다 더 효율적일 수 있는 메커니즘에 대한 경제학적 논리를 체
계적으로 제시한 바 있다. 이들의 설명을 복지서비스와 현금급여
에 대비하여 정리하면 다음과 같다. 첫째, 복지서비스는 현금급여
에 비해 가치재(merit good)의 사용을 증진시킬 수 있다. 둘째, 불
완전한 정보하에서 현금급여는 꼭 필요하지 않은 사람도 받으려는
경향이 있지만, 복지서비스는 해당하는 욕구가 있는 경우에만 받
는다는 점에서 목표효율성에 더 유리하다. 셋째, 특히 선별적인 현
금급여의 경우에는 가난해야 지원받기 때문에 인적자본투자 동기
가 약화되는 경향이 있지만, 현물급여는 직접적으로 인적자본투자

를 위한 서비스를 제공할 수 있다. 넷째, 복지서비스에 대해서는 정부가 수요를 높여서 공적으로 제공되는 재화의 가격을 낮출 수 있다. 다섯째, 현금급여에는 근로동기 저해효과가 있게 마련인데, 현물급여는 노동공급 왜곡이 발생하지 않고서도 재분배가 가능하다는 점에서 더 효율적이다.

　요컨대, 이들은 경제적 효과에 있어서 사회서비스가 현금급여에 대해 갖는 상대적 비교우위 측면을 구체적으로 설명하고 있다. 즉, 복지서비스는 현금급여가 가진 부작용이 거의 없다는 것이다.

사회서비스 전략의 사회투자 메커니즘

　사회서비스를 중심으로 한 사회투자 전략은 크게 '인적자본 향상' '노동시장 참여지원' '일자리 창출'의 세 가지 메커니즘에 의해 작동된다고 할 수 있다. 대체로 사회서비스는 여성친화적 일자리를 창출하는 경향이 있기 때문에, 사회서비스의 확충은 특히 여성고용을 더욱 증진시킬 수 있다.

　앞의 논의를 정리하자면, 일반적으로 공적 교육지출은 인적자본 향상을 통해 장기적으로 성장에 긍정적인 영향을 미칠 것이라고 예측할 수 있지만, 반면 과도한 수준의 지출은 조세부담을 통해 왜곡을 가져오고 산업구조와 일자리 수요에 적합하지 않은 과도한 교육 인플레이션 현상을 통해 그 긍정적 효과가 상쇄될 가능성도 있다.

건강서비스 지출 역시 인적자본 향상을 통해 단기적으로나 장기적으로 성장에 기여할 것으로 기대되지만, 질 높은 건강서비스에 대한 수요와 인구 고령화로 인해 야기되는 공적 건강지출의 증가는 물적 자본투자 감소를 가져와 성장에 대한 긍정적인 효과를 상쇄시킬 수도 있다.

이처럼 교육과 건강에 대한 공적 지출에 대해서는 성장에 미치는 긍정적 영향과 부정적 측면이 복합적으로 작용하는 것으로 예측할 수 있는 반면, 복지서비스가 성장에 미치는 효과에 대해서는 이견이 거의 존재하지 않는다. 복지서비스는 노동시장 참여지원(노동공급)과 일자리 창출(노동수요) 양쪽을 통해 고용을 증진시키고 사회투자의 수익을 높여 성장에 기여할 것으로 예상된다. 복지서비스는 지출규모가 상대적으로 크지 않으면서 현금급여에 비해 부작용이 적고, 노동공급과 노동수요 양측을 촉진하여 고용을 증진시킬 수 있어 가장 비용효과적이라고 할 수 있다.

경제성장의 둔화와 빈부격차의 심화라는 세계적인 환경 속에서 성장을 회복하는 동시에 번영을 공평하게 공유하는 '포용적 성장(inclusive growth)'이 그 어느 때보다 요구되는 시점에서(OECD, 2015), 정부는 무엇을 할 수 있고 또 해야 하는가? 또한 단지 '큰 정부'가 답이 아니라면, 정부는 어느 분야에 투자를 강화해야 효과적일 것인가?

이러한 정책적 실천의 문제에 대해 사회서비스 전략은 명확한 답을 제시해 주고 있다. 질 높고 보편적인 '사회서비스' 제공은 국민들의 삶의 질을 높이는 동시에, 개인의 인적자본 수준을 높이고 이들(특히 여성)의 노동시장 참가를 지원하고 동시에 일자리를 창출함으로써 경제성장에 기여하는 중요한 사회투자 전략이 될 수 있다. 사후 처리보다 예방적·선제적 개입을 중시하는 사회투자 전략의 특성상(Morel, Palier, & Palme, 2012) 장기적인 효과까지 감안한다면 사회투자 전략의 경제적 효과는 더욱 클 것으로 예상된다. 요컨대, '사회서비스 전략론'은 사회투자 전략의 핵심이자, 포용적 성장의 중요한 축인 것이다.

결국 사회투자적 복지전략은 소득보장을 넘어서서 사회서비스를 강화하는 생활보장국가로의 전환으로 요약할 수 있다. 세계화의 경쟁 속에서 날로 열악해지는 복지국가 주위 환경을 보면 복지국가의 장기적 지속가능성을 높이는 데 가장 유효한 전략이라고 할 수 있다. 20세기 복지국가의 전통인 현금급여의 관성을 넘어서서 사회서비스를 강화하는 생활보장 전략을 통해 일과 복지를 견고하게 결합할 경우, 복지국가의 지속을 위한 새로운 동력을 확보할 수 있을 것이다.

17

고용을 통해 성장과 함께하는
서비스복지

소득보장과 서비스보장

이제 한국의 모든 선거에서 복지 공약은 가장 중요한 분야로서 대접받게 된 형국이다. 때로는 포퓰리즘에 관한 우려 섞인 비판이 나올 정도로 한국에서의 복지는 늘어만 가고 있다. 복지국가로의 기회의 창이 열린 지금, 우리에게 중요한 것은 복지를 늘리더라도 어떻게 늘려야 사회문제를 해결하면서 오래도록 성장과 함께 지속가능할 것인지를 고민하는 일이다. 정치, 특히 선거의 영역에서는 복지마저도 '표'로 계산될 여지가 다분하다. 정치적으로 활성화된 복지확대 속에서 좋은 복지의 방향성을 우뚝 세워 주는 것, 경제적·사회적으로 지속가능한 복지국가 전략의 밑그림을 마련해 주는 일은 더 미룰 수 없는 시대적 과제이다.

한국의 복지국가는 어디로 가야 하나?[1) 조금 서둘러 결론을 말

하자면, 복지국가 정책구성을 잘 따져서 지속가능성을 중심으로
한 균형 전략이 필요하다. 그리고 그 요체는 현금복지는 취약계층
을 중심으로 촘촘하고 두텁게 제공하며, 필요가 긴박한 분야부터
전 국민 대상으로 서비스복지를 넓혀 가는 것이다(안상훈, 2010; 안
상훈 외, 2007).[2] 20세기 말부터 선진국에서 이루어진 복지국가의
성공적 개혁사례를 보면, 현금복지에 치중하는 '소득보장'에서 서
비스복지로 중심을 옮겨 가는 '생활보장'[3]으로의 전략적 전환을 공
통분모로 하고 있다. 그들도 돈이 넘쳐나던 자본주의 황금기에는
소득보장 전략을 위주로 현금복지를 늘렸었다. 하지만 오일쇼크
이후 복지국가의 재원 마련이 힘들어지자 21세기 초까지 진행된
개혁과정을 통해서는 복지국가 구성 변화를 위한 환골탈태의 노력
을 기울인 바 있다. 산업화 시대를 대표했던 표준적 노동생활, 가부
장적 성역할분담, 자본주의 황금기의 경제적 풍요에 기대었던 기
존의 전통주의적 소득보장국가형 복지국가는 더 이상 존립이 불가

---

1) 이 장과 다음 장의 내용은 안상훈(2011)의 내용을 바탕으로 논의와 자료를 수정보완하였다.
2) 사회정책은 시민에게 주어지는 형태를 기준으로 볼 때, '현금 이전(cash transfer)'형 프로그
램과 '사회서비스(social service)'형 프로그램으로 나뉜다(안상훈, 2007). 현금 이전, 즉 현
금복지의 대표적 사례로는 연금보험, 상병보험 등 현금성 사회보험, 아동수당과 같은 데모
그란트(demogrant) 혹은 사회수당, 소득 최하위층을 표적 집단으로 하는 공공부조 등 소득
보장 프로그램들이 포함된다. 서비스복지는 수혜자를 기준으로 최종 전달되는 복지의 내
용이 유무형의 서비스 형태로 주어지는 것을 말한다. 우리나라의 건강보험이나 보육서비
스, 고용서비스 등이 대표적이다. 동일한 욕구에 대한 사회정책의 대안으로 현금복지와 서
비스복지를 공히 상정할 수 있다면, 복지국가의 목표를 소득보장으로 치환하는 전통적인
접근은 단견이다. 이러한 구성에 대한 천착을 시작으로, 이 연구에서는 복지국가의 목표를
소득보장과 사회서비스보장을 아우르는 개념인 생활보장으로 설정한다.
3) '생활보장=소득보장(현금복지)+서비스보장(서비스복지)'으로 정리할 수 있으며, 새로운 복
지국가 전략의 기본적 방향성은 현금 위주에서 현금과 서비스가 균형을 찾아가는 것으로
요약된다.

능하다는 현실적인 판단에 따른 조치들이었다.[4]

　무릇, 복지국가란 사회적 위험 혹은 욕구에 대한 정책적 반응의 총체로서 사회적 위험과 욕구를 잉태하는 상황상의 결정적 변화가 있을 경우에는 개혁에 서둘러야 할 가변적인 존재이다. 연전에 목도한 남유럽 복지국가의 사례를 보면, 전략의 방향이 잘못되었거나 개혁에 실패하는 복지국가에 남겨지는 운명은 망국의 그것에서 크게 다르지 않다. 이른바, 생색내기와 비난 회피의 정치실패로 점철되는 복지국가는 필연적으로 망조가 들어 버린다는 사실을 잊어서는 안 된다(Pierson, 2004). 가장 바람직한 일은 제도가 굳어지기 전부터 개혁이 가능한 토양을 만들어 내는 일일 것이다. 21세기 시작을 전후로 지금까지 상대적으로 지속가능성이 높은 복지국가들인 북유럽 나라들도 기존에 설정된 지나친 국민부담 수준으로 인해 장기적으로는 힘들어질 수 있다는 우려에서 자유롭지 못하다.[5] 나름 개혁에 성공한 서구 복지 선진국들마저 큰 틀에서는 복지 기득권층의 반발로 완전한 개혁을 못하고 있다는 사실은 한창 복지국가를 키워 가는 우리에게 무시 못할 반면교사이다. 요컨대, OECD 평균 정도를 상한선으로 한 중부담 중복지국가를 현실적 목

---

4) 소위 복지병, 유럽병의 이름으로 비판받는 기존 복지국가의 대표적인 급여제공 형태가 현금 이전 중심이라 할 수 있다.

5) 북유럽의 복지국가 모형도 1990년대 이후 들어서는 경제적 범세계화의 조류 속에서 괄목할 만한 정책상의 변화를 겪고 있다. 효율성의 목표와 형평성의 목표가 충돌하는 상황에서는 자유주의적인 정책을 우선시하는 경향이 나타나고 있는 것이다. 실제로 이 지역에서도 화폐소득, 부, 생활 수준과 같은 분야에서의 결과적 평등개념은 점차 희석되고 있다고 한다(Daniel, 1997). 최근 북유럽 사회민주주의 정당들에서도 차츰 소득의 평등보다는 기회의 재분배, 시간의 재분배 같은 탈산업시대의 개념들이 기존 개념을 대체해 가고 있다(안상훈, 2007).

표로 해서 현금복지와 서비스복지의 균형추를 제대로 잡아 주는
일이 지금 한국에서 가장 중요한 일이라 여겨진다.

서비스복지 전략의 생산성

그렇다면, 사회서비스를 중심으로 하는 서비스복지 전략 혹은 생
활보장 전략이란 것이 현금복지 위주의 전략에 비해 왜 더 우월한
가? 먼저, 사회서비스 중심 전략이 지니는 생산 친화성, 성장과의 선
순환 가능성에 관해 이론적인 차원에서의 논의를 살펴보도록 하자.

복지국가는 이상이 아닌 현실이다. 몇 년 하고 말 단기적 문제가
아니다. 어떤 경우라도 생산적이고 성장친화적이며 고용과 함께
할 수 있는 방향으로 전략이 마련되고 프로그램이 구성되어야 지
속가능한 현실의 자식이 복지국가이다. 분배정의의 추구가 복지국
가의 본원적 목표이기는 하지만, 현실에서 복지국가의 선결과제는
고용과 생산을 담보할 경우에만 지속가능하다(Ahn, 2000; Esping-
Andersen & Regini, 2000; Esping-Andersen et al., 2002). 노동조합의
동원능력과 그를 토대로 한 좌파 정치의 힘을 복지국가 발달의 필
요충분조건이라 주장하는 권력자원론의 논지 속에서도 충분하고
확실한 경제성장을 필요조건으로 전제하고 있다(O'Connor & Olsen,
1998). 에스핑안데르센의 유명한 '세 가지 복지자본주의 전략유형'
에서도 생산체제(production regime)의 확보는 단연코 무시할 수 없
는 화두였다(Esping-Andersen, 1990, 1999). 하지만 최근 우리 사회

선거과정에서 보이는 복지정치의 민낯은 이러한 교훈과 거리가 먼 모습으로 진행 중이다. '분배정치'의 담론에만 몰입하는 한국 정치의 문제를 넘어서서 복지와 생산이 고용을 통해 조응할 수 있는 전략에 관한 합의를 이루도록 하는 것이 한국 지식사회의 가장 중요한 시대적 사명일 것이다.

복지국가는 기본적으로 지속가능해야 한다. 특히 복지국가의 경제적 지속가능성은 사회정책학의 역사 속에서 꾸준히 다루어져 온 중요한 주제의 하나이다. 대표적인 것이 복지국가 위기논쟁이다. 좌파와 우파의 논자들이 공히 복지국가가 지속가능하지 못하다고 주장한 이래, 복지국가의 경제적 지속가능성은 사회정책학 연구분야에서 비중 있게 다루어져 왔다(Pierson, 1991). 좌파와 우파가 복지국가 위기론의 이름으로 내린 사형선고는 최근까지의 경험 속에서 이미 그 타당성을 잃어버렸고 복지국가란 것이 실체적으로 종언을 내릴 것이라고 보는 학자들은 이제 극소수에 불과하다. 그렇다고 해서 복지국가가 무조건적으로 지속될 수 있다고 보는 학자도 별로 없다. 어떻게 해야 복지국가가 지속가능성을 확보할 것인가에 관한 연구가 최근에는 더욱 중요한 분야로 떠오르고 있기도 하다. 복지국가가 종언을 향한 위기를 겪지 않는다고 하더라도 개혁을 통해 지속가능성을 높이지 못할 때 그 미래를 담보하긴 쉽지 않다.

어떤 복지국가가 경제적으로 더욱 지속가능할 것인가가 논의의 핵심이 되는 순간, 학자들의 관심은 복지국가의 사회보장 프로그램들 중에서 어떤 것들이 상대적으로 더욱 생산적이며 경제적으로 지속가능성을 고양할 것인가로 모아지기 시작했다. 복지국가의 사회보장 프로그램을 자세히 들여다보면 크게 두 종류로 구분된다. 하나는 소득보장을 목표로 해서 주어지는 현금복지이고 또 다른 하나는 생애주기적 욕구를 풀어 주기 위해 주어지는 서비스복지이다. 현금복지가 소득보장에 대해 직접적 효과를 가지는 한편, 서비스복지는 간접적이다. 서비스복지 혹은 사회서비스는 기본적인 욕구를 공공이 해결해 주는 것이라 소득보장의 직접적 기제는 아니다. 하지만 기본적 욕구해결 비용을 공공이 부담하는 과정에서 수급자의 실질 가처분소득을 높여 주는 간접적 효과를 갖는다. 주로 소득보장이 가장 중요한 정책목표로 다루어졌던 전후 20세기형 복지국가에서는 서비스복지와 현금복지가 기능적 등가물로 여겨졌고, 개인 효용의 극대화를 위해서는 서비스복지가 아닌 현금복지가 우선되어야 한다는 인식이 주류였다. 하지만 21세기 들어 이루어진 연구들을 보면 현금복지와 서비스복지를 단순한 소득보장의 기능적 등가물로 치환하는 것을 거부하고 양자가 잉태하는 다차원적 국면에서의 효과 차이에 주목하기 시작했다(백승호, 2005; 안상훈, 2005, 2015; 홍경준, 2005; Esping-Andersen et al., 2002; Huber & Stephens, 2001).

복지국가가 경제성장을 저해할 것인지, 경제성장에 도움이 될 것인지, 혹은 아무런 관계가 없는 것인지에 관한 연구는 상당한 양으로 축적되어 왔다. 공급측 경제학(supply-side economics) 분야를 보면, 복지국가가 시장 유인체계(incentive system)를 왜곡하는 경향이 있다고 보고 복지국가와 경제성장의 관계에 관한 부정론을 위

주로 연구성과를 이어 왔다. 한편, 케인즈 경제학에서는 복지급여
가 유효수요 창출에 기여하며 결과적으로 경제성장을 고양한다는
논리의 긍정론을 파생하였다(Keynes, 1973). 유효수요를 진작한다
는 면에서 보자면 복지급여의 두 종류인 현금복지와 서비스복지의
기능상 차이가 그리 클 것이라 보이진 않는다. 일정 소득을 가정할
때, 서비스복지의 공적 제공 또한 가처분소득 증가 효과를 가질 것
이 분명하기 때문이다. 유효수요 창출에 기여하는 측면 말고도 공
공이 효율적으로 관리[6]만 할 수 있다면, 서비스복지가 가지는 경
제성장에 대한 긍정적 효과는 여러 각도에서 확인할 수 있으리라
여겨진다. 사회서비스는 인적자본 양성과 유지, 고용창출 등 측면
에서 생산요소 중 노동 측면에 상당한 직접적 효과를 가지고 있어
생산에 기여할 부분이 많을 것이라 예상할 수 있다(안상훈, 2002b;
Esping-Andersen et al., 2002). 4차 산업혁명발 일자리 없는 성장 현
상이 선진국들의 공통 고민거리인 지금, 현금복지와 소득보장 일
변도를 넘어 서비스복지를 통한 생활보장으로의 구조개혁전략은
다음과 같은 측면에서 성장친화성이 상대적으로 더 높을 것이라
볼 수 있다.[7]

첫째, 현금복지의 경우 노동동기 침해현상과 종종 연결되는 데
비해 서비스복지는 일자리를 만들어 내는 효과가 농후하다(김혜원,

---

6) 이는 모든 서비스가 공공에 의해 직접 생산되고 전달되어야 함을 의미하지는 않는다. 재정, 규제, 생산 등 다양한 면에서 민간과 공공이 가장 효율적으로 결합할 때 사회서비스의 효과적 관리가 가능하다는 의미이다.
7) 이 다음의 이론적 논의는 안상훈 외(2007) 등 필자의 기존 논의에서 발췌하였다.

안상훈, 조영훈, 2005). 사회서비스에 정부가 돈을 쓰면 일자리가 따라서 늘어난다. 사회서비스란 기본적으로 사람에 의해서 전달되는 무형의 급여이기 때문이다. 이에 더해 사회서비스를 늘리면 노동공급의 총량을 제고하는 데 기여한다. 예를 들어, 보육제도를 확대할 경우 아동을 양육하기 위해 경력을 포기하는 경력단절 여성의 발생을 차단할 수 있어 교육받은 여성들이 돌봄에 관한 의무 때문에 경제활동을 포기하는 상황을 줄이는 효과가 있다. 저학력 저숙련층 여성들의 경우에는 약간의 직업훈련을 통해 취업이 가능한 새로운 일자리가 서비스복지의 확대를 통해 직접적으로 만들어진다. 공공고용서비스도 서비스복지의 하나인데, 예컨대 노인, 장애인, 실업자 등 노동시장 취약집단에 대한 직업훈련, 알선 등 고용서비스는 이들의 노동 숙련화와 재숙련화를 촉진하여 이들의 생애취업기간을 연장시켜 노동공급 총량을 증가시킨다. 동시에, 사회서비스 분야 일자리는 4차 산업혁명발 노동시장 수요축소기에 이들 노동시장 취약집단을 돕는 사회서비스 노동시장을 활성화하게 되어 이들의 고용을 촉진하게 된다. 결론적으로, 노동공급의 증가로 인해 신규로 만들어지는 서비스복지 일자리 수요 증가가 고용 총량의 증대를 가져오고, 이는 생산 증가에 직접 기여하며 종국적으로 경제성장에 이바지한다.

둘째, 서비스복지는 인적자본 향상효과를 가진다(안상훈, 2005). 대표적인 예가 보육이나 교육서비스이다. 보육이나 교육, 방과후 교육 등을 통해 조기개입할 경우에 인적자본 증대효과가 크다는 사실은 잘 알려져 있다. 직업훈련을 필두로 한 고용서비스도 이와 유사한 방식으로 인적자본 향상을 도모함으로써 성장에 기여할 속성을 갖고 있다. 보건의료에 관한 사회서비스도 마찬가지이다. 질병 등에 의해 노동생산성이 저감된 사람들을 고치는 일은 인적자본을 회복시키는 것으로 성장친화적이다. 4차 산업혁명발 산업구조조정으로 교육과 직업훈련이 중요해지는 지금 시점에서 서비스복지 방식의 사회정책은 인적자본 투자로서 의미가 지대하며 그 성장 기여성은 무시 못할 수준이라 할 수 있을 것이다.

셋째, 잘 조직된 서비스복지는 서비스복지 프로그램에서 규모의 경제(economies of scale)를 창출함으로써 동일한 비용 대비 서비스 품질 고양에 기여하는 등 효율적이고 성장친화적이다(김홍종, 신정완, 이상호, 2006). 보육, 양로, 의료 등 서비스복지는 전통적으로 영세 소규모로 운영되는 경우가 다반사이다. 해외 사례를 보면 민간에서의 창발적 노력이나 공공의 유효한 기획에 의해 이러한 점을 극복하는 경우가 종종 있다. 이탈리아 볼로냐 지방의 카디아이 협동조합은 지역 어린이집 운영에 있어서 급식, 통학, 시설 등 하위서비스를 공유하는 방식으로 묶어 비용을 절감하는 규모의 경제 전략을 취한 바 있다. 이런 방식으로 줄어드는 비용은 보육교사 처우개선이나 추가 채용 등에 투자하여 동일 비용으로 더 높은 질의 보육서비스를 제공하는 것으로 이어진다. 체인화나 협동조합화 등을 통해 불필요한 중복투자를 줄이고 규모의 경제를 창출하는 것은 서비스복지의 운영효율을 기한다는 면에서 경제적이다.

넷째, 서비스복지는 예방적 가치재를 선택하도록 하는 경향이 상대적으로 농후하다(김홍종, 신정완, 이상호, 2006). 부정적인 비용

지출이 예상되는 경우에는 예방적 가치재를 선택해야 궁극적인 비용이 줄어드는 경향이 있다. 하지만 아무런 조치를 하지 않고 시장의 선택에 맡기면 미래가치를 현재가치로 환산할 때 적용하는 주관적 할인율이 높아 예방적 가치재를 잘 선택하지 않는다. 경제주체들이 예방적 가치재를 선택하지 않고 현재 더 달콤해 보이는 다른 대안을 선택하는 근시안적 의사결정을 하는 경우가 다반사이다. 예방접종, 건강검진 등 예방보건의료에 대한 소비 진작, 빈곤층 아동교육에 대한 선제적 투자 등은 공공부문에서 이와 관련된 가치재를 제대로 관리할 경우에만 바람직한 결과를 도출한다.[8] 공공부문에 의해 바람직하게 관리되는 여러 가지의 예방적 서비스복지가 종국적으로 훨씬 생산적인 이유들이다.

다섯째, 적극적 노동시장정책(ALMP: active labor market policy)을 필두로 한 고용서비스는 산업구조조정을 촉진한다(안상훈, 2005). 서비스복지 중에서도 적극적 노동시장정책 등의 공공고용서비스는 노동시장에서 수요와 공급을 적절히 조정하여 산업구조조정을 쉽게 만들어 주고 궁극적으로는 성장에 기여한다. 구조적 실업자에 대한 현금복지와 서비스복지가 적절한 선에서 함께 시행되면, 산업구조조정을 가로막는 노동시장에서의 갈등비용을 줄이는 효과도 기대된다. 적극적 고용서비스와 현금복지가 균형을 이룬 북

---

8) 국제비교를 보면 사회서비스 지출과 치안 지출은 반비례하는 경향이 발견된다. 사회정책 일반, 특히 사회서비스를 통한 건전한 사회구성원의 양성은 인적자본 육성의 측면에서뿐만 아니라 일탈적 인간형의 최소화를 위한 예방적 기능을 수행한다고 해석할 수도 있다. 초기에 일탈예방비용을 아낄 경우, 추후 치안유지비용을 증가시키게 되는 것이다.

유럽 국가들에서는 실제로 노사분규의 강도와 빈도가 훨씬 낮은 것으로 나타나고 그 덕분에 다른 나라들에 비해서 산업구조조정을 발 빠르게 성취하는 경향이 두드러진다. 필요한 산업구조조정을 상대적으로 더 빠르고 쉽게 이루게 되면 생산에 기여하는 바가 크다. 현금복지와 서비스복지가 적절하게 조화를 이루어 주어질 경우 성장친화적인 결과를 잉태하는 대표적인 경로가 된다. 요컨대, 현금복지와 비교해서 서비스복지가 생산에 기여하는 측면이 크고 전반적으로 고용을 통해 성장과 선순환한다. 이는 '총사회지출에서 서비스복지지출의 상대적 비중이 클수록 경제적 성과가 높아질 것이다.'라는 가설로 요약할 수 있다.

지금까지 살펴본 바, 서비스복지의 생산친화성에 관한 이론들은 다양한 경험 연구에 의해 현실적 타당성을 확보하고 있다. 유럽병 혹은 복지병의 이름으로 복지국가에 대한 신자유주의 경제학의 공박이 제기된 이래, 유럽 복지국가들 다수가 재정위기에 봉착했던 것은 주지의 사실이다. 이후 복지국가에 대한 개혁이 이루어지기 시작했고 몇몇 나라들은 위기에 관한 경고를 넘어 다시금 복지와 성장이 선순환하는 방향으로 새로운 역사를 작성 중이다. 성공적인 것으로 평가받는 복지국가 개혁을 살펴보면 공통점이 있다. 요컨대, 복지국가 개혁은 사회보장 프로그램의 모든 분야에 집중되지는 않았고 주로 현금복지를 표적으로 한다. 지나친 급여 수준으로 재정적 지속가능성에 빨간불이 켜진 연금보험, 실업보험 등 사회보험과 빈곤의 덫 문제를 야기하는 공공부조 등 현금복지 프로그램의 방만함을 축소하는 방향으로의 개혁이 화두였다. 이러한 개혁과정에서도 사회서비스는 축소나 합리화의 대상이 아니었다. 오히려 많은 경우에 현금복지의 삭감을 대신하는 대안적 프로그램으로서 서비스복지가 확대되기도 하였다. 현금복지 개혁과정이 상대적으로 순조로웠던 나라들은 사회서비스가 균형적으로 발달했거나 현금복지 삭감의 피로감을 무마할 선물로서 사회서비스를 확대한 나라들이었다는 점도 흥미로운 부분이다.[9] 복지국가 유지를 위한 현실 정치 개혁의 차원에서도 현금복지를 대신해서 서비스복지가 급부상하고 있으며, 서비스복지가 지니는 생산 기여적 속성에 대한 믿음이 그러한 상황 변화의 배경으로 자리한다고 할 수 있다.

서비스복지의 경제효과 연구들

현금복지 대비 서비스복지의 성장친화성에 관해서는 다양한 경험 연구가 이루어졌다. 사회서비스가 생산기여성이 높다는 연구 결과 중 다수는 교육 부문의 효과성과 관계된다. 87개국에 대해서 국가별 지니계수, 즉 소득불평등 수준과 중등 교육기관(secondary school) 입학 비율, 국민소득(national income) 대비 공공 교육 부문 지출의 비율, 여학생의 기대 교육 기간의 관계를 비교한 연구가 대표적 사례이다. 연구결과를 보면, 주요 변수로 투입된 세 개 모

---

9) 최근 '북유럽의 부활'은 사회서비스형을 유지·강화하는 한편, 현금급여 부문의 지나친 소득대체율을 감축한 성과로 평가받는다. 한편, 대륙유럽형은 현금급여 부문 감축을 보완할 재정적 여력이 없어 개혁 자체가 지지부진한 상황이다.

두 소득 평등 수준과 정적인(positive) 관계를 갖는 것으로 나타났다(Gylfason & Zoega, 2003). 고등교육 접근성이 높을수록 장기적으로 1인당 GDP가 높아진다는 연구도 유사한 사례이다(Osipian, 2007). 전후 시기 미국을 대상으로 한 연구에서는 인적자본에의 투자가 성장의 주요 요인임을 밝히기도 하였다(Jorgenson & Fraumeni, 1992). 이 외에도 교육투자가 성장을 고양하고 실업을 줄이는 등 생산적이라는 경험 연구결과는 한두 개가 아니다.[10]

교육 말고도 사회서비스에의 국가적 투자가 고용에 긍정적인 효과를 잉태한다는 연구결과 또한 지속적으로 발표되어 상당한 정도로 축적되어 있다. 돌봄을 필두로 한 사회서비스 노동시장은 EU 역내에서 가장 활성적인 노동시장이다. 1995년에서 2001년 사이에 적어도 2백만 개의 일자리가 건강 및 사회적 돌봄 영역에서 창출되었는데, 이는 신규 고용 창출의 18%에 해당한다(European Commission, 2004). 유럽의 노동수요 축소 문제가 하루 이틀의 난제가 아닌 상황에서 사회서비스 분야가 일자리 저수지로서 한몫을 해내고 있다는 얘기다. EU 각국의 돌봄 노동자(care workforce) 규모는 네덜란드와 영국 8%, 스웨덴 9%, 덴마크 10% 등으로 해당국 신규 일자리 중 상당 부분을 차지하는 것으로 확인된다(Cameron et al., 2002). 사회서비스가 고용에 미치는 이러한 긍정적인 효과는 학

---

10) 관련된 연구가 많지만 몇 개만 열거하면 다음과 같다. Bakare(2006), Babatunde & Adefabi(2005), Dauda(2010), Barro & Sala-i-Martin(2004), Krueger & Lindahl(2001), Levine & Renelt(1992), Cheng & Feng(2000), Blankenau et al.(2007), Angelopoulos et al.(2007), Aubyn et al.(2009), Biagi & Lucifora(2005), Glomm & Ravinkumar(1998), Annabi et al.(2011), Baldacci et al.(2004) 등의 연구들을 참조하라.

술 연구뿐만 아니라 언론 기사를 통해서도 세간의 주의를 끌고 있다. 영국 주요 신문인 『데일리 텔레그래프(The Daily Telegraph)』 같은 경우는 "사회서비스가 경제성장을 신장시킨다(social services boost economic growth)."라는 특집기사를 내놓기도 하였다.

　사회서비스 강화를 복지국가 전략으로 채택하면 일자리 창출을 필두로 생산과 성장에 긍정적 영향을 미친다는 가설에 대해서는 국내 다수 연구도 그 효과를 실증적으로 확인하고 있다. 사회서비스에의 투자가 경제성과에 어떠한 영향을 미치는지 확인한 선행연구들은 두 종류로 대별된다. 하나는 복지국가를 사회투자의 맥락에서 해석하는 관점이다. 사회서비스 위주의 사회투자 지출이 높아지면 실업률, 노동시장 참가율, 고용률 등에 긍정적 효과가 있다는 연구들이 여기에 포함된다. 다른 하나는 경제학적 관점에서 사회서비스의 효과를 직접적으로 확인한 연구들이다. 현금복지 대비 서비스복지가 높은 경우에 고용창출 효과가 커진다는 연구들이 이에 속한다.

　사회투자론의 맥락에서 사회서비스 중심 정책화가 지니는 생산적 효과에 관한 선행연구의 결과부터 살펴보자. 우천식, 이진면(2007)은 사회투자정책이 우리나라의 성장잠재력을 확충하는 데에 기여할 수 있다는 점을 확인하였는데, 특히 사회서비스업 활성화를 통해 중장기적으로는 물론 단기적으로도 성장촉진, 고용안정 및 산업·고용구조의 고도화 등 긍정적인 정책효과를 도출할 수 있다는 사실을 경험적으로 확인하였다. 유희원, 최영(2009)은 가족을 위한 현금 지출, 서비스 지출, 적극적 노동시장정책 지출, 노령

서비스 지출을 사회투자 지출로 보아 그 영향력을 분석하였다. 이러한 종류의 사회투자 지출이 청년실업률과 여성노동시장 참여율에 미치는 영향을 분석한 결과, 사회투자 지출의 긍정적 효과를 확인하였다. 1980년에서 2003년 사이 OECD 18개국의 자료를 결합하여 분석한 결과, 사회투자 지출 및 소득보장 지출의 상호작용항이 청년실업률과 여성노동시장 참여율에 통계적으로 유의한 영향을 나타내는 것을 확인하였다. 김교성(2008)의 연구도 이와 비슷한 결과를 확인하였다. 1995년부터 2003년까지의 OECD 20개국 결합자료를 통해 GDP 대비 ALMP 및 아동·가족복지 서비스 지출 비중 값을 사회투자 지출 변수로 구성하여 영향력을 살펴본 연구인데, 사회투자정책 지출 수준은 소득보장정책의 지출 수준과 함께 상호작용하여 고용률과 여성고용률에 긍정적 효과를 지니는 것으로 밝혀졌다. 이 중에서도 아동 및 가족복지 서비스 지출 비중은 그 자체만으로도 고용률 및 여성고용률에 정적인 영향력을 지니는 것으로 확인되었다.

　사회서비스 산업이 고용을 필두로 한 경제변수들에 미치는 효과를 확인한 연구들도 다수 보고된 바 있다. 이병희, 강기우(2008)의 연구가 그중 하나이다. 한국의 관련 자료 분석 결과, 2003년 기준 사회복지서비스업의 취업유발계수와 고용유발계수는 각각 27.6과 23.3으로 전체 서비스업 평균(취업유발계수 20.5, 고용유발계수 13.7)보다 높았다. 제조업 평균(각각 12.1, 8.6)과 비교하면 2배 이상이다. 사회복지서비스업은 생산유발계수(1.79)와 영향력계수(0.96)에서 제조업 평균(생산유발계수 1.97, 영향력계수 1.07)을 밑돌지만, 서비스업 평균(각각 1.59, 0.86)보다는 높게 나타난다. 이는 성장잠재력 확충의 측면에서도 다른 서비스업에 비해 월등한 효과가 있음을 의미한다. 방하남 등(2008)의 연구결과도 유사한 결과를 보고하고 있다. 한국의 경우 사회서비스 분야에서의 고용탄력성은 여타 산업 분야와 비교할 때 높은 것으로 확인되었다.[11] 동시에 사회서비스 분야의 고용창출력은 선진국과 비교해서도 높은 수준으로 나타났다. 고용유발효과 또한 여타 산업분야와 비교하면 상대적으로 높다는 점이 확인되기도 했다. 이 연구에서 OECD 자료를 분석한 결과, 2006년 기준 OECD 국가들에서 사회서비스 고용비중과 여성 고용률 사이에 강한 정적 상관관계가 확인되기도 하였다. 이재원(2010) 또한 한국 사회서비스 산업의 고용유발계수가 27.6명으로 12.1명인 제조업이나 16.9명인 전체 산업과 비교할 때 월등히 높다는 점을 밝힌 바 있다.

---

11) 1980~2007년 기간 동안 교육서비스, 의료보건·사회복지 분야에서 실질부가가치가 1% 포인트 증가할 때, 취업자가 각각 1.32% 포인트, 0.75% 포인트 증가하였다.

18

서비스복지의 경제성과,
그 실증적 증거

복지병에 관한 신자유주의의 비판

잘 알려져 있다시피 신자유주의 경제학에서는 복지확대에 관해 곱지 않은 시선을 보내는 경향이 농후하다. 확대된 복지국가가 경제성과를 낮춘다는 비판, 특히 복지병이나 유럽병의 이름으로 가해지는 '복지국가 망국론'이 대표적인 사례일 것이다. 비판의 요지는 주로 여가와 노동의 선택에 관한 주류경제학의 논리에서 시작된다. 인간에게 주어지는 하루는 모두에게 24시간이다. 이 중 먹고 자는 등의 필요 재생산 시간을 뺀 나머지 시간에 무엇을 할 것인가가 논의의 시작이다. 노동을 할 것인가, 여가를 즐길 것인가 두 가지 선택지 중에서 사람들의 고민은 시작된다. 일단 목구멍이 포도청인지라 소득 창출을 위한 노동은 할 수밖에 없다. 그렇다고 온종일 노동만 하고 살고 싶은 인간은 없을 것이다. 어느 정도 노동해서

먹고 살 돈을 벌고 나면 나머지 시간은 각자의 행복을 추구하는 여가활동에 쓰고 싶어 하는 것이 인지상정이다. 주머니에 현금이 얼마나 있는가에 따라 여가시간을 늘리고 줄인다고 보는 것이 노동시간과 여가시간의 개인적 할당 결정요인에 관한 주류경제학의 고전적 해석이다. 이런 맥락에서 볼 때, 복지가 주어지면 주머니 속 현금이 늘어난 것이다. 이 경우 사람들은 노동시간을 줄이고 여가시간을 늘릴 것이다. 사회 전체적으로 보자면, 복지확대가 노동공급을 줄이고 결국 생산을 침해한다는 결론에 도달하게 되는데, 이렇게 되면 복지를 유지하기 위한 성장의 동력 자체가 꺼지는 황당한 상황을 초래한다. 이른바 복지병 혹은 유럽병 발생 원인으로서 복지국가의 확대에 관한 신자유주의적 비판의 근거이다.

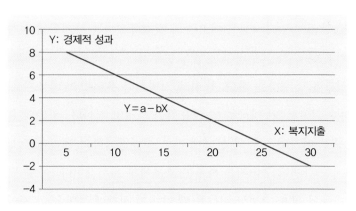

[그림 18-1] **복지병 혹은 유럽병에 관한 신자유주의의 예측**

하지만 이러한 가설은 틀렸거나 좋게 봐주더라도 반쪽만 맞다. 앞에서 논의한 대로, 현금복지의 경우에는 이런 해석이 가능하겠지만, 서비스복지의 경우에는 해당 사항이 아니다. 현금 기반의 학문으로서 주류경제학은 모든 복지를 현금복지로 상정하곤 한다. 이는 서비스복지의 차별적 특성에 관해서는 아무런 고려 없이 복지를 곧 현금복지로 치환하면서 벌어지는 과잉일반화의 오류이다. 서비스복지는 노동동기 침해효과가 없다. 서비스복지도 처분가능소득을 올려 주는 것이긴 하지만 그렇다고 서비스복지만으로 다양한 소비활동에 필요한 소득이 직접적으로 확보되는 것은 아니기 때문에 소득창출을 위한 노동에 별 영향이 없다. 한편, 서비스복지는 일자리 부족을 해결하고 여성들의 노동시장 참여를 확대하는 등의 효과가 있을 것으로 기대된다. 서비스복지는 사람이 전달하는 것이라 서비스복지 지출이 늘면 그만큼의 고용을 유발하는 결과를 낳게 된다. 아동, 장애인, 노인 돌봄을 담당해야 하는 의무에 시달리면서 노동시장 참여를 포기하곤 하는 여성들 입장에서는 돌봄서비스를 국가가 책임질 경우 경력단절 없이 노동시장에 잔류하는 일이 가능해진다. 여성의 생산성이 성장에 반영되는 복지와 선순환이 시작되는 순간이다. 서비스복지는 다양한 경로를 통해 노동동기 침해와는 반대의 효과, 즉 노동시장 참여 촉진, 일자리 창출 등의 생산적 효과를 가지고 있는 것이다.

서비스복지의 경제적 효과

앞에서 자세하게 다룬 것처럼, 서비스복지는 일자리를 늘리고 여성들의 노동시장 참여를 촉진하며 궁극적으로 성장에 이바지하리라 예측되는 바, 이를 실제 자료를 토대로 살펴보기로 하자. 제시된 내용은 주로 OECD와 세계은행 등의 최신자료에 대해 각국을 분석단위로 해서 비교한 것이다. 먼저, 서비스복지 지출이 높은 나라들에서의 고용률이 상대적으로 더 높게 나타난다. 서비스복지는 4차 산업혁명발 고용 없는 성장의 충격에서 일자리를 늘리는 거의 유일한 처방전이다. 혁신 성장 전략의 결과, 디지털 전환 분야에서 새로 생기는 일자리가 있는 것은 분명하고 장기적으로는 더 높은 수준의 일자리에 사람들이 고용되는 방향으로 균형이 이뤄질 것이라 기대된다. 문제는 그러한 균형에 이르기까지 상당한 시간이 걸린다는 사실에 있다. 4차 산업혁명에 따른 새로운 일자리들로 즉시 갈아탈 수 있는 사람들은 적어도 초기에는 소수에 불과하다. 노동시장 취약집단의 경우에는 디지털 전환에 따라 없어지는 일자리

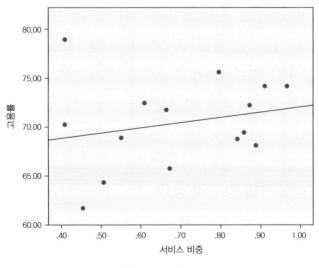

[그림 18-2] **고용률**

충격에 고스란히 노출된 채 탈출구를 찾기 힘들 공산이 크다. 선진
국들은 4차 산업혁명이 도래하기 한참 전부터 첨단 산업으로의 변
화, 지식경제로의 전환과정에서 이러한 종류의 일자리 축소를 경
험하였다. 오일쇼크 이후 유럽에서 높아진 실업률의 진짜 원인은
복지국가가 아니라 새로운 산업 분야에 즉시 적응하지 못한 노동
시장 취약집단의 문제였단 평가다.

　[그림 18-2]와 [그림 18-3]에서 보듯이 복지서비스 비중이 높은
나라들에서 고용률은 높고 실업률도 낮게 나타난다. 기본적으로
서비스복지는 산업구조조정이 일상화된 현대 사회에서 노동시장
취약집단을 위한 하나의 '일자리 저수지'로 기능한다. 서비스복지
분야의 일자리로 옮겨 가기 위한 직업훈련 기간은 그리 길지 않아
도 된다. 아동돌봄, 노인간병, 장애인 보조 등의 일자리는 누구나

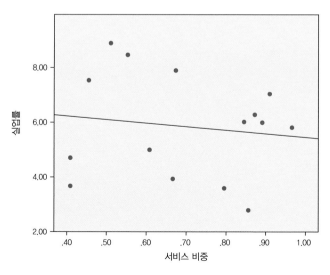

[그림 18-3] **실업률**

마음만 먹으면 단기간에 일을 시작할 수 있는 분야들이다. 인간에 대한 예의와 애정만 있다면 말이다.

생산함수의 구성을 보면, 토지, 자본, 노동 등으로 이뤄져 있는데, 다른 것들이 동일하다는 가정하에 노동투입량을 늘리면 생산은 증가한다. 사람들이 노동시장에 많이 참여할수록 경제성장으로 이어진다는 얘기다. [그림 18-4]에서 보다시피 고용 창출, 노동공급 증가, 노동수요 증가의 효과를 동시에 가지는 서비스복지에 쓰는 돈이 많을수록 성장률 또한 높아지는 것으로 나타난다.

서비스복지는 고용을 통해 성장에 긍정적인 영향력을 가지는 것을 확인할 수 있었는데, 그렇다면 복지국가의 기본적 목표로서 불평등 완화에는 어떠한 효과를 보일 것인가? 현금복지는 소득재분배 기제로서 잘 알려져 있고 그러한 효과에 관한 실증 연구결과도

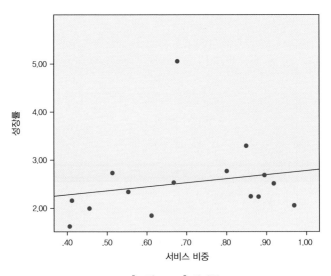

[그림 18-4] **성장률**

많이 축적되어 있다. 서비스복지의 경우에도 처분가능소득을 올리는 효과가 있어 유사한 결과를 기대할 수 있는데, [그림 18-5]에서 볼 수 있다시피 서비스복지 지출을 늘리면 지니계수는 줄어드는 것이 확인된다. 요컨대, 불평등 완화에 관해서는 현금복지처럼 서비스복지도 일정 정도 같은 방향의 효과를 가진다. 불평등 완화라는 복지국가의 기본적 목표에 대한 효과가 같다고 하면, 복지국가 확대가 고용을 통해 성장으로도 이어져서 재정적으로 지속할 수 있게끔 만들기 위해서는 현금복지가 아닌 서비스복지를 우선하는 전략이 필요하다고 할 수 있다.

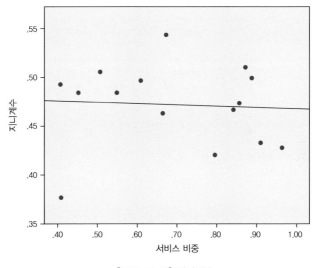

[그림 18-5] **지니계수**

〈표 18-1〉 **교육 · 보건 · 복지 서비스 지출 및 현금복지 지출이 성장에 미치는 효과**

	Model 1 B (t)	Model 2 B (t)	Model 3 B (t)	Model 4 B (t)
Public education spending	0.0212** (4.05)			
Health service spending		0.0869** (17.26)		
Welfare service spending			0.1394** (13.91)	
Cash-type social spending				-0.0022 (-1.33)
Govermment consumption	0.0155** (4.32)	0.0101** (3.99)	0.0001 (0.04)	-0.0020 (-1.46)
Labor force 15-64(%)	0.0296** (8.79)	0.0182** (7.91)	0.0270** (11.37)	-0.0044 (-1.63)
Inflation rate	-0.0352** (-15.29)	-0.0326** (-19.22)	-0.0227** (-10.58)	-0.0040** (-2.70)
Current account balance	0.0151** (7.75)	0.0178** (11.81)	0.0110** (6.94)	0.0031* (2.30)
Gross fixed capital formation	0.0007** (0.26)	0.0036 (1.61)	0.0117** (4.36)	0.0027 (1.33)
Constant	1.834** (7.15)	2.368** (13.94)	1.802** (9.78)	5.960** (1752.31)
R^2 (overall)	0.3133	0.4771	0.1054	0.0953
N	322	390	390	375

[a]Bold means the effects of the four main independent variables.
*$p < .05$ (one-tailed tests).
**$p < .01$ (one-tailed tests).
출처: Kim & Ahn (2020).

〈표 18-1〉에는 경제성장에 미치는 다른 변수들을 통제한 상태에서 교육서비스 지출, 보건서비스 지출, 복지서비스 지출, 현금복지 지출이 경제성장에 미치는 효과가 제시되어 있다. 주요국에 대한 다년도 자료를 결합하여 고정효과 분석을 시행한 결과, 현금복지는 경제성장에 대해 통계적으로 유의하지는 않지만 음(-)의 효과를 보이는 것으로 나타난다. 신자유주의 경제학에서 말하는 복

지병, 유럽병의 결과가 계량경제학적 분석에서 입증되는 것이다. 한편, 교육, 보건, 복지 등에서의 서비스복지들은 경제성장에 양(+)의 효과를 가지는 것으로 나타난다. 특히 복지서비스의 효과 크기가 가장 큰 것은 주목할 만한 사실이다.

이러한 사실은 한국 자료를 보아도 확인된다. 다른 어떤 분야와 비교해도 서비스복지 분야의 고용유발계수[1]가 높은 것으로 나타나는 것이다. 농림어업, 광업, 제조업, 건설업, 일반서비스업과 비교할 때 교육, 보건의료, 사회복지 부문의 고용유발계수는 높다. 특히 돌봄을 필두로 한 사회복지서비스 부문의 고용유발계수는 다른 부문과 비교할 때 몇 배나 높은 고용유발계수를 보인다. 복지국가 확대가 현금복지 대신 서비스복지를 중심으로 이뤄질 경우, 서

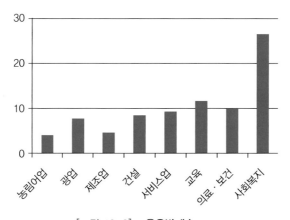

[그림 18-6] **고용유발계수**

---

1) 고용유발계수란 10억 원의 재화를 산출할 때 직·간접적으로 창출되는 고용자 수를 의미한다.

비스복지 분야는 디지털 전환과정에서 단기적으로 없어지는 일자리를 메워 줄 일자리 저수지로 기능할 수 있다는 주장을 뒷받침할 경험적 근거이다. 서구 복지국가들을 비교해 보면, 어떤 나라는 현금복지에 경도된 반면, 어떤 나라는 서비스복지를 균형적으로 운영하고 있다. 고용이나 실업 관련 성적표가 높은 나라는 단연 서비스복지가 강화된 나라들이다.

복지국가 전략 유형별 성적표

에스핑안데르센 교수가 '복지자본주의의 세 가지 세계'를 발표한 이후, 사회정책학계의 관심은 상이한 유형의 복지국가가 존재한다는 사실에 모아지기 시작했다(Esping-Andersen, 1990). 기존에는 복지국가를 하나로 보아 복지후진국에서 복지선진국으로의 선형적인 발전을 전제로 한 연구들이 주를 이루었었는데, 이후에는 각기 다른 제도적 전통에서 시작된 복지국가들이 서로 다른 경로를 통해 변화한다는 방향으로 인식의 전환이 이뤄진다. 에스핑안데르센의 주된 관심은 국가, 시장, 가족의 역할이 국가군마다 어떻게 다른지에 있었다. 그는 자유주의, 보수주의, 사민주의라는 3유형의 복지체제가 가지는 특징에 주목하였다.

자유주의는 앵글로색슨 계통의 복지체제로서 그 이름이 시사하듯 시장의 자유를 중요시하는 체제로 요약된다. 자유주의 복지체제에서는 복지의 기본 책임이 개인에게 있다고 보고 복지 욕구를 개인이나 가족이 풀지 못할 경우에만 국가가 개입하는 최소주의를 표방한다. 이 체제에서는 주로 공공부조를 통해 극빈자를 구제하는 방향으로의 복지가 발달한다.

보수주의 체제에는 가톨릭 전통을 지닌 대륙유럽국가들이 해당되는데, 이 체제에서는 기존 질서를 유지하는 방향으로 사회보장제도가 발달한다. 사회보험이 핵심 기제가 되는데, 사회보험의 특성은 기존 계층 질서의 유지를 돕는 방향으로 작동한다는 것이다. 사회보험은 노동시장에서 올린 소득에 비례해서 급여가 연동되는 방식이라 노동시장 승자가 복지 수혜에서도 승자가 되는 시스템이다. 그 결과, 계층질서는 온존된다.

사민주의 체제는 사회연대를 향한 보편복지를 위주로 다방면의 복지 욕구 해결에서 국가책임이 강조된다. 흥미로운 사실은 사민주의의 경우 현금복지뿐만 아니라 서비스복지에도 관심을 기울이는데 이는 여권신장에 기반한 여성들의 균등한 노동시장 참여 촉진과 관련이 있다. 연금이나 실업 등 현금복지를 상대적으로 덜 가져가면서 남는 재정 여력을 돌봄서비스를 필두로 한 서비스복지에 투자한다. 사회보험성 현금복지가 노동시장 승자인 남성에 유리한 반면, 돌봄서비스는 여성에게 확실히 유리하다. 돌봄서비스에 관한 국가책임이 없을 경우 가정 내 돌봄은 여성이 해야 할 일, 가족적 의무로 치부된다는 면에서 그러하다.

에스핑안데르센 이후, 많은 학자들이 복지국가 유형화 연구에 매달렸고 최근에는 남유럽을 따로 떼어 내서 논하는 4유형론이 대세로 부상했다. 주로 언어 및 지역으로 구분되는 이러한 분류방식

〈표 18-2〉 **복지국가 유형별 성과 비교**

유형	총사회지출(GDP%)	서비스복지비중(현금대비)	성장률	서비스고용비중	고용률	여성고용률	지니계수	빈곤율	합계출산율
영미형	19.5	1.1	2.1	0.26	60.1	55.0	0.37	0.22	1.75
북유럽형	25.6	1.1	2.4	0.36	64.5	62.4	0.27	0.16	1.70
대륙유럽형	28.4	0.7	2.4	0.27	54.7	50.3	0.29	0.15	1.74
남유럽형	25.8	0.4	2.3	0.21	46.2	39.2	0.33	0.21	1.32

출처: OECD 및 세계은행(최근 연도).

에 따르면, 영국과 미국을 필두로 한 영미형, 독일이나 프랑스 등의 대륙유럽형, 스웨덴과 노르웨이 등 북유럽형에 더해 스페인이나 이탈리아 등의 남유럽형으로 복지체제를 구분짓는다.

〈표 18-2〉에서 확인되듯이 유형별 복지국가는 경제적·사회적 성과 측면에서 상이한 결과를 보이고 있다. 총사회지출의 경우, 유럽의 다른 유형들에 비해 영미형이 확연히 적은 돈을 복지국가에 투여하고 있음이 확인된다. 흥미로운 사실은 신자유주의의 우려와는 달리, 복지에 돈을 많이 쓰지 않는 영미형의 성장률이 오히려 낮다는 점이다. 우리의 주된 관심사인 현금복지 대 서비스복지의 상대적 지출 구성을 보면 또 다른 이야기가 전개된다. 영미형과 북유럽형은 상대적으로 양자의 균형을 유지하고 있으나 대륙유럽형, 특히 남유럽형은 현금복지 위주로 구성되어 있다. 서비스 분야가 전체 고용에서 차지하는 비중은 북유럽형이 가장 높고 영미형과 대륙유럽형이 비슷하며 남유럽형에서 가장 낮은 수치를 보인다.

영미형은 서비스복지를 균형적으로 가져가고 있지만 총지출 수준이 낮다는 점에서 특징적이며 이에 따라 서비스 고용 비중이 북유럽형에 비해 떨어지고 있다.

고용률은 북유럽형이 가장 높고 그다음 영미형, 대륙유럽형 순이며 남유럽에서 가장 낮다. 여성고용률도 고용률과 동일한 순서로 나타나지만 유형별 차이는 더욱 벌어진다. 합계출산율은 영미형, 북유럽형, 대륙유럽형이 비슷한 한편, 남유럽형에서 두드러지게 낮은 것으로 나타난다. 현금복지가 큰 남유럽형 국가들에서는 여성고용을 늘려 줄 아동돌봄 등 서비스복지가 낮아 전반적인 여성고용 상황이 좋지 않고 결과적으로 저출산을 막지 못하고 있다.

불평등과 빈곤의 해결기제로서 각 유형의 복지국가들은 다음과 같은 성과를 나타낸다. 북유럽형과 대륙유럽형이 상대적으로 나은 성과를 보이는 한편, 영미형과 남유럽형의 성적표는 좋지 못하다. 복지국가에 대한 투자가 적은 영미형에서 재분배 성과가 낮은 것은 어느 정도 이해되지만 복지국가 지출이 큰 남유럽에서 재분배 성과가 낮다는 것은 흥미로운 부분이다. 결론적으로 보자면, 재분배를 위해서는 복지국가의 확대가 필요하다. 하지만 취약계층을 위한 공공부조가 배제된 채 사회보험형 현금복지의 소득대체율만 높아질 경우에는 복지국가의 본원적 역할인 재분배에서의 성과는 기대할 수 없게 된다.

경제성장, 고용, 여성고용, 저출산, 불평등, 빈곤 등 경제·사회지표로 나타난 복지국가 전략의 성적표를 보면 복지국가는 여전히 필요해 보인다. 단, 현금복지보다는 서비스복지를 균형적으로 챙

거 갈 경우에 모든 성과를 동시에 담보할 수 있게 된다. 복지국가에
쓰는 돈의 크기도 중요하지만 어떻게 쓰느냐가 더 중요함을 웅변
하는 경험적 증거들은 차고도 넘친다.

19

기본소득
전략

기본소득과 노동중심성

지금까지 살펴본 것처럼, 사회정책학과 경제학 분야에서의 다양한 연구들이 현금복지와 비교할 때 서비스복지가 생산적이라는 사실을 분명하게 확인하고 있다. 그럼에도 불구하고 몇몇 나라들에서는 새로운 종류의 현금복지가 관심의 대상으로 부상하기도 하였다. 기본소득이 바로 그것이다. 한국의 경우에는 지난 20대 대통령 선거에서 당시 여당 후보가 기본소득을 주요 공약화하면서 세간의 관심을 끌기도 하였다. 선거 결과만 놓고 본다면 기본소득은 채택되지 못했다. 하지만 우리의 주된 관심사인 자영업이나 플랫폼 노동이 4차 산업혁명발 노동의 종말에 더해 기본소득 제안의 배경으로 거론되었기에, 기본소득을 톺아보는 것은 여기서의 논의를 풍요롭게 하는 데 도움이 될 것이라 여겨진다.

기본소득은 무엇인가? 가장 권위 있는 정의는 기본소득지구네트워크(BIEN: Basic Income Earth Network)의 홈페이지에 게시되어 있다. BIEN에 따르면, 기본소득이란 자격 요건 조사와 노동 의무 조건 없이 무조건적으로 모든 사람들에게 개인 단위로 주기적으로 제공되는 현금지급이다.[1] 이 정의에 따르면 기본소득은 다섯 가지 특성을 지닌다. 주기성, 현금성, 개별성, 보편성, 무조건성이 그것이다. 이 개념을 기존 사회정책학의 용어와 견주어 보면, 사회보험, 사회부조, 사회서비스는 명확하게 기본소득과 구분된다. 하지만 전 국민 혹은 특정 인구집단을 대상으로 지급되는 사회수당의 경우에는 기본소득과 중첩이 분명하게 나타난다. 더구나 아동기본소득, 청년기본소득, 노인기본소득 등으로 '부분' 혹은 '과도' 기본소득을 말하는 경우가 있는데 이 경우는 데모그란트라 불리기도 하는 분명한 사회수당이 된다. BIEN의 정의인 '완전' 기본소득도 사회수당이라는 기존 학술 용어로 충분히 포괄된다고 보면, 기본소득을 새로운 학술용어라 보기보다는 사회운동적 개념이거나 정치적 용어라 보는 것이 타당해 보인다.

기본소득과 관련이 있는 용어들은 이 밖에도 많은데 조금씩은 내용에 차이가 있어 구분되는 지점을 확인하고 정리해 두는 것이 좋다. 먼저, '참여소득'이란 게 있다. 참여소득은 사회적으로 유용하다고 판단되는 활동을 하고 있는 시민들에게 주어지는 금전적

---

1) "A basic income is a periodic cash payment unconditionally delivered to all on an individual basis, without means-test or work requirement."

지원으로 정의된다(Atkinson, 1996). 활동이 조건이 된다는 면에서 무조건적 기본소득과 괴리가 있는 용어라고 봐야 할 것이다. 우리 나라 정치권에서 안심소득이나 공정소득 등의 이름으로 회자되 는 많은 정책상품들의 원형은 '부의 소득세(NIT: negative income tax)'이다. 이는 면세점 이하의 소득계층에게 주어지는 일정 세율 의 조세환급제도로서 기존 사회복지제도가 가지고 있는 행정비 용 축소를 위해 고안된 것이다(Friedman, 2002). 사회적 지분급여 (stakeholder grant)는 법적으로 성인이 된 시점에 주어지는 일회성 현금 지급으로서 마치 사회로부터 받는 유산 같은 것이다.

기본소득 담론이 복잡하게 전개되면서 용어 사용의 혼란이 야 기되고 있으나 기본소득 담론이 또다시 세간의 주목을 받는 배경 은 비교적 간단하다. 먼저, 인공지능이나 AI가 인간 일자리를 구축 할 것이라는 전망이 대두하면서 기본소득에 관한 관심이 늘고 있 다. 다보스포럼에서도 4차 산업혁명의 결과로 인한 노동시장 양 극화와 혼란 끝에 2020년까지 500만 개의 일자리가 줄어들 것이 란 보고가 있었고(Schwab, 2016), 미국에서는 2030년까지 직업 중 약 47%가 자동화로 대체할 것이란 전망까지 나오고 있다(Frey & Osborne, 2017). 기술 발전으로 인한 일자리 축소의 대안으로서의 의미 외에도, 기존 복지국가의 한계를 극복할 대안으로 기본소득 을 지목하기도 한다. 자영업이나 특수고용직, 플랫폼 노동, 프레카 리아트(precariat) 등 사회보험으로 보호하기 어려운 일에 종사하는 사람들이 늘면서 벌어지는 일들이다(Standing, 2009).

가이 스탠딩(Guy Standing) 같은 학자는 기본소득을 하나의 패러다임 전환으로 묘사한다(김교성 외, 2018). 토머스 쿤(Thomas Kuhn)이 말하길 과학은 패러다임에서 패러다임으로 전환한다. 노동중심의 기존 사회보장을 정상과학이라고 한다면, 과학혁명으로서의 기본소득은 유급노동에서의 이탈을 표방하는 새로운 패러다임이란 것이다. 복지국가가 노동을 탈상품화(decommodification)하는 기제라고 본다면, 기본소득은 아예 노동중심성을 탈각하는 탈노동화(de-labourisation) 기제라 할 수 있다(윤홍식, 2016)

기본소득이 유급노동을 거부하는 한편, 우리가 아는 복지국가는 노동중심성의 토대 위에 존재한다. 인류사적으로 볼 때, 종교적 의무와 결합한 노동은 사실상 문화적 가치를 부여받은 것으로 볼 수 있다. 노동은 정상적인 것이며 일하지 않는 것은 비정상이라는 사고는 보편적이기까지 하다.[2] 이러한 사고는 근대화와 산업화를 거치면서 하나의 노동윤리(work ethic)를 형성하게 되었고, 이제 노동은 생계와 자존감의 원천으로 자리매김하고 있다. 노동의 신성함은 노동과 소득의 연계로 이어진다. 자본 측에서 무노동·무임금을 주장할 때, 노동 측에서 불로소득을 공격할 때가 그런 상황의 대표적인 예일 것이다. 이러한 노동중심성은 학술 담론으로도 이어지며 좌우파의 공통분모를 형성한다. 주류경제학의 효용가치론에서는 노동의 한계생산성만큼의 임금 소득 보상을 공정한 것으로 본다는 면에서, 자본의 잉여가치 수탈을 강조하는 마르크스경제학의 노동가치론에서는 노동만 가치를 창출한다고 주장하는 면에서,

---

2) 물론 아동, 노인, 장애인 등 근로능력이 없는 경우는 이러한 평가에서 제외된다.

양자 모두 노동중심성을 표방한다. 노동중심성과 노동과 소득의 연계가 공고한 한편, 이제 기본소득은 이러한 노동중심성의 금자탑을 허물어 낼 기세다.

기본소득 제안의 변천사

노동중심성으로부터의 이탈이 지금 전개되는 기본소득 논의의 핵심이기는 하지만, 16세기 토머스 모어(Thomas More)에서 비롯되는 기본소득의 연원은 일의 신성함을 염두에 두고 제안된 것이었다(More, 2009).[3] 토머스 모어는 '유토피아'에서 인클로저 운동을 양이 사람을 잡아먹는 것으로 묘사하였는데,[4] 당시 발생한 사회적 소요사태 국면에서의 대책으로 처벌보다는 최소생계를 보장해 주는 것이 낫다고 제안한 바 있다. 빈민들에게 일할 기회를 주어야 하며, 생계보장의 국가의무를 명확히 하라는 것이었다. 16세기 후안 비베스(Juan Luis vives)의 경우에도 일하지 않는 자 먹지도 말라는 이념하에 최저임금보장 방안을 제안하였는데 이 역시 노동의 가치를 강조한 것이었으며 완전고용 복지국가의 원조격이라 할 수 있는 내용이었다.

---

3) 이하 이 절의 내용은 박형준(2021), 박홍규(2008), 최광은(2011)에 더해 스탠퍼드대 기본소득실험실의 자료들, 그리고 기본소득에 관한 다양한 언론보도를 중심으로 사례를 수집하고 제안자들의 원전을 참조하여 재정리한 것이다.
4) 이는 인공지능 로봇이 일자리를 빼앗는 상황의 은유로 해석될 여지가 있을 것이다.

한편, 18세기 토머스 페인(Thomas Paine)부터는 노동으로부터의 거리두기라는 면에서 기본소득에 관한 상당히 급진적인 방안이 제시되기 시작한다(Paine, 1984). 그에 의하면, 미개간된 지구는 인류의 공동자산이기 때문에 토지를 소유한 자는 공동체에 대해 지대를 지불할 의무를 지닌다. 이러한 원리에 의해 그가 제안하는 내용을 보면, 모든 사람들에게 21세가 되는 해에 15파운드의 기본증여를 지급하고, 50세가 되는 해부터는 매년 1파운드의 사회배당을 지급할 것을 주장하였다. 이와 유사한 제안은 18세기 토머스 스펜스(Thomas Spence)에 의해서도 제기된다. 그에 따르면 토지소유권을 교구에 귀속되는 것으로 보아야 하며 모든 교구민은 사회적 배당을 받을 권리를 지니게 된다.

20세기에 들어선 영국에서는 기본소득 관련 담론들이 다시금 활발하게 등장한다. 버트런드 러셀(Bertrand Russell)은 아나키즘의 '자유'와 사회주의의 '평등'을 결합하여, 필수품의 경우에는 모두에게 무상으로 제공하되 그 이상은 노동의 대가로 획득하도록 하자고 하였다. 메이블 밀너와 데니스 밀너(F. Mabel Milner & Dennis Milner)는 국가보너스의 이름으로 무조건적 소득 지급을 주장하였다. 클리퍼드 더글러스(Clifford H. Douglas) 또한 노동자의 구매력 부족을 보충해 줄 사회신용 및 국민배당이 필요하다고 보았다. 콜(G. D. H. Cole)은 사회수당의 덜 모욕적인 버전으로서 사회배당이라는 것을 지급하자고 주장했다(Cole, 1935).

미드(James E. Meade)는 자유, 평등, 효율 삼자 간의 충돌을 지적하면서 케인지안 처방의 한계를 질타하였다(Meade, 1993). 적절한 생산 수준과 고용 수준을 추정함으로써 완전고용 수준에서 실질 재화와 용역의 총수요를 조절하는 것은 불가능하며, 임금과 물가 사이의 악순환을 끊기 위해서는 임금노동에 연동되지 않는 사회배 당이 필요하다고 역설하였다. 아가소토피아(Agathotopia), 즉 이상 적 균형상태의 경제모델을 위한 사회배당의 자원확보 방안으로는 자원소유 민주주의 원칙하에 불로소득과세를 실시하고 자산의 사 회적 소유 원칙에 따라 국유재산의 이식금을 지급할 것을 주장하 였다.

미국에서도 유사한 제안과 논의가 이어졌다. 대공황 시기 정치 인이었던 휴이 롱(Huey Long)은 기본자산 형태의 '우리의 부를 나 누자(share our wealth)'는 계획을 주창하였다. 로버트 테오발드 (Robert Theobald)는 기계사회에서의 인간경쟁력 약화를 이유로 성 인에게 1천 달러, 아동에게 600달러에 이르는 정액보조금 방식의 보장소득(Gueranteed Income) 지급을 제안하였다.

밀턴 프리드먼(Milton Friedman)은 그의 저서에서 '부의 소득세' 를 제안하였다(Friedman, 2002). 빈곤을 낮추는 데 기본적으로는 자 선이 최선의 방책이지만 거대한 비인격적 공동체의 공감력에 한 계가 있을 수밖에 없는 상황에서는 정부개입이 차선책으로 필요하 다고 보았다. 그가 제안한 부의 소득세를 보면, 기본소득공제액보 다 소득이 적을 경우, 만약 50% 비율 혹은 음의 소득세율로 보조금 을 줄 경우에는, 예컨대 기본소득공제액이 1,000달러이면 최소 월 500달러의 소득보조금을 보장받게 된다. 그는 기존 복지제도를 '잡 동사니 모음(ragbag)'이라 경멸하면서 부의 소득세가 훨씬 효율적이라 주장하였다. 하지만 자유지상주의인 그의 입장에서 볼 때 부의 소득세는 강제성이 자발성을 대체한다는 면에서 절대로 최선책이 될 수는 없었다.

제임스 토빈(James Tobin)도 유사한 맥락의 공제소득세(credit income tax)를 제안했는데, 이는 기여에 따라 급여가 연동되는 사회보험은 유지하되, 수당과 공공부조는 공제소득세로 대체해야 한다고 주장하였다. 그는 노동과 복지의 강한 결합이 필요하다고 보고 노동동기 강화를 통한 성장잠재력 증대의 목적에서 이러한 제안을 마련하였다. 프리드먼과 토빈, 이 둘의 주장은 보수적인 기치하에 제안된 것이라 평가할 수 있다.

민주당 대선주자로 나섰던 조지 맥거번(George McGovern)은 부의 소득세가 양극화(dualism)를 낳을 것이라 공박하면서 사회통합을 위해서는 정액의 사회수당(demogrant) 지급이 낫다고 설파하였다. 소득세를 정률로 부과하고 사회수당을 정액으로 주게 되면 누진세 효과가 발생한다는 게 그의 주장이었다. 구체적으로 그는 각종 조세공제제도를 폐지하여 모든 시민에게 매년 1천 달러씩 지급할 것을 공약으로 제시했었다. 이에 더해 앞에서 소개한 앳킨슨의 참여소득(participation income)도 기록되어야 할 것이다. 이는 사회적으로 쓸모 있다고 여겨지는 활동에 참여하는 시민들에게 활동 참여 조건부로 지급되는 공공 이전급여이다.

지금까지의 사례들은 대부분 제안에 그친 내용들이지만 현실에서 실제로 지급된 기본소득류(類)의 사례도 심심찮게 찾을 수 있다. 기본소득 실험은 자선단체나 정부가 주축이 되어 개도국들에

서의 시범사업으로 종종 실시된다. 아프리카 나미비아의 시범사업
에서는 범죄율 감소, 최하위계층의 근로소득 증가 등 긍정적인 효
과가 관찰되기도 하였고, 우간다와 케냐의 민간 자선단체가 기본
소득사업(Givedirectly)을 벌이기도 했다. 인도 마디아프라데시주에
서도 기본소득 시범사업이 이뤄졌으며, 브라질의 보우사 파밀리아
(Bolsa Familia)도 이러한 예의 하나다.

　선진국 중에서는 주로 자유주의 국가들에서 기본소득류의 시
도가 이뤄지고 있다. 가장 유명한 것이 알래스카 영구 기금 배당
(Alaska Permanent Fund Dividend)일 것이다. 1970년대에는 캐나다
도핀 지역에서 민컴(Mincome)이라는 이름의 기본소득이 지급되었
고, 스위스에서는 2016년에 성인에게 300만 원을, 아동·청소년에
게 78만 원을 지급하자는 내용의 기본소득안이 국민투표에 부쳐졌
으나 부결되고 만다. 부결의 이유로는 기존 복지 축소에 대한 두려
움, 이민자 대량유입에 대한 우려 등이 거론되었다. 캐나다 온타리
오에서는 2017년부터 4천 명을 선정하여 차등적으로 최고 16,989
달러까지 지급하기 시작하였다. 미국 실리콘밸리에서는 샘 알트
만(Sam Altman) 주도로 캘리포니아 오클랜드의 100가구에게 1년
에 1,000달러에서 2,000달러에 이르는 기본소득을 지급하는 실험
을 계획하였다. 핀란드에서는 2017년에 무작위로 선정한 실업자
2,000명에게 실업수당 대신 560유로의 기본소득을 주고 고용촉진
여부를 확인하는 실험을 실시하다가 중간에 중단하였다. 실험의
결과를 보면, 행복 증진 효과는 있었지만 노동유인 효과는 없는 것
으로 나타났다. 한국에서도 성남시가 2016년부터 청년배당의 이름

으로 분기별로 12만 5천 원의 상품권을 지급하는 실험적 시도가 행해진 바 있다.

이러한 몇 가지의 실현 사례를 빼면 기본소득의 실행가능성에 대해서는 여전히 의구심이 남는다. 영국의 기본소득 담론들은 1601년의 「엘리자베스 구빈법」이나 1942년 베버리지보고서로 정리되어 버렸는데, 기본소득에 대한 복지국가의 승리라 요약할 수 있을 것이다. 미국의 경우에도 뉴딜 사회보장 등 공공부조와 사회보험 방식의 복지국가가 실시된 반면, 기본소득 담론은 역사의 뒤안길로 사라져 갔다. 현실에서는 기본소득 담론이 모두 복지국가로 정리된 것이 분명한 역사적 사실로서 기억된다.

기본소득에 대한 복지국가의 승리 현상은 노동과 복지의 강한 연계를 전제로 한 것으로서 사회보험과 공공부조, 그리고 사회서비스를 중심으로 한 노동중심론의 득세라 할 수 있다. 노동으로부터의 이탈을 주장하는 기본소득론은 자본주의의 인정 전략이 수정자본주의 혹은 복지국가라는 이름으로 대세가 되면서 쇠퇴의 길을 걷게 된 것이 우리가 기억하는 담론의 약사(略史)이다. 최근에는 다시금 고령화로 인한 연금과 의료 등 사회보험의 재정 압박, 4차 산업혁명에 따른 전반적인 노동수요의 축소, 점증되는 불평등 문제 등으로 복지국가의 위기가 거론되면서 적어도 한국에서는 기본소득이 정치권의 주요 담론으로 부상하고 있는 형국이다.

기본소득 논쟁의 이슈들

기본소득을 주장하는 쪽에서는 주로 기존 복지국가 제도의 문제를 넘어서서 대안이 될 가능성이 있는 전략은 기본소득뿐이라 주장한다. 기존 복지국가의 문제들로 그들이 거론하는 것은 대체로 네 가지 정도로 보인다. 근로동기의 침해, 사회보험의 남성중심성, 과다한 행정비용, 복잡한 제도로 인한 사각지대의 만연이 기본소득론자들이 복지국가를 공격하는 주요 포인트들이다. 자세한 내용을 하나씩 살펴보도록 하자.

첫째, 기존 복지국가 제도의 주된 축 중 하나인 공공부조의 경우에 실업의 덫이나 빈곤의 함정을 유발한다고 하면서 기본소득은 모든 사람들에게 지급되는 것이기에 제도로 인한 근로동기(work incentive) 침해 현상을 극복할 수 있다고 주장한다. 공공부조는 보충성 원칙에 따라 설정된 빈곤선 대비 그에 못 미치는 금액만큼을 지급하는 제도라서 본인이 일해서 미미한 소득이라도 올리게 되면 공공부조 급여액이 감액되거나 아예 수급자격을 박탈당하게 된다. 바로 이 점 때문에 공공부조 수급자이면서 근로능력이 있는 사람들은 공공부조의 혜택을 유지하기 위해서 일하지 않으려는 경향을 보이기도 하는데 이를 빈곤의 함정 혹은 실업의 덫이라고 한다. 공공부조에 이런 현상이 있는 것은 분명하지만, 기본소득의 경우에도 소득효과로 인한 여가의 선택을 야기할 공산이 있어 근로동기 침해 문제에서 자유롭지 않다는 반비판도 가능할 것이다. 공공부조의 경우 근로능력이 있는 사람들과 근로능력이 없는 사람들을 따로 구분하여 근로능력자들에게는 근로장려세제(earned income tax credit) 등을 통해 근로동기를 고취하는 방법 등도 있으므로 기본소득이 유일한 대안이라는 주장을 그대로 받아들이기는 힘들어 보인다.

둘째, 기존 복지국가들은 사회보험 방식 제도의 비중이 큰 경우가 대부분이다. 그런데 사회보험은 노동시장에서의 성과에 연동되는 방식으로 설계되기 때문에 노동시장에서의 승자그룹인 남성들이 복지국가의 수혜 측면에서도 승자가 되는 경향성이 있다. 이른바 복지국가의 남성친화성은 모두에게 동일한 현금복지를 지급하는 기본소득에 의해서만이 타파 가능하다는 것이 기본소득론자들의 주장이다. 현존하는 복지국가들은 정도의 차이는 있겠으나 대부분 가부장적인 노동시장이 작동하는 나라들이다. 남성들과 비교해 여성들의 노동시장 참여가 작고, 참여하더라도 직급분포나 임금 수준 등에서 평균적으로 낮은 양태를 보인다. 임금이 낮은 경우 사회보험료가 낮게 책정되고, 사회보험료를 적게 내면 추후 실업이나 은퇴 시점에 국가로부터 제공받는 사회보험 급여의 수준도 낮아지게 된다. 사회보험 자체는 성중립적인 제도이지만 사회보험이 작동하는 노동시장의 환경이 가부장적이라면 결과는 양성불평등으로 이어질 수밖에 없다. 기본소득을 주면 이러한 문제가 없어진다는 주장이 있으나, 기본소득으로의 전환 그 자체만으로는 노동시장의 가부장 관행을 개선할 수 없다. 따라서 오히려 기본소득이 가정 내 무급노동(mommy track)으로 이어질 공산이 있고, 이는 젠더 불평등을 더욱 강화하는 결과를 낳을 수 있다.

셋째, 현존하는 복지국가들은 현금복지와 서비스복지 등 다양한 종류의 프로그램으로 구성되어 있고 프로그램에 따라 정도의 차이는 있으나 행정관리에 비용이 든다. 공공부조처럼 소득이나 자산 조사 등을 통해 수급자격 심사가 필요한 경우가 있는가 하면, 실업 보험의 경우에는 사회보험료를 제때 냈느냐, 근로기간이 조건을 넘겼느냐, 자발적 실업이냐 등을 확인하는 데 상당한 인력 소요가 수반된다. 한편, 기본소득으로 기존 프로그램을 대체하게 될 경우, 기존 복지국가의 사회보장 프로그램들이 초래하는 행정비용은 현저히 줄어들 것으로 예상된다. 그냥 전 국민에게 일정액을 계좌이체 해 주면 되는 것이 기본소득이기 때문이다. 행정비용 감소분만큼 복지효율이 증대될 것이라는 기본소득론자들의 주장은 상당한 타당성이 있다고 여겨진다. 문제는 왜 기존 복지국가 프로그램이 복잡화되었는지, 기본소득만으로 개인들이 가지고 있는 다양한 종류의 욕구 해결이 가능할 것인지와 관련된다. 예컨대, 공공부조의 경우에 노인, 장애인, 아동 등 근로능력이 없는 그룹에 대해 추가로 소득 보전을 해 줄 수 있다. 아동보육에 관한 각종 상담이나 코치가 필요한 사람들에게 주어지는 기존 사회보장의 맞춤형 프로그램도 분명히 필요하다. 기본소득으로의 중심이동은 이러한 기능을 수행하는 제도들을 구축하는 부정적 효과가 예상되는 것이다.

넷째, 이미 진행 중인 4차 산업혁명발 긱이코노미로의 전환 속에서 자영업, 특수고용직, 플랫폼 노동 등이 온존하거나 증가하는 경향을 보인다. 근로자성이 불분명한 이러한 그룹이 늘면 사회보험의 사각지대가 따라서 증가하게 된다. 이러한 그룹에 대한 사각지대 해소를 위해서는 무조건적으로 주어지는 기본소득만이 답이란 것이 기본소득론자들의 주장이다. 이러한 주장은 일부 타당성을 지녔다고 할 수 있다. 하지만 이 경우에도 기본소득이 확실한 대안인지에 관해서는 여전히 의문이 남는다. 모두의 실질적인 생활보장이 가능한 수준으로 기본소득을 지급할 수 있는 대규모 예산확보가 가능하다면, 오히려 그 돈으로 작금의 변화하는 노동시장에서 새로이 생겨나는 사각지대 문제를 해결할 다른 방도 또한 많을 것이기 때문이다.

20

지속가능한 복지국가로의
실용적 개혁

디지털 대전환과 노동시장의 변화

4차 산업혁명에 의한 전반적인 디지털 전환과정에서 새로 일자리가 늘어나는 것이 사실이라 하더라도 대부분 노동시장 취약집단의 일자리는 양과 질의 양면에서 위협을 받을 공산이 커지고 있다. 전환(transformation), 과도(transition), 위기(crisis), 붕괴(collapse)라는 네 가지 시나리오를 디지털 전환으로 인한 일자리 변화의 시스템다이내믹스 모델에 적용한 결과를 보자(서용석 외, 2017). 네 가지 시나리오는 기술 발전 속도의 빠르고 느림, 정책 대응의 성패에 따른 조합들이다. 결과는 크게 두 가지 함의로 요약된다. 첫째, 가장 안심이 되는 예측치의 경우에도 4차 산업으로의 진전은 전반적인 일자리 축소로 귀결된다. 둘째, [그림 20-1]에서 확인할 수 있듯이 4개의 시나리오에 따른 결과는 크게 보아 두 가지 상황으로 요약되는데, 이

둘을 가르는 상황 차이는 정책 대응의 성패이다. 디지털 전환은 주어진 시기 동안 일자리에 부정적인 타격을 주지만, 그 타격의 정도는 기술 발전 속도의 변인보다는 정책 대응을 제대로 하느냐 못하느냐에 따라 달라진다. 정책 대응의 주요 변수는 복지국가를 현금복지 위주로 하느냐 서비스복지 위주로 하느냐로 구성되어 있는 바, 앞에서 강조했던 서비스복지가 일자리에 가지는 양(+)의 효과가 다시 한 번 확인되는 순간이다.

일자리 양의 축소에 관한 다소 암울한 전망 속에서 상황을 더욱 어둡게 만드는 것은 일자리의 종류와 질에 관한 부분이다. 이미 한국은 다른 선진국들과 비교해서 자영업 비중이 상당히 큰지라 복지국가의 사회보장을 설계하기가 쉽지 않은 상태인데, 엎친 데 덮친 격으로 최근에 새로 생기는 일자리들로는 긱이코노미, 플랫폼 노동 관련 일자리들이 눈에 띈다. 20세기에 설계된 사회보장시스템은 균질한 노동자계층을 대상으로 표준적인 방식으로 만들어졌

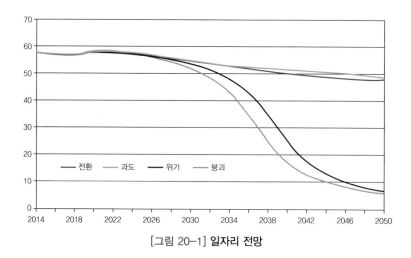

[그림 20-1] 일자리 전망

다. 이러한 시스템에서 제외된 대표적인 그룹이 자영업자들이었
고 특수고용직노동자들이 그와 유사한 문제에 처한 것은 잘 알려
져 있다. 이제 새롭게 떠오르는 플랫폼 노동자들도 이들에 더해 기
존 사회보장시스템이 적절하게 안전망을 제공하지 못하는 집단이
라 할 수 있다. 4차 산업으로의 진전 속에서 복지국가의 틀을 바꾸
어야 할 이유들이 점점 늘고 있는 형국이다. 〈표 20-1〉에서 확인
할 수 있듯이, 노동시장에서의 정규직과 비정규직의 분화에 의한
사회보험 사각지대조차 해결하지 못하고 있는 나라가 우리나라이
다. 이제, 자영업과 플랫폼 노동 부문까지 더해지면서 사각지대 문
제는 자가증폭 중이다. 일하는 모든 사람을 위한 사회안전망 재설
계 혹은 보완이 시급한 과제라고 주장하는 것이 결코 과장이 아닌
까닭이다.

〈표 20-1〉 주요 사회보험 가입률

		2011	2012	2013	2014	2015	2016
국민연금 (직장)	정규직	79.1	80.3	81.2	82.1	82.0	82.9
	비정규직	38.2	39.0	39.2	38.4	36.9	36.3
건강보험 (직장)	정규직	80.9	82.2	83.5	84.1	84.8	86.2
	비정규직	44.1	45.4	46.2	44.7	43.8	44.8
고용보험	정규직	77.4	78.9	80.6	82.0	82.4	84.1
	비정규직	42.3	43.3	43.6	43.8	42.5	42.8

출처: 통계청(2017).

일하는 모든 사람을 위한 사회보장

4차 산업혁명에 의한 디지털 전환과정에서 기술 변화에 따라 고용형태가 다양해지고 있고 노동의 이동 또한 빨라지고 있다. 유사 자영업자와 파견, 용역, 특수형태근로종사자, 일일 노동 방식의 플랫폼 노동이 차지하는 비중이 늘고 있다. 피용자에서 자영업자로, 자영업자에서 피용자로의 부문 간 노동이동도 증가 중이다. 자영업자나 플랫폼 노동자는 잦은 일자리 이동으로 새로운 일자리로의 업그레이드를 위한 직업훈련에 참여할 시간도 별로 없는 상황이다. 현재 갈기갈기 찢겨 있는 역량개발사업들을 통합하고 수요가 몰리는 분야로 갈아탈 기반을 마련해 주는 일이 시급한 상황이다.

자영업자나 플랫폼 노동자들이 직업능력을 갖추도록 하기 위해서는 이들의 참여가 가능하도록 현장 중심으로 연계되고 통합된 훈련 프로그램을 도입할 필요가 있다. 훈련시간이나 훈련장소를 유연하게 적용하고 온라인과 오프라인을 결합한 방향으로 통합훈련 프로그램을 마련해 주어야 한다. 코로나 사태에서 가장 피해를 본 자영업자들을 위해 금전적인 지원을 해 주는 일도 중요하지만, 앞으로도 이런 일이 반복되지 않게끔 하려면 경쟁력이 부족한 채로 자영업 부문에 무작정 뛰어들도록 하는 지금까지의 일자리 늘리기 정책을 확 바꿔 줘야 한다. 창업 준비와 운영 과정에서 실질적인 도움을 주거나 사업전환이나 폐업을 쉽게 해 주고 직업훈련을 통해 임금근로자로의 안정된 전직을 유도하는 일부터 서둘러야 한다.

플랫폼 노동자나 자영업자 등 노동시장 취약계층이 노동법 제도와 사회안전망의 사각지대에 방치되고 있는 현실도 고쳐 줘야 할 대표적인 분야이다. 플랫폼 노동자 규모가 220만 명 이상이며 지속적인 확대를 보이고 있고 1인 자영업자의 수도 400만 명 이상인 게 한국의 현실이다. 플랫폼 노동의 경우 집중적 소득활동에서 지속적 직업활동으로 변화하고 있으나 이 분야의 직업활동에 알맞은 계약규칙이나 노동규칙은 아직까지 미진한 상태이다. 기존의 비정규직 문제를 넘어서서 점점 다양해지는 고용형태를 감당할 수 있는 일하는 모든 사람을 위한 기본적 권리 보장의 법제화도 빼놓을 수 없는 당면과제이다. 당장 모든 노동자를 기존의 고용보험에서 포괄하는 것은 실행이 쉽지 않기에, 각 부문별 특수성을 반영한 도시락형 공제제도를 우선적으로 고려하는 것이 현실적이라 여겨진다. 근로자인지 여부를 따지느라, 또 하나의 틀에서 녹여 내기 힘든 집단을 무리하게 엮느라 사회보장의 기본을 무시하는 것보다는 최소한의 안전망을 보장하면서 각 분야별 특성에 따른 맞춤형으로 상호공제를 지원하고, 개인별 사회보장의 도시락을 부문별로 전환할 수 있도록 관리해 주는 것이 공정성과 소득보장을 동시에 이룰 방법이라 할 수 있다.

한국형 복지국가의 재편을 위하여

앞에서 살펴본 바, 영미형, 대륙유럽형, 남유럽형, 북유럽형은 각

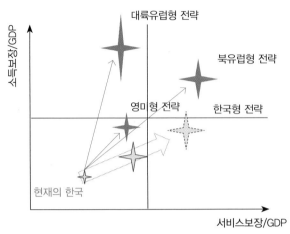

[그림 20-2] **유형별 전략의 분기와 한국의 선택**

각 다른 방식으로 복지국가를 발전시켰다. 그리고 그 성적표 또한 갈리고 있다. 영미형을 빼곤 대부분 GDP 대비 30%에 육박하는 사회지출을 기록하고 있으나, 그러한 나라들도 인구 고령화와 국제적 경제전쟁 속에서 확대된 복지국가의 개혁에 고민이 늘어 가고 있는 현실이다.

　[그림 20-2]에서 보이는 것처럼 북유럽이나 대륙유럽형처럼 고부담 고복지를 택할 수 있는 상황은 아닐 것이다. 일단은 영미형 수준의 중부담 중복지 정도가 우리가 성장도 지속하면서 복지를 키울 수 있는 유일한 선택지일 것이다. 다만, 현금복지보다는 서비스복지에 더욱 박차를 가해서 고용을 창출하고 여성들의 사회진출을 도와 저출생의 늪에서 빠져나갈 수 있도록 방향을 잡아야 할 것이다. 이러한 방향 속에서 사회안전망의 틀도 다음과 같은 방식으로 재조정하길 제안한다.

1차 사회안전망은 기초연금과 아동수당 등 사회수당과 공공부조를 연계하여 최저 소득을 보장할 수 있도록 구성해야 한다. 일자리 없는 성장 혹은 노동의 종말이 가시화될 경우에는 기본소득에 관한 주장들이 점차 힘을 얻게 될 수도 있다. 이 경우 사회통합의 관점에서 장기적으로는 낮은 수준의 기본소득으로 이러한 제도들을 통합하는 것이 필요해질 수도 있을 것이다. 물론 지금 당장 기본소득부터 거론하는 것은 성급한 일이지만 말이다. 오히려 더 중요한 일은 현금복지는 취약계층에게 촘촘하고 두텁게 챙겨 주고, 여력이 있는 만큼 서비스복지에 최대한 투자하는 방향성을 견지하는 것이다. 일자리가 없어진다고 기본소득을 도입하기에 앞서서 일자리 저수지 역할을 할 수 있는 서비스복지를 강화하는 것이 지금 상황에서는 최선이라 여겨진다.

2차 사회안전망은 실업보험과 연금 등 소득비례형 공공소득보장을 재정적 지속가능성을 염두에 두고 재설계하는 방향이 옳을 것이다. 기존에 이러한 제도에서 방치되었던 자영업자와 플랫폼 노동자들을 위해서는 단기적으로는 공제조합 방식을 채택해서 지원하고 일자리 이동과정에서 각자의 안전망을 도시락 형태로 들고 다닐 수 있도록 해 주어야 한다. 이념에 경도된 채 전체 제도의 틀거리를 무시하거나 이상적인 조치들을 고민하느라 결론을 내지 못하는 상황에서 희생되는 것은 당장 제도의 사각지대에 방치된 다수의 일하는 사람들이다.

3차 사회안전망은 퇴직금의 연금화와 함께 각자 생애 계획에 따라 시장에서 구매할 수 있는 사연금 합리화 등으로 구성하면 각자의 선택에 따라, 또 각자 분야에서의 특성에 따라 소득보장을 강화할 수 있게 될 것이다.

　4차 사회안전망은 근로장려세제의 강화로 일자리 유인을 제공하는 한편, 아예 노동시장에서 빠질 수밖에 없거나 일할 수 없는 집단, 즉 아동, 장애인, 노인을 위한 공공부조의 추가급여로 구성해야 할 것이다. 국민기초생활보장제도가 일하는 사람까지 포괄해서 보편적으로 구성되면서 근로빈곤에 대한 반감이 생겼고 그에 따라 일할 수 없는 빈자들까지 박한 지원에 내몰리게 되었단 비판에도 귀를 기울여야 한다.

　한국에서 복지국가로의 종종걸음이 시작된 지도 벌써 10여 년이 흘렀다. 그동안은 무엇이라도 급한 불만 끌 수 있으면 된다는 식으로 현금복지를 확충하고 서비스복지를 늘려 왔다. 이제, 코로나발 자영업 문제와 디지털 전환과정에서 늘어 가는 플랫폼 노동까지

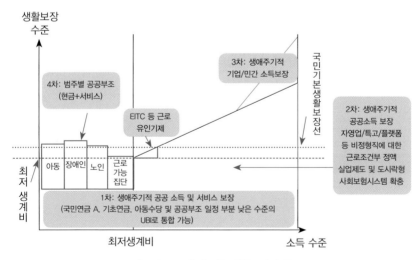

[그림 20-3] **새로운 사회보장의 틀**

포괄해서 모든 사람들이 열심히 일하고 사회보장의 틀에서 안전을 누릴 수 있는 방향으로 한국형 복지국가를 재조정할 시간이다. 선거가 잦은 한국에서, 또 이러한 개혁을 시도하기 힘든 5년짜리 대통령제의 한국에서, 부디 정치권의 현명한 선택이 가능하도록 시민들부터 이 문제에 관심을 갖고 힘을 모으길 기원한다.

참고문헌

강준만(2010). 미국사산책 6: 대공황과 뉴딜혁명. 서울: 인물과사상사.

고용노동부(2021. 5.). 2020 회계연도 고용보험기금 결산보고서.

고용노동부(2021. 6. 24.). 국민취업지원제도 추진현황 및 향후 추진계획.

고용노동부(2021. 9.). 고용보험기금 재정건전화 방안.

고용노동부(2021. 11. 8). 플랫폼 종사자 보호법은 고용형태와 무관한 모
든 플랫폼 종사자를 보호하려는 법입니다. 보도설명자료.

고용노동부(2021. 12.). 2022년 고용노동부 업무보고, p. 1.

고용노동부(2022. 4. 5.). '고용보험법' 및 '고용산재보험료징수법' 하위법
령 일부개정안 입법예고 보도자료.

고용노동부, 한국고용정보원(2021. 2.). 2019 고용보험 통계연보, p. 36.

고용노동부(각 년도). 고용보험백서.

관계부처 합동(2020. 12. 21.). 포스트 코로나 시대 일터혁신 추진방안.

관계부처 합동(2020. 12. 23.). 모든 취업자를 실업급여로 보호하는 전 국
민 고용보험 로드맵.

관계부처 합동(2021. 6. 18.). 공공 고용서비스 강화 방안.

국세청(2020). 국세통계연보.

권오성(2021). 플랫폼 노동자의 근로자성. **노동법포럼, 제32호(2021. 2).**

금재호(2012). 자영업 노동시장의 변화와 특징. **노동리뷰, 2012년 10월호,** 57-75.

김경아, 한정림(2011). **자영자의 국민연금가입 제고방안.** 서울: 국민연금연구원.

김교성(2008). 사회투자전략에 기초한 복지국가 유형과 성과. **사회복지정책, 53, 29-59.**

김교성 외(2018). **기본소득이 온다: 분배에 대한 새로운 상상.** 서울: 사회평론아카데미.

김기승(2006). 자영업 진출 결정요인과 정책적 시사점. **경제현안분석 제8호.** 국회예산정책처.

김수완, 김상진(2012). 자영자의 다층노후소득보장에 관한 연구. **보건사회연구, 32(1).**

김영순(1996). **복지국가의 위기와 재편: 영국과 스웨덴의 경험.** 서울: 서울대학교출판부.

김우영, 박동규(2012). 자영업 비중에 대한 시계열 분석-실업률과의 관계를 중심으로. **중소기업연구, 34(3), 22-41.**

김혜원, 안상훈, 조영훈(2005). **사회서비스 분야 일자리창출 방안에 관한 연구.** 한국노동연구원.

김흥종, 신정완, 이상호(2006). **사회경제정책의 조화와 합의의 도출: 주요 선진국의 경험과 정책적 시사점.** 대외경제정책연구원.

노동부(2005). **고용보험 10년사.**

니얼 퍼거슨(2021). **둠: 재앙의 정치학** (*Doom: The politics of catastrophe*). (홍기빈 역). 경기: 21세기북스. (원저는 2021년에 출판).

메디포뉴스(2019. 9. 4.) '21일', AI가 섬유증 치료물질 발굴에 걸린 기간. http://www.medifonews.com/news/article.html?no=148210 (2020년 6월 5일 검색).

박제성, 김영아, 서정희, 이은주(2020). **자영업자 사회법제 연구: 북유럽 비교**

연구. 한국노동연구원.

박진희, 이시균, 정재현, 김수현, 이정아, 이혜연, 김성경(2021). **행정DB를 이용한 고용보험 사각지대 발굴 및 분석**. 한국고용정보원.

박혁, 이종임, 정은진(2021). 고용보험 적용 확대와 향후 과제. **월간 노동리뷰, 통권 제197호**(2021년 8월호), 21-39.

박형준(2021). 4차 산업혁명과 기본소득의 미래 I: 기본소득 사상의 역사. 지식공유지대 웹사이트 자료실. https://www.ecommons.or.kr.

박호환, 권순원, 우창수, 이종수, 김난희, 고진수, 이채영, 조유지(2011). **특수형태 업무종사자 실태조사**. 고용노동부.

박홍규(2008). 기본소득(Basic Income) 연구. 민주법학, 36, 123-147.

방하남 외(2008). 사회지출이 경제성장에 미치는 효과에 관한 연구(1차년도): 사회투자와 고용. **경제·인문사회연구회 협동연구총서**.

백승호(2005). 복지체제와 생산체제의 제도적 상보성에 관한 연구. 서울대학교 사회복지학과 박사학위 논문.

법제처, 국가법령정보센터(https://www.law.go.kr). 고용보험법.

변민수, 박근숙(2016). **장애인 자영업 실태 분석**. 한국장애인고용공단 정책연구보고서.

서용석 외(2017). **지능정보사회 대비 사회정책 방안 연구**. 한국정보화진흥원.

손혜경(2009). 스웨덴 노동조합 조직률 감소 현황. **국제노동브리프, Vol. 6, No. 9**(2008년 9월), 한국노동연구원.

안상훈(2000). 복지정치의 메커니즘과 비계급적 균열구조: 복지권과 복지의무에 기초한 세가지 지위차원의 이론적·경험적 검토. **사회복지연구, 16, 87-115**.

안상훈(2002a). 계급정치의 희석과 복지국가의 대안적 방어기제: 복지지위모형에 대한 거시적 증거를 중심으로. **사회복지연구, 19, 159-181**.

안상훈(2002b). 세 가지 복지자본주의에서의 생산적 복지, 그 성적표: 복지국가의 경제적 효과와 평등전략의 차이에 관한 체제론적 비교연구. **한국사회복지학, 49, 162-189**.

안상훈(2005). 생산과 복지의 제도적 상보성에 관한 연구: 선진자본주의 국가를 중심으로. 한국사회복지학, 57(2).

안상훈(2007). 세계화 시대, 생산적 보완성이 높은 복지전략에 관한 비교 사회정책연구: 사회서비스형 복지국가 전략의 경제적 성과를 중심으로. 사회복지연구, 32, 131-159.

안상훈(2010). 변화하는 사회환경과 사회복지정책의 미래. 구인회, 손병돈, 안상훈(2010). 사회복지정책론 (pp. 447-479). 경기: 나남.

안상훈(2011). 사회서비스형 복지국가전략의 지속가능성. 경제논집, 50(3), 263-293.

안상훈(2015). Part 1 스웨덴 vs. 그리스, 우리는 어디로 가고 있는가: 한국형 복지의 미래. 안상훈, 김병연, 장덕진, 한규섭, 강원택. 복지정치의 두 얼굴. 경기: (주)북이십일 21세기북스.

안상훈 외(2007). 지속가능한 한국의 복지국가 비전과 전략. 서울대학교 사회과학연구원, 보건복지부 연구용역 보고서.

안상훈 외(2017). 4차 산업혁명과 복지국가: 이론동향과 국민인식. 강남대학교 미래복지융복합연구소.

안종순(2015). 자영업자의 사회경제적 지위의 이질성과 사회적 위험대응의 계층간 차이. 사회복지정책, 42(1), 239-264.

에릭 브린욜프슨, 앤드루 맥아피(2014). 제2의 기계시대(*The second machine age: Work, progress, and prosperity in a time of brilliant technologies*). (이한음 역). 서울: 청림출판. (원저는 2014년에 출판)

에릭 홉스봄(1984). 산업과 제국(*Industry and Empire: From 1750 to the Present Day*). 전철환, 장수환 역. 서울: 한벗. (원저는 1968년에 출판).

오상일, 황수빈, 유민정, 이종하(2021). 코로나19 이후 자영업 특성별 고용현황 및 평가. 한국은행 BOK 이슈노트, 제2021-11호. (2021. 6. 8)

우천식, 이진면(2007). 사회투자정책의 경제성장의 효과: 전망과 과제. 2007 한국사회복지학회 학술대회자료집, 67-109.

유길상(2012). 이행노동시장의 관점에서 본 고용보험제도 발전방안. 노동

정책연구, 2012. 6. 제12권, 제2호, 한국노동연구원.

유길상, 김동헌, 어기구, 강금봉, 최석규(2011). **고용서비스 전달체계 해외사례 연구.** 한국기술교육대학교 HRD연구센터.

유길상, 정형우(2012). **고용서비스 전달체계 해외사례연구(Ⅱ).** 한국기술교육대학교 HRD연구센터.

유희원, 최영(2009). 사회투자정책의 경제적 성과에 관한 연구: 소득보장정책과의 상호작용효과를 중심으로. **사회보장연구,** 25(2), 141-169.

윤홍식(2016). 기본소득, 복지국가의 대안이 될 수 있을까?: 탈상품화 대 탈노동화. 한국사회보장학회 정기학술발표논문집, 2016(2), 995.

이병훈, 신재열(2011). 자영자의 계층의식에 관한 연구. 경제와 사회, 92, 247-274.

이병희(2020). 코로나19 대응 고용정책 모색. **고용·노동브리프,** 제95호(2020-02) (2020. 4. 14.).

이병희(2021). 고용보험 적용 확대와 향후 과제. **월간 노동리뷰,** 통권 제197호(2021년 8월호) (2021. 8. 10.). pp. 3-5.

이병희, 강기우(2008). 사회복지서비스업의 현황과 정책방향. 한국은행 조사국 산업분석팀 보고서.

이병희, 강성태, 은수미, 장지연, 도재형, 박귀천, 박제성(2012). 사회보험 사각지대 해소 방안. 한국노동연구원.

이상윤(2021). 복수사업주하에서의 사용종속관계 및 근로기본권. **법학연구,** 31(1), 383-412.

이재원(2010). 사회서비스 산업 활성화를 위한 정책과제. **한국 사회서비스 정책세미나 자료집.** 국회 사회서비스포럼/한국사회서비스학회 공동 정책세미나, 25-60.

장지연(2019. 10. 7.). 플랫폼 경제시대의 사회보장제도. 한겨레아시아미래포럼 발표자료.

장지연(2020. 4. 16.). 코로나19 대응 고용지원정책의 현황과 개선과제. **고용·노동브리프,** 제96호(2020-03).

장지연, 정이환, 전병유, 이승렬, 조성재, 강성태(2019). 노동시장 이중구조 해소를 위한 통합적 노동시장정책 패러다임. 한국노동연구원.

정형우(2012). 제2장 프랑스의 고용서비스 전달체계 혁신 사례. 유길상, 정형우, 고용서비스 전달체계 해외사례연구 II(pp. 6-58). 한국기술교육대학교 HRD연구센터.

정흥준, 장희은(2018). 특수형태근로(특수고용)종사자의 규모추정을 위한 기초연구. 한국노동연구원.

제리 카플란(2016). 인간은 필요 없다(*Humans Need Not Apply: A Guide to Wealth and Work in the Age of Artificial Intelligence*). (신동숙 역). 서울: 한스미디어. (원저는 2015년에 출판).

J. D. 밴스(2017). 힐빌리의 노래(*Hillbilly Elegy*). (김보람 역). 서울: 흐름출판. (원저는 2016년에 출판).

중소벤처기업부(2022). 창업기업동향 통계.

중앙일보(2020. 10. 7.). "일자리 소외된 청년…실업급여 2배, 목돈 마련 혜택마저 포기". https://news.joins.com/article/23888296.

중앙일보(2020. 12. 2.). 학교 안간 고3, 2등급→4등급 '뚝'…"1년만 일찍 태어날 걸". https://news.joins.com/article/23935010.

중앙일보(2020. 12. 14.). "미국 저소득층 학생 1년 학습공백, 코비드로 디지털 격차 커져". https://news.joins.com/article/23944649

중앙일보(2021. 6. 1.). "헌법소원까지 간 '법조판 타다'…로톡·변협의 전쟁 3대 쟁점". https://news.joins.com/article/24071831

최광은(2011). 모두에게 기본소득을: 21세기 지구를 뒤흔들 희망 프로젝트. 서울: 박종철 출판사.

케네스 데이비스(2004). 미국에 대해 알아야 할 모든 것, 미국사(*Don't know much about history: Everything You need to know about American history but never learned*). (이순호 역). 서울: 책과함께. (원저는 2003년에 출판).

클라우스 슈밥, 티에리 말르레(2021). 4차 산업혁명×코로나19: 클라우스 슈밥의 위대한 리셋(COVID-19: The great reset). (이진원 역). 서울: 메가스터디북스. (원저는 2020년에 출판)

토머스 모어(2007). 유토피아(*Utopia*). (주경철 역). 서울: 을유문화사.

통계청(2009. 11. 4.). 2009년 8월 근로형태별 및 비임금 근로 부가조사 결과.

통계청(2017). 사회보험 가입 현황.

통계청(2020. 7. 28.). 2020년 5월 경제활동인구조사 고령층 부가조사 결과.

통계청(2020. 10. 27.). 2020년 8월 경제활동인구조사 근로형태별 부가조사 결과.

통계청(2021). 경제활동인구조사.

통계청(2021. 1. 13.). 2020년 12월 및 연간 고용동향.

통계청(2021. 2. 10.). 2021년 1월 고용동향.

통계청(2021. 7. 27.). 2021년 5월 경제활동인구조사 고령층 부가조사 결과.

통계청(2021. 10. 26.). 2021년 8월 경제활동인구조사 근로형태별 부가조사 결과.

통계청(2022. 1. 12.). 2021년 12월 및 연간 고용동향.

한국고용정보원(2015). 2014 고용보험통계연보. 한국고용정보원.

한국고용정보원(2019). 고용정보분석. 고용동향브리프 제2호.

한국고용정보원(2021. 8.). 2021년 7월 고용보험통계 현황.

한국고용정보원(2021. 12.). 2020 고용보험통계연보.

한국고용정보원(2022. 1.). 2021년 12월 고용보험통계 현황.

한국노동연구원(2020). 2020 KLI 해외노동통계.

한국일보(2017. 4. 28.). "성인남녀 75% "4차 산업혁명이 일자리 빼앗아 갈 것"" http://www.hankookilbo.com/News/Read/ 201704280892361578

한국직업능력연구원(2021. 7. 30.). "국제비교로 본 한국의 국민역량지수", KTIVET Issue Brief(2021/215호).

한인상, 신동윤(2020). 플랫폼노동의 쟁점과 향후 입법·정책적 과제. **노동법포럼**, 제29호. 241-268.

허재준(2018. 8. 23.). 인공지능경제가 고용에 지니는 시사점과 OECD국가의 노동시장 성과. 한국노동경제학회 하계학술대회 발표논문.

허재준(2020. 9. 16.). 코로나 위기가 제기한 고용안전망 보완 필요성과 방안 모색. **사회복지협의회 이슈페이퍼, 제21호.**

허재준, 서환주, 이영수(2002). 정보통신기술투자와 숙련노동 수요변화. **경제학연구, 50**(4), 267-292.

허재준, 오계택, 김수현, 이상호, 류장수, 윤동열, 김영미(2016). 조선업 실업대책 모니터링 및 산업구조 개편에 따른 고용정책 개선방안 검토. 고용노동부.

홍경준(2005). 한국 복지체제의 전환을 위한 현실진단과 과제. 한국사회복지학회 춘계학술대회 발표논문.

厚生労働省職業安定局(令和 3 年 3 月). 公共職業安定所（ハローワーク）の 主な取組と実績.

Acemoglu, D., & Autor, D. (2010). Skills, tasks and technologies: Implications for employment and earnings. *Handbook of Labor Economics, Volume 4*, 1043-1171.

Acemoglu, D., & Restrepo. P. (2019). The wrong kind of AI? Artificial intelligence and the future of labor demand. *NBER Working Paper, No. 25682.*

Acs, Z. J., Audretsch, D. B., & Evans, D. S. (1994). Why does the self-employment rate vary across countries and over time? *Discussion Paper, No. 871.* London: CEPR.

Ahn, S.-H. (2000). Pro-welfare politics: A model for changes in European welfare states. Doctoral Thesis, Department of Sociology. Uppsala, Sweden: Uppsala University.

Ahn, S.-H. (2007). A comparative study on production-friendly welfare strategies in the era of globalization: Economic achievement of the social service strategy. *Korean Journal of Social Welfare Studies, 32,* 131-159. (in Korean)

Ahn, S.-H. (2011). Sustainability of social service strategy. *Korean Economic Journal, 50*(3), 263-93. (in Korean)

Ahn, S.-H., & Kim, S.-W. (2014). Dynamic cleavages of 'welfare rights and duties' in public attitude towards old-age pensions: A comparative study. *European Societies, 16*(1), 90-111.

Ahn, S.-H., & Kim, S.-W. (2015). Social investment, social service and the economic performance of welfare states. *International Journal of Social Welfare, 24,* 109-119.

Angelopoulos, K., Malley, J., & Philippopoulos, A. (2007). Public education expenditure, growth and welfare. *Growth and Welfare (June 2007).*

Annabi, N., Harvey, S., & Lan, Y. (2011). Public expenditures on education, human capital and growth in Canada: An OLG model analysis. *Journal of Policy Modeling, 33*(6), 852-865.

Atkinson, A. B. (1996). The case for participation income. *The Political Quarterly, 67*(1), 67-70.

Atomwise (2015). Atomwise finds first evidence towards new Ebola treatments. https://www.atomwise.com/2015/03/24/atomwise-finds-first-evidence-towards-new-ebola-treatments/Press release. March 24, 2015.

Aubyn, M. S., Pina, A., Garcia, F., & Pais, J. (2009). Study on the efficiency and effectiveness of public spending on tertiary education. *Economic papers,* (390), 1-146.

Babatunde, M. A., & Adefabi, R. A. (2005, November). Long run relationship between education and economic growth in Nigeria:

Evidence from the Johansen's cointegration approach. *In regional conference on education in west Africa*.

Bakare, A. S. (2006). The growth implications of human capital investment in Nigeria: An empirical study. *Journal of Economics and Social Studies, 5*(2), 110-125.

Baldacci, E., Clements, B. J., Gupta, S., & Cui, Q. (2004). Social Spending, Human Capital, and Growth in Developing Countries: Implications for Achieving the MDGs. *IMF Working Papers, 2004*(217).

Baldwin, P. (1990). *The politics of social solidarity: Class bases of the European welfare state 1875-1975*. Cambridge: Cambridge University Press.

Barro, R., & Sala-i-Martin, X. (2004). Economic growth second edition

Bambra, C. (2005). Cash versus services: "worlds of welfare" and the decommodification of transfers and health care services. *Journal of Social Policy, 34*(2), 195-213.

Bank of England. A millennium of macroeconomic data, Version 3.1. https://www.bankofengland.co.uk/statistics/research-datasets.

Baytiyeh, H. (2018). Online learning during post-earthquake school closures. *Disaster Prevention and Management, 27*(2), 215-227.

Benavot, A. (1989). Education, gender, and economic development: A cross-national study. *Sociology of Education, 62*(1), 14-32.

Beraldo, S., Montolio, D., & Turati, G. (2009). Healthy, educated and wealthy: A primer on the impact of public and private welfare expenditures on economic growth. *The Journal of Socio-Economics, 38*(6), 946-956.

Biagi, F., & Lucifora, C. (2005). *Demographic and education effects on unemployment in Europe: economic factors and labour market institutions* (No. 1806). IZA Discussion Papers.

Blanchflower, D. G., (2000). Self-employment in OECD countries. *Labour Economics 7*, 471-505.

Blankenau, W. (2005). Public schooling, college subsidies and growth. *Journal of Economic Dynamics and Control, 29*(3), 487-507.

Blankenau, W. F., & Simpson, N. B. (2004). Public education expenditures and growth. *Journal of development Economics, 73*, 583-605.

Blankenau, W. F., Simpson, N. B., & Tomljanovich, M. (2007). Public education expenditures, taxation, and growth: Linking data to theory. *The American Economic Review, 97*(2), 393-397.

Bloom, D. E., Canning, D., & Sevilla, J. (2003). The effect of health on economic growth: A production function approach. *World Development, 32*(1), 1-13.

Boden, R. (1999). Flexible working hours, family responsibilities, and female self-employment: Gender difference selection. *American Journal of Economic and Sociology, 58*, 71-83. https://doi.org/10.1111/j.1536-7150.1999.tb03285.x

Bonet, R., Cruz, C., Fernandez-Kranz, D., & Justo, R. (2013). Temporary contracts and work-family balance in a dual labor market. *ILR Review, 66*(1), 55-87. doi: 10.1177/001979391306600103.

Bonoli, G. (2007). Time Matters: Postindustrialization, New social risks and welfare state adaptation in advanced industrial democracies. *Comparative Political Studies, 40*(5), 495-250.

Buehn, A., & Schneider, F. (2012). Shadow economies around the world: Novel insights, accepted knowledge, and new estimates. *International Tax and Public Finance, 19*(1), 139-171.

Bundesagentur für Arbeit (2021). 2020 Annual Report by the Federal Employment Agency.

Bureau of Labor Statistics (2018). Contingent and alternative employment arrangements summary. Economic News Release, June 7, 2018. https://www.bls.gov/news.release/conemp.nr0.htm.

Buschoff, K. S., & Schmidt, C. (2010). Adapting labor law and social security to the needs of the 'new self-employed'–comparing the UK, Germany and the Netherlands. *Journal of European Social Policy, 19*(2), 147-159.

Cameron, C., Mooney, A., & Moss, P. (2002). The childcare workforce: Current conditions and future direction. *Critical Social Policy, 22*(4), 572-595.

Cameron, D. R. (1978). The expansion of the public economy: A comparative analysis. *American Political Science Review, 72*, 1243-1261.

Card, D. (1999). The causal effect of education on earnings. Chapter 30 in *Handbook of Labor Economics*, vol. 3a, edited by O. Ashenfelter & D. Card. Amsterdam: Elsevier Science.

Carrasco, R., & Ejrnæs, M. (2012). Labor market conditions and self-employment: A Denmark–Spain comparison. *IZA Journal of Labor Policy, 1*(13), 1-16.

Castles, F. G. (2008). What welfare states do: A disaggregated expenditure approach. *Journal of Social Policy, 38*(1), 45-62.

Chen, B., & Feng, Y. (2000). Determinants of economic growth in China: Private enterprise, education, and openness. *China Economic Review, 11*(1), 1-15.

Cole, G. D. H. (1935). Principles of Economic Planning. *Journal of the Royal Statistical Society, 98*(3), 566-568.

Connelly, R. (1992). Self-employment and providing child care. *Demography, 1 February 1992, 29*(1), 17-29. doi: https://doi.

org/10.2307/2061360

Currie, J., & Gahvari, F. (2008). Transfers in cash and in-kind: Theory meets the data. *Journal of Economic Literature, 46*(2), 333-383.

Daniel, C. (1997). "Socialists and Equality." In Franklin, J. (Ed.), *Equality, London, Institute for Public Policy Research*, 11-27.

Dauda, R. O. S. (2010). Investment in education and economic growth in Nigeria: An empirical evidence. *International Research Journal of Finance and Economics, 55*(10), 158-169.

Davis, S. J., & Henrekson, M. (1999). Explaining national differences in the size and industry distribution employment. *Small Business Economics, 12*(1), 59-83.

Deeming, C., & Smyth, P. (2015). Social investment after neoliberalism: Policy paradigms and political platforms. *Journal of Social Policy, 44*(2), 297-318. DOI: 10.1017/S0047279414000828

Devlin, N., & Hansen, P. (2001). Health care spending and economic output: Granger causality. *Applied Economics Letters, 8*, 61-564.

Ebbinghaus, B., & Manow, P. (2001). "Introduction: Studying varieties of welfare capitalism." In B. Ebbinghaus & P. Manow (Eds.), *Comparing Welfare Capitalism: Social policy and political economy in Europe, Japan, and the USA*. London: Routledge.

Eckstein, Z., & Zilcha, I. (1994). The effects of compulsory schooling on growth, income distribution and welfare. *Journal of Public Economics, 54*(3), 339-359.

Enste, D. H. (2003). Shadow Economy and Institutional Change in Transition Countries. In Belev, B. (Ed.), *The Informal Economy in the EU Accession Countries: Size, Scope, Trends and Challenges to the Process of EU Enlargement*. Center for the Study of Democracy.

Esping-Andersen, G. (1990). *The three worlds of welfare capitalism.*

Princeton: Princeton University.

Esping-Andersen, G. (1999). *Social foundations of post-industrial economies*. Oxford: Oxford University Press.

Esping-Andersen, G. (2002). Towards the good society, once again? In Esping-Andersen, G. (Ed.), *Why we need a new welfare state*. London: Oxford University Press.

Esping-Andersen, G., & Regini, M. (Eds.) (2000). *Why Deregulate Labour Markets?* Oxford: Oxford University Press.

Esping-Andersen, G., Gallie, D., Hemerijck, A., & Myles, J. (2002). *Why we need a new welfare state*. Oxford: Oxford University Press.

Eurofound (2021). Employment and labour markets-COVID-19: Implications for employment and working life.

European Commission (2004). *More and better jobs for all: The European employment strategy*. Luxembourg: Office for Official Publications of the European Communities.

Federal Reserve Bank of St. Louis. Population(POPTHM). https://fred.stlouisfed.org/series/POPTHM

Finlay, J. (2007). The role of health in economic development. Program on the Global Demography of Aging Working Paper Series, 21. http://www.hsph.harvard.edu/pgda/working.htm

Fölster, S. (2002). Do lower taxes stimulate self-employment? *Small Business Economics, 19*, 135-145.

Frey, C., & Osborne, M. (2017). The future of employment: How susceptible are jobs to computerisation? *Technological forecasting and social change, 114*, 254-280.

Friedman, M. (2002). *Capitalism and Freedom*. Chicago: University of Chicago Press.

Glomm, G., & Ravikumar, B. (1997). Productive government expenditures and long-run growth. *Journal of Economic Dynamics and Control, 21*(1), 183-204.

Glomm, G., & Ravikumar, B. (1998). Flat-rate taxes, government spending on education, and growth. *Review of Economic Dynamics, 1*(1), 306-325.

Gong, L., Li, H., & Wang, D. (2012). Health investment, physical capital accumulation, and economic growth. *China Economic Review, 23*, 1104-1119.

Goos, M., & Manning, A. (2007). Lousy and lovely jobs: The rising polarization of work in Britain. *Review of Economics and Statistics, 89*(1), 118-133.

Gylfason, T., & Zoega, T. (2003). Education, social equality and economic growth: A view of the landscape. *CESifo economic Studies, 49*, 557-579.

Hall, P. (1999). "The Political Economy of Europe in an Era of Interdependence." In H. Kitschelt et al. (Eds.), *Continuity and Change in Contemporary Capitalism*. Cambridge University Press, 135-163.

Hall, P. A., & Soskice, D. (Eds.) (2001). *Varieties of capitalism. The institutional foundations of comparative advantage*. New York: Oxford University Press.

Hall, R. E., & Jones, C. I. (2007). The value of life and the rise in health spending. *The Quarterly Journal of Economics, 122*(1), 39-72.

Hartwig, J. (2010). Is health capital formation good for long-term economic growth? Panel Granger-causality evidence for OECD countries. *Journal of Macroeconomics, 32*, 314-325.

Häusermann, S., & Schwander, H. (2012). Varieties of dualization? Labor market segmentation and insider outsider divides across regimes.

In P. Emmenegger, S. Häusermann, B. Palier, & M. Seeleib-Kaiser (Eds.), *The age of dualisation: The changing face of inequality in Europe.* New York: Oxford University Press.

Hemerijck, A. (2012). Two or Three Waves of Welfare State Transformation? In N. Morel, B. Palier, & J. Palme (Eds.), *Towards a Social Investment Welfare State?: Ideas, Policies and Challenges.* Bristol: The Policy Press.

Holmlund, B., Liu, Q., & Skans, O. N. (2008). Mind the gap? Estimating the effects of postponing higher education. *Oxford Economic Papers, 60*(4), 683-710.

Huber, E., & Stephens, J. D. (2000). Partisan governance, women's employment, and the social democratic service state. *American Sociological Review, 65*(3), 323-342.

Huber, E., & Stephens, J. D. (2001). *Development and Crisis of the Welfare State: Parties and Policies in Global Markets.* Chicago: The University of Chicago Press.

Hughes, K. D. (2003) Pushed or pulled: Women's entry into self-employment and small business ownership. *Gender, Work and Organization, 10*(4), 433-454.

ILO (2017). *Dependent self-Employment: Trends, challenges and policy responses in the EU.* Geneva: ILO.

ILO Statistics. https://www.ilo.org/ilostat/faces/oracle/webcenter/portalapp/pagehierarchy/Page3.jspx?locale=EN&MBI_ID=33

IMF (2020). "Teleworking is Not Working for the Poor, the Young, and the Women". IMFBlog JULY 7, 2020. https://blogs.imf.org/2020/07/07/teleworking-is-not-working-for-the-poor-the-young-and-the-women/

Jensen, C. (2008). Worlds of welfare services and transfers. *Journal of*

European Social Policy, 18(2), 151-162.

Jorgenson, D. W., & Fraumeni, B. M. (1992), Investment in Education and U.S. Economic Growth. Scandinavian Journal of Economics, 94, Supplement, 51-70.

Katz, L. F., & Krueger, A. B. (2016). The rise and nature of alternative work arrangements in the United States, 1995-2015. (NBER Working Paper, No. w22667). National Bureau of Economic Research.

Kautonen, T., Palmroos, J., & Vainio, P., (2009). 'Involuntary self-employment' in Finland: A bleak future? International Journal of Public Policy, 4(6), 533-548.

Kautto, M. (2002). Investing in services in west European welfare states. Journal of European Social Policy, 12(1), 53-65.

Keynes, M. (1973). The general theory of employment, interest and money. London: Macillan.

Kim, S.-W., & Ahn, S.-H. (2020). Social investment effects of public education, health care, and welfare service expenditures on economic growth. Asian Social Work and Policy Review, 14(1), 34-44.

Korpi, W. (1983). The democratic class struggle. London: Routledge & Kegamn Paul plc.

Krueger, A. B., & Lindahl, M. (2001). Education for growth: Why and for whom? Journal of economic literature, 39(4), 1101-1136.

Kuznets, S. (1955). "Economic Growth and Income Inequality." American Economic Review, 45(1):1-28.

Kvist, J. (2015). A framework for social investment strategies: Integrating generational, life course and gender perspectives in the EU social investment strategy. Comparative European Politics, 13(1), 131-149.

Levine, R., & Renelt, D. (1992). A sensitivity analysis of cross-country growth regressions. *The American economic review*, 942-963.

Light, A. (1995). The Effects of Interrupted Schooling on Wages. *Journal of Human Resources, 30*(3), 472-502.

Livanos, I. (2009). What determines self-employment? A Comparative Study. *Applied Economics Letters, 16*, 227-232.

Lucas, R. E. (1988). On the mechanics of economic development. *Journal of Monetary Economics, 22*, 3-42.

Marklund, S. (1988). Paradise Lost?: The Nordic Welfare States and the Recession, 1975-1985 (Vol. 2). Arkiv.

Marshall, T. H. (1950), *Citizenship and Social Class*. Cambridge: Cambridge University Press.

Matsaganis, M., Leventi, C., & Flevotomou, M. (2012). The crisis and tax evasion in Greece: What are the distributional implications? *CESifo Forum, 13*(2), 26-32.

Meade, J. E. (1993). *Liberty, equality and efficiency: Apologia pro agathotopia mea*. N.Y.: New York University Press.

Medina, L., & Schneider, F. (2018). Shadow economies around the world: What did we learn over the last 20 years? IMF Working Paper.

Miyazawa, K. (2010). Old age support in kind. *Journal of Pension Economics and Finance, 9*, 445-72. http://dx.doi.org/10.1017/S1474747209990096.

More, T. (2009). *Utopia*. Indianapolis: Hackett Publishing Company, Inc.

Morel, N., Palier, B., & Palme, J. (Eds.) (2012). *Towards a Social Investment Welfare State? Ideas, Policies and Challenges*. Bristol: The Policy Press.

Muysken, J., Yetkiner, I. H., & Ziesemer, T. (1999). Health, labour productivity and growth. *MERIT Research Memorandum*, 99-030.

Nee, V., & Ingram, P. (1998). Embeddedness and beyond: Institutions, exchange, and social structure. In M. C. Brighton & V. Nee (Eds.), *The New Institutionalism in Sociology*. Stanford: Stanford University Press.

Nelson, M., & Stephens, D. (2012). Do social investment policies produce more and better jobs? In N. Morel, B. Palier, & J. Palme (Eds.), *Towards a social investment welfare state?: Ideas, policies and challenges*. Bristol: The Policy Press.

Nikolai, R. (2012). Towards social investment? Patterns of public policy in the OECD world. In N. Morel, B. Palier, & J. Palme (Eds.), *Towards a social investment welfare state?: Ideas, policies and challenges* (pp. 191-205). Bristol: The Policy Press.

Nordlund, M., Stehlik, T., & Strandh, M. (2013). Investment in second-chance education for adults and income development in Sweden. *Journal of Education and Work, 26*(5), 514-538.

O'Connor, J., & Olsen, G. M. (Eds.) (1998). *Power resources theory and the welfare state*. Toronto: University of Toronto Press.

OECD (1994). OECD Jobs Strategy of 1994.

OECD (2006). Boosting Jobs and Incomes: POLICY LESSONS FROM REASSESSING THE OECD JOBS STRATEGY.

OECD (2015). *All on board: Making inclusive growth happen*. Paris: OECD.

OECD (2016). *All on board: Making inclusive growth happen*.

OECD (2017). *Employment outlook*. Paris: OECD.

OECD (2018a). Good jobs for all in a changing world of work: The OECD jobs strategy.

OECD (2018b). "Chapter 5. Unemployment-benefit coverage: Recent trends and their drivers", Employment Outlook 2018.

OECD (2018c). OECD Economic Surveys: Korea 2018. Paris: OECD.

OECD (2019). The Future of Work: OECD Employment Outlook 2019. Paris: OECD.

OECD (2021). *The missing entrepreneurs: Policies for inclusive entreprenuership and self-employment.* Paris: OECD.

OECD Employment and Labour market statistics.

OECD Gender, Institutions and Development Database.

OECD Income Distribution Database, http://oe.cd/idd.

OECD. SOCX database.

OECD. Tax Database.

Oesch, D. (2006). *Redrawing the class map: Stratification and institutions in Britain, Germany, Sweden and Switzerland.* NY: Palgrave macmillan.

Office for National Statistics. Labor Force Statistics. https://www.ons.gov.uk/employmentandlabourmarket/peopleinwork/employmentandemployeetypes/timeseries/lf2k/lms

Osipian, A. (2007). Role of Education in Economic Growth in the Russian Federation and Ukraine. *MPRA paper, No.7590.*

Paine, T. (1984). *Rights of man.* New York: Penguin Books.

Parker, S. C., & Robson, M. T. (2000). Explaining international variations in self-employment: Evidence from a panel of OECD countries. University of Durham, School of Economics Finance and Business Working papers, No.2008.

Parker, S. C., & Robson, M. T. (2004). Explaining international variations in self-employment: Evidence from a panel of OECD countries. *Southern Economic Journal, 71*(2), 287-301.

Pierson, C. (1991). *Beyond the welfare state?: The new political economy of welfare.* University Park, Pa: Pennsylvania State University Press.

Pierson, P. (2004). *Politics in time: History, institutions, and social analysis.* Princeton University Press.

Piketty, T. (2013). *Le capital au XXI siècle.* Paris: Editions du Seuil.

Quinn, D. M., & Polikoff, M. (2017). "Summer learning loss: What is it, and what can we do about It?" Brookings Institution Report, Washington, DC.

Ranis, G., Stewart F., & Ramirez, A. (2000). Economic growth and human development. *World Development, 28*(2), 197-219.

Robson, M. T. (1998). The rise in self-employment among U.K. males. *Small Business Economics, 10*, 199-212.

Robson, M. T. (2003). Does stricter employment protection legislation promote self-employment? *Small Business Economics, 21*, 309-319.

Robson, M. T., & Wren, C. (1999). Marginal and average tax rates and the incentive for self-employment. *Southern Economic Journal, 65*, 757-773.

Rothstein, B., & Steinmo, S. (2002). Restructuring politics: Institutional Analysis and the Challenges of Modern Welfare States. In B. Rothstein & S. Steinmo (Eds.), *Restructuring the Welfare State.* New York: Palgrave Macmillan.

Schneider, F., & Buehn, A. (2012). Shadow Economies in Highly Developed OECD Countries: What are the Driving Forces? *IZA Discussion Paper, No.6891.* Institute for the Study of Labor. University of Bonn.

Schneider, F., Buehn, A., & Montenegro, C. E. (2010). Shadow

Economies All Over the World: New Estimates for 162 Countries from 1999 to 2007. *World Bank Policy Research Working Paper No. 5356.*

Schultz, T. P. (1999). Health and schooling investments in Africa. *Journal of Economic Perspectives, 13*(3), 67-88. DOI: 10.1257/jep.13.3.67.

Schwab, K. (2016). *The fourth industrial revolution.* World Economic Forum.

Social Security Administration (2018, 2019). *Social Security Programs Throughout the World: Europe, Asia and the Pacific, Americas, U.S.A.*

Staber, U., & Bögenhold, D. (1993). Self-employment: A study of seventeen OECD countries. *Industrial Relations Journal, 24*, 128-139.

Standing, G. (2009). *Work after Globalization.* Cheltenham: Edward Elgar.

Sylwester, K. (2000). Incoming inequality, education expenditures, and growth. *Journal of Development Economics, 63*, 379-398.

Takii, K., & Tanaka, R. (2009). Does the diversity of human capital increase GDP?: A comparison of education systems. *Journal of Public Economics, 93*(7-8), 998-1007.

Taylor-Gooby, P. (2004). *New risks, new welfare: The transformation of the European welfare state.* Oxford: Oxford University Press.

The World Wealth and Income Database. http://wid.world/data/

Torrini, R. (2005). Cross-country differences in self-employment rates: The role of institutions. *Labour Economics, Volume 12*(5), 661-683

U. S. Bureau of Labor Statistics. Labor Force Statistics. https://www.bls.gov/cps/tables.htm#empstat

United States Census Bureau (1949). Historical Statistics of the

United States, 1789~1957. https://www.census.gov/library/
publications/1949/compendia/hist_stats_1789-1945.html

United States Census Bureau (1975). Historical Statistics of the United
States, Colonial Times to 1970. https://www.census.gov/library/
publications/1975/compendia/hist_stats_colonial-1970.html

Van Zon, A., & Muysken, J. (2001). Health and endogenous growth.
Journal of Health Economics, 20(2), 169-185.

Venn, D. (2012). Eligibility criteria for unemployment benefits:
Quantitative indicators for OECD and EU countires, OECD social.
Employment and Migration Working Papers, No. 131, OECD.

Wang, K. M. (2011). Health care expenditure and economic growth:
Quantile panel-type analysis. *Economic Modelling, 28*, 1536-1549.

Wellington, A. (2006). Self-employment: The new solution for
balancing family and career? *Labour Economics, 13*(3), 357-386.
DOI:10.1016/j.labeco.2004.10.005

Wike, R., & Stokes, B. (2018). In advanced and emerging economies
alike, worries about job automation, The Pew Research Center.
http://www.pewglobal.org/2018/09/13/in-advanced-and-
emerging-economies-alike-worries-about-job-automation/

Wilensky, H. L. (1976). *The new corporatism, centralization, and the
welfare state.* London: Sage Publications.

World Economic Forum (2016). The future of jobs: Employment, skills
and workforce strategy for the fourth industrial revolution

World Economic Forum (2019). The Global Competitiveness Report
2019.

http://www.gpminstitute.com/blog/blog-all-entries/blog-landing/
news/2019/12/06/france-reforms-its-unemployment-insurance-

program (검색일 2021. 6. 15.)

https://helptogrow.campaign.gov.uk/ (검색일 2021. 8. 4.)

https://news.zum.com/articles/60058380 (검색일 2021. 3. 2.)

https://stats.oecd.org/ (검색일 2021. 6. 15.)

https://view.asiae.co.kr/article/2021040915092254047 (검색일 2021. 4. 10.)

https://www.chosun.com/national/labor/2021/05/31/4KUPHM6MGZH ADIMSQVTIY7ZTYI/ (검색일 2021. 6. 2.)

https://www.donga.com/news/article/all/20210723/108118489/1 (검색일 2021. 7. 27.)

https://www.iaf.se/about-iaf/the-swedish-unemployment-insurance-funds/ (검색일 2021. 6. 12.)

https://www.index.go.kr/potal/stts/idxMain/selectPoSttsIdxMainPrint.do?idx_cd=1528&board_cd=INDX_001 (검색일 2021. 8. 4.)

https://www.pole-emploi.org/files/live/sites/peorg/files/documents/Publications/CHIFFRES_CLES_2020.pdf. (검색일 2021. 6. 15.)

https://www.soulier-avocats.com/en/the-main-changes-brought-about-by-the-reform-of-the-french-unemployment-insurance-system/ (검색일 2021. 6. 15.)

찾아보기

저자 소개

■ 안상훈(Ahn, Sang Hoon)
서울대학교 사회복지학과 졸업
스웨덴 Stockholm University 국제대학원(IGS Diploma)
스웨덴 Uppsala University 대학원(사회학 박사)
현 서울대학교 사회복지학과 교수

〈대표 저서〉
기본소득의 사회과학(공저, 학지사, 출간 예정)
복지정치의 두 얼굴(공저, 21세기북스, 2015)

■ 유길상(Yoo, Kil Sang)
고려대학교 경제학과 졸업
미국 University of Hawaii 대학원(경제학 석 · 박사)
현 한국기술교육대학교 명예교수

〈대표 저서〉
고용노동정책의 역사적 변화와 전망(공저, 서울대학교출판문화원, 2017)
노동의 미래(공저, 문우사, 2016)
고용보험해설(공저, 박영사, 1996)

■ 허재준(Hur, Jai Joon)
서울대학교 무역학과 졸업
서울대학교 국제경제학과(경제학 석사)
파리 10대학 경제학과(경제학 박사)
현 한국노동연구원 선임연구위원

〈대표 저서〉
고용위기와 고용정책 혁신(공저, 한국노동연구원, 2021)
The Fourth Industrial Revolution and the Future of Work(공저, KDI
    School and Asia Foundation, 2020)
Reforming Severance Pay: An International Perspective(공저, World
    Bank, 2011)

■ 김수완(Kim, Soo Wan)
서울대학교 사회복지학과 졸업
서울대학교 사회복지학 석사
서울대학교 사회복지학 박사
현 강남대학교 사회복지학부 교수

〈대표 저서〉
복지와 테크놀로지(공저, 양서원, 2017)
실록 국민의 연금(공저, 국민연금사편찬위원회, 2015)
Retirement, work and pensions in ageing Korea(챕터저자, Routledge,
    2010)

자영업, 플랫폼 노동 그리고 복지국가

Self-employment, platform labor and welfare state

2022년 10월 20일 1판 1쇄 인쇄
2022년 10월 31일 1판 1쇄 발행

지은이 • 안상훈 · 유길상 · 허재준 · 김수완
펴낸이 • 김진환
펴낸곳 • ㈜ 학지사

04031 서울특별시 마포구 양화로 15길 20 마인드월드빌딩
대표전화 • 02-330-5114   팩스 • 02-324-2345
등록번호 • 제313-2006-000265호

홈페이지 • http://www.hakjisa.co.kr
페이스북 • https://www.facebook.com/hakjisabook

ISBN 978-89-997-2704-7 03330

정가 17,000원

저자와의 협약으로 인지는 생략합니다.
파본은 구입처에서 교환해 드립니다.

이 책을 무단으로 전재하거나 복제할 경우 저작권법에 따라 처벌을 받게 됩니다.

출판미디어기업 **학지사**
간호보건의학출판 **학지사메디컬** www.hakjisamd.co.kr
심리검사연구소 **인싸이트** www.inpsyt.co.kr
학술논문서비스 **뉴논문** www.newnonmun.com
교육연수원 **카운피아** www.counpia.com